山东省社科规划项目研究成果：高校公共卫生突发事件联防联控创新机制研究

（项目批准号：20CDCJ05）

高校公共卫生突发事件

应急管理研究

U0656011

崔学军　纪斌啸　吴明静　著

中国海洋大学出版社

·青岛·

图书在版编目(CIP)数据

高校公共卫生突发事件应急管理研究 / 崔学军,纪斌啸,吴明静著. —青岛:中国海洋大学出版社,
2022.3

ISBN 978-7-5670-3127-2

Ⅰ.①高… Ⅱ.①崔…②纪…③吴… Ⅲ.①高等学校－公共卫生－紧急事件－卫生管理－中国 Ⅳ.
①G478

中国版本图书馆 CIP 数据核字(2022)第 105369 号

出版发行	中国海洋大学出版社			
社 址	青岛市香港东路 23 号		邮政编码	266071
出 版 人	杨立敏			
网 址	http://pub.ouc.edu.cn			
电子信箱	369839221@qq.com			
订购电话	0532－82032573(传真)			
责任编辑	韩玉堂		电 话	0532－85902349
印 制	蓬莱利华印刷有限公司			
版 次	2022 年 6 月第 1 版			
印 次	2022 年 6 月第 1 次印刷			
成品尺寸	170 mm×240 mm			
印 张	14.75			
字 数	230 千			
印 数	1~1000			
定 价	68.00 元			

发现印装质量问题,请致电 0535－5651533,由印刷厂负责调换。

前　言

2019 年 12 月,我国湖北省武汉市暴发了新型冠状病毒肺炎疫情,并以极强的传染性在全国范围内迅速蔓延,公共卫生突发事件由此成了热点话题。疫情就是命令,防控就是责任。习近平总书记主持中共中央政治局常务委员会会议,专门研究和部署全国的疫情防控工作。本书的选题正是在此背景下诞生。

公共卫生突发事件是指对社会正常运行以及民众的身心健康安全造成或者可能造成严重损害的、突然发生的传染病疫情,食品药品安全问题,群体性不明原因疾病,以及其他严重影响民众身心健康安全的事件。此类事件严重威胁民众的身心健康安全,对我国社会经济的发展带来不利影响。

高校作为培养高等人才的场所,人员密集且流动量大。高校公共卫生突发事件的防控工作对师生身心健康以及国家和社会的发展具有重要意义,同时高校本身也面临着巨大考验。为了保证师生的身心健康安全,有效保障高校教学工作的有序进行,构建高校公共卫生突发事件联防联控机制是高校面临的重要课题。

本研究的目的是以新冠肺炎疫情为例,构建高校公共卫生突发事件联防联控机制,加强各部门间的信息交流、工作协调以及责任分工,建立一套科学、精细、行之有效的高校联防联控机制,保障高校师生的生命安全和身心健康,维持高校正常教学和科研工作秩序。本研究为公共卫生突发事件联防联控理论体系注入了新的活力,不仅有较高的学术价值,更对稳定校园安全具有重要的应用价值。课题研究过程中,我们运用了文献资料分析、问卷调查研究、理论演绎以及个案分析等研究方法进行综合分析,构建出高校公共卫生突发事件联防联控机制及保障机制,对高校管理工作者具有较高的理论参考价值和现实指导意义。

理论层面上,我国目前对高校公共卫生突发事件的研究,多为高校公共卫生突发事件的应急措施、应急管理和策略研究,缺少对高校公共卫生突发事件的联防联控机制研究。本书在发生新冠肺炎疫情的背景下,既对高校公共卫生突发事件联防联控机制的构建、如何建立高校与各部门的沟通机制以及如何处理双效关系等问题进行研究,也对高校公共卫生突发事件联防联控的保障制度进行研究。该研究成果丰富了高校公共卫生突发事件联防联控理论体系。

实践层面上,高校人员成分复杂、密集且流动量大,一旦发生公共卫生突发事件,疫情会迅速暴发扩散。这就要求我们必须构建出科学精细、行之有效的高校公共卫生突发事件联防联控机制,建立严密的防控网络,加强高校与各部门间的沟通联系、信息共享,并建立联防联控有效保障机制。因此,公共卫生突发事件前有效预防,事件发生后快速应对和控制,最大程度上保证了高校师生的身心健康、生命安全以及正常的教学和科研工作,对确保校园安全稳定具有很强的实践意义。

本书以新冠肺炎疫情为背景,围绕公共卫生突发事件开展研究,紧跟时代热点,通过构建高校公共卫生突发事件联防联控机制来防控公共卫生突发事件,确保高校师生的生命安全和身心健康。本书有较强的科学性和可行性,为高校管理者提供了防控高校公共卫生突发事件的理论基础和实践指导,能够有效地应对高校公共卫生突发事件,以维护校园的教学与科研工作有序开展。

本书是 2020 年山东省社科规划研究项目——党的创新理论与实践问题研究专项一般项目"高校公共卫生突发事件联防联控创新机制研究"(项目批准号:20CDCJ05)的研究成果。由于我们水平有限,书中不足之处在所难免,欢迎广大读者批评指正。

崔学军

2022 年 3 月

目　录

第一章 绪 论

第一节 研究背景

一、研究背景

(一)公共卫生突发事件全球化

公共卫生突发事件是指突然发生,造成或者可能造成社会公众健康严重损害的重大传染病疫情、群体性不明原因疾病、重大食物和职业中毒以及其他严重影响公众健康的事件。

2019 年 12 月,湖北省武汉市陆续发现多起不明原因引起的肺炎病例,12 月 30 日武汉市卫健委及时发布《关于做好不明原因肺炎救治工作的紧急通知》,次日国家卫健委派专家组抵达武汉指导防疫工作。此后,新的疫情进入了暴发期,而这时期正值我们国家一年一度的"春运"。2020 年 1 月 23 日武汉封城,机场、火车站等离汉通道暂时关闭,全市公共交通系统停运,随即浙江、湖南、广东及武汉相继启动重大公共卫生突发事件一级响应,但仍然无法阻止新冠肺炎在全国范围内的迅速蔓延。新冠肺炎感染速度快,波及范围大,对人民的生命健康安全造成极大威胁。在疫情暴发后,党中央、国务院高度重视应急管理工作,习近平总书记对新型冠状病毒感染的肺炎疫情做出重要指示,强调要把人民群众生命安全和身体健康放在第一位,坚决遏制疫情蔓延势头。2020 年 1 月 30 日,世界卫生组织将新冠肺炎疫情列为国际关注的公共卫生突发事件,并在 2020 年 2 月 11 日将其命名为COVID-19。我国政府举倾国之力,纷纷派出最精干的医疗队伍驰援武汉,国内新增新冠肺炎确诊病例终于在 2020 年 3 月 18 日首次清零;4 月 26 日,武汉市在院新冠肺炎确诊病例清零。至此,我国的新冠肺炎疫情已基本得到控制。

我国在 2020 年 1 月 2 日获得新冠肺炎病毒全基因序列,并在次日开始向世界卫生组织、美国及周边国家通报疫情与防控措施,尽管如此,新冠肺炎还是在全球迅速蔓延,已波及全球 200 多个国家,对世界各国人民的身体健康造成极大威胁,严重影响了世界各国的经济贸易往来。截至 2021 年 12 月 27 日数据:我国累计确诊病例 130 885 人,较上日增加 260 人,现有确诊 4 663 人,累计死亡 5 699 人;国外累计确诊病例 280 297 538 人,较上日增加 460 429 人,现有确诊 24 471 754 人,累计治愈 250 412 570 人,治愈率 89.3%,累计死亡 5 413 214 人,病死率 1.9%;全球共计约 2.8 亿人确诊新冠肺炎,造成 540 多万人死亡。[①]

新冠肺炎疫情,这种传染病类公共卫生突发事件能够在世界范围内大规模流行,并非偶然。

随着经济的发展,跨国、跨地区贸易往来更加频繁,人们的出行方式产生剧变,乘坐高铁、飞机等交通工具仅仅需要几个小时就可以跨越数千公里。远距离出行更加便捷的同时,也使以往仅能在地区内小规模流行的传染病可以更快、更远地传播,甚至出现全球性公共卫生突发事件。2003 年出现的 SARS 病毒,波及全球 32 个国家和地区,而中国在此次事件中损失最为重大,全球 90% 的感染病例出现在中国,SARS 事件是 21 世纪以来的第一次全球性公共卫生突发事件。世界各国认识到公共卫生安全问题并不仅仅是单个国家自己的事情,需要相互间加强协作。为了以后能有效预防与处理此类事件,世界卫生组织于 2005 年修订颁行《世界卫生条例(2005)》。世界卫生组织在 2009 年之后共宣布了 6 起引起国际社会关注的突发公共卫生事件,分别是:2009 年暴发于墨西哥、造成全球 20 万人死亡、我国 12 万确诊感染病例的甲型 H1N1 流感;2014 年再次激增的小儿麻痹症(野生型脊髓灰质炎病毒疫情)事件;2015 年在西非逐渐失控、致死率极高的埃博拉疫情;2016 年非洲的寨卡病毒传播事件;2019 年刚果共和国的又一起埃博拉疫情;2020 年暴发、席卷世界各国、至今仍未得到良好控制的新冠肺炎疫情。

---

① 数据来源:人民日报客户端. 转引自学习强国平台,2021-12-27.

　　新中国成立初期,由于当时公共卫生环境、医疗卫生条件恶劣,各类公共卫生突发事件接连不断,我国政府也针对各类传染病、食物中毒、职业中毒事件颁布了多项政策与法律文件。2003年非典型肺炎是新中国成立后我国第一次遇到全球性公共卫生突发事件,为我国卫生应急事业敲响了警钟。也是在这一年,公共卫生突发事件首次出现在政府颁布的政策文件中,由国务院发布的《突发公共卫生事件应急条例》中明确规定了传染病类事件属于公共卫生突发事件的一种。此后,我国公共卫生应急事业进入迅速发展阶段。2008年汶川大地震,党中央与各级政府高度重视预防自然灾害后可能伴随而来的传染病、食物中毒等公共卫生突发事件,避免了汶川大地震后因突发事件对人民造成的二次伤害。2009年的甲型H1N1流感、2012年的手足口病、2013年的H7N9禽流感,这些传染病类公共卫生突发事件使我国卫生应急事业在实战中不断总结经验、提高综合应急能力。《"健康中国2030"规划纲要》中提出要从多个方面实现全民健康,其中就包括了公共卫生促进全民健康,标志着我国公共卫生突发事件应急管理工作进入了快速发展时期。2020年新冠肺炎疫情在全球范围内暴发,国家卫健委将新冠肺炎疫情称为百年来全球发生的最严重的传染病大流行。随着我国医疗卫生应急能力在近年来的不断提升,短短数月内,在全国人民众志成城、上下一心的共同努力下,我国已将新冠肺炎疫情基本控制住。新冠肺炎疫情对我国公共卫生应急体系来说是一次"大考",武汉市在经历了数月的艰难时刻后交出了一份令人满意的答卷。习近平总书记在新冠肺炎疫情发生后提出要完善重大疫情防控体制机制,健全国家公共卫生应急管理体系。经历了新冠肺炎疫情后,在与部分西方发达国家的对比中不难看出,我国近年来公共卫生应急事业取得的进步与中国特色社会主义制度的优越性有密不可分的关系。

　　2020年上半年,尽管新冠肺炎疫情在我国已得到基本控制,但直至2021年12月,新冠肺炎疫情仍在各地反复出现,全国各地不间断地出现少量新冠肺炎确诊病例,这主要是由境外输入等原因造成的。新冠肺炎病毒在传播的过程中逐渐变异成德尔塔变异株、奥密克戎变异株,其传播性与危害性较普通新冠肺炎病毒更强。在当前新冠肺炎疫情不断产生更具有威胁性的变异株、国外抗疫形势严峻的情况下,我国也不能独善其身,目前来看要在很长一段时间里处于新冠肺炎疫情的持续期,即人们将长期受到传染病类公共卫生突发事件的威胁。

(二)高校面临公共卫生突发事件威胁

新冠肺炎疫情席卷全国,高校内师生人数多、密度大,人员流动性大,高校公共卫生突发事件疫情防控面临重大考验,高校中的疫情防控关乎千家万户。随着全国疫情防控态势持续向好发展,国内高校陆续开学,山东省教育厅下发《关于做好全省高等学校 2020 年春季开学条件核验工作的通知》,要求对照《山东省高等学校 2020 年春季学期开学条件核验细则》关于体系建设、应急机制建立、预案制定、全方面检查、隐患排查、应急物资及资金保障、校内消毒、密集场所隔离、进出校门管理等 13 个大项共 46 条规定内容,对省内高校进行核验,如果核验结果不合格,高校不得开学。2020 年秋季,随着国内高校陆续开学,国内部分地区疫情反复,而高校与社会的交互性较强、流动性较大,导致高校在反复的疫情中也不能独善其身。为保障高校全体师生及相关工作人员的生命健康安全,受周边地区疫情反弹威胁的部分高校迅速采取封校管理措施,实行最严格的高校公共卫生突发事件应急管理程序:按照"三查一测一登记"制度,对进出校园的人员及车辆进行严格管控,查验其健康码、近十四日经途地、进出校园通行证,测量体温,班级、姓名、电话、身份证号等个人信息,对近十四天经途中高风险地区、体温过高、无校园通行证的人员及车辆一律不允许进出校园;对全校师生开展风险摸排工作,实行全校师生每日三次体温报告制度,确保校内师生中无疫情风险,稳定师生心理;紧急购置消毒水、酒精、护目镜、口罩等传染病应急防控物资;设立临时观测点,增设校门及校内各场所门岗测温设备。这些高校应对突发公共卫生事件中普遍采取的措施,有效地预防了疫情向校内蔓延,保证了师生的生命健康安全。

火车站、机场、学校等都是在传染病类公共卫生突发事件中被重点防控的公共场所。这些场所具有一些共同特点:人员流动性大、人员密集、社会关注度高。在社会关注度方面,高校中发生的各类突发事件无疑会引起社会关注。当前高校学生大多是独生子女,他们是未来国家建设的中流砥柱,因此,高校公共卫生安全尤其重要。教育部发布的最新全国教育事业发展统计公报中提到,截至 2020 年,全国共有 2 738 所普通高校,高等教育在校生总规模达 4 183 万人,高校学生群体的卫生安全是应足够引起高度重视的。[①] 据报道,有 70％以上的公共卫生突发事件发生在学校,而其中比例最高的即为传染病类事件,其次是食物中毒。国家卫健委在 2015 年共收到169 起食物中毒类公共卫生突发事件报告,共 5 926 人中毒,而学校发生的食物中毒事件报告占了总报告数的 18.3％,中毒人数占总数的 28.7％。[②] 这些学校内发生的公共卫生突发事件,每一起都会引起媒体的争相报道,给发生突发事件的学校在社会上的形象带来负面影响。

2003 年的 SRAS 病毒、2009 年的甲型 H1N1 流感、2020 年在全球范围内暴发的新冠肺炎疫情,以及发生在全国各地的各类区域性、小规模的公共卫生突发事件,极大地干扰了高校教育教学工作的正常开展。高校公共卫生突发事件应急管理工作主要以预防病毒出现在校园内为重点,避免各类传染病或食物中毒事件损害高校师生的身体健康,但对于应急处置与恢复工作也不能忽视。2009 年教育部发布的《教育系统公共卫生类突发事件应急预案》中规定了包括日常消杀、卫生管理、信息联动等预防预警措施及应急处置工作要求、善后与事后报告等恢复阶段工作要求,并针对不同种类的突发公共卫生事件提出如食物中毒、传染病类事件的应急措施。在此次新冠肺炎疫情中也可以看出,高校在公共卫生突发事件应急管理期间,不但要重视预防与应急处置,也应当重视恢复阶段工作,及时总结经验与不足,完善体系与改革应急机制,全面增强高校综合应急能力。

我国虽然在 2020 年上半年就基本控制住新冠肺炎疫情,但由于疫情境外输入等原因,至今新冠肺炎仍在国内部分地区反复出现。从目前疫情形势来看,新冠肺炎疫情将在很长的一段时间内处于持续期,国内高校也将持续地受到疫情威胁。这对高校来说既是挑战也是机遇,高校要在尽可能保障教学工作的同时,不断完善应急体系与机制建设。如何在后疫情时代中多措并举,预防与提高应急处置能力,守住疫情下的校园净土之地,有序推进高校复学复课,如何有力、有效地构建公共卫生突发事件联防联控机制,

---

① 2020 年全国教育事业发展统计公报[EB/OL]. 中华人民共和国教育部. 2021-08-27. http://www.moe.gov.cn/jyb_sjzl/sjzl_fztjgb/202108/t20210827_555004.html.

② 我国 2015 年报告食物中毒 5926 人 死亡 121 人[EB/OL]. 新华网. 2016-04-01. http://www.xinhuanet.com/politics/2016-04-01/c_1118517683.htm.

都是高校必须面临的现实课题。

二、问题的提出

近年来,在政府的领导以及一次次公共卫生突发事件的磨炼下,我国高校公共卫生应急管理能力有了很大程度的提升,但在本次新冠肺炎疫情中仍暴露出许多问题。这些问题不仅仅是由疏忽大意引起的,而是反映出高校公共卫生突发事件应急管理机制及体系仍需完善。此前对于高校公共卫生应急管理方面的研究有很多,但大都是针对单个方面。建立高校公共卫生突发事件联防联控机制,增强校内各部门应急配合以及与校外相关单位沟通;完善应急保障机制,为抗击疫情寻求物资保障、应急队伍配置的最优解,保障师生在应急期间的基本生活需要与高校基本教学功能的正常运转。这是从战略角度对高校应急管理方面进行系统、全面的研究,也是后疫情时代高校公共卫生综合应急能力提升的迫切需要。

(一)高校公共卫生突发事件防控的影响因素

1. 社会因素

一方面,是高校与社会的交互性较强造成的。高校与普通中小学不同,中小学一般仅在本地区招生,大多数中小学生开学前仅与本地区的人产生交集,受传染病威胁的来源也主要被局限于当地;高校学生居住地散布全国各地,开学期间每一个学生从居住地返校,对高校来说都意味要多承担一份风险。中小学生日常出行一般受到家长管控,而大学生在这方面比较自由,也更容易受到传染病类突发事件威胁。

另一方面,教育部门对校园卫生方面的重视不足,各类高校平时检查的内容大多为:思想政治教育效果评估、校园文化建设情况等,很少涉及校园公共卫生安全,当然有时也有建设平安校园之类的主题活动或评估,但多以学生人身意外伤害事故的隐患排查为主,如对体育器材的检查维修加固、学生开学放假路途安全问题、暑假学生游泳溺水问题的安全宣传等。高校很少专门进行校园公共卫生突发事件的检查或评估,这直接影响到高校对基础医疗卫生的投入,而对公共卫生突发事件应急管理能力的建设尤为明显。

2. 高校因素

在吸取了非典型性肺炎、甲型 H1N1 流感、手足口病、禽流感等一系列公共卫生突发事件的经验与教训后,国内高校以相关政策要求为标准,建立了应急管理机制,但仍然存在许多问题,如应急预案不完善、对卫生应急教育不够重视、没有固定的突发事件应急机构等。这些问题在平时并不能显露出来,一旦发生公共卫生突发事件,都将成为高校应急管理的重大隐患,直接或间接地对师生的生命健康安全造成威胁。

高校医疗机构是保障教学科研工作正常运行、提高师生健康水平、推动学校发展的不可或缺的重要场所,也是预防与控制高校公共卫生问题事件的前哨站。根据《学校卫生工作条例》《高等学校医疗保健机构工作规程》等规定,高校医疗机构应承担校园公共卫生管理、预防保健、健康教育和基本医疗四项基本职能。但在实际管理中,高校由于物质条件与政策投入少等原因,造成高校医院职能边缘化、模糊化,对医疗卫生应急人才的引进与培养不够重视,造成校医院对公共卫生突发事件的预防预警与前期应急处置方面难以起到应有的作用。

3. 个人因素

对于高校综合应急管理能力来说,师生的医疗卫生应急知识储备尤为重要。师生个人对良好卫生习惯、常见传染病传播途径、疾病预防措施、食物中毒自救措施、个人突发事件上报流程等医疗卫生应急知识的了解,在很大程度上决定了高校公共卫生事件应急管理的效果。而大部分高校在新冠肺炎疫情前对师生的医疗卫生健康教育较少,单独针对各类公共卫生突发事件的教育、培训、演练更是少之又少。即使开展相关知识讲座与培训,也很难引起师生的学习兴趣。高校在知识传播形式、内容等方面的创新程度不够,显现出高校对于医疗卫生应急教育的不重视。

随着国内高校后勤社会化改革趋势的发展,后勤系统中大部分基层员工都为劳务派遣制,对其学历及知识水平要求低,他们大都从事单一专业性工作。这一部分人群日常流动性大、应急医疗卫生知识缺失、对后勤工作的责任感不强等因素,都会成为高校应急管理时的隐患。

(二)联防联控机制对高校公共卫生突发事件防控的影响

国务院应对新型冠状病毒感染的肺炎疫情联防联控工作机制(简称:联

防联控工作机制），是中国政府为应对 2020 年初突发的新冠肺炎疫情而启动的中央人民政府层面的多部委协调工作机制平台。该机制是由中华人民共和国卫生健康委员会牵头建立的应对新型冠状病毒感染的肺炎疫情联防联控工作机制，成员单位共 32 个部门。联防联控工作机制下设疫情防控、医疗救治、科研攻关、宣传、外事、后勤保障、前方工作等工作组，分别由相关部委负责同志任组长，明确职责，分工协作，形成防控疫情的有效合力，对疫情防控具有重大意义。

高校公共卫生突发事件的联防联控，即建立"政府—学校—家庭—学生—社会公立医疗机构"的联防联控防控体系。具体工作中，要明确职责，落实责任。高校在公共卫生突发事件应急管理期间，无论是政策指导、法律保障需要，还是医疗条件的现实需要，都不能完全脱离于社会。高校公共卫生突发事件的解决，需要高校同教育行政部门、卫生行政部门等机关的协调联动，也需要高校内各职能部门之间的协调配合；既需要高校良好的应急组织指挥体系，也需要高校全体师生的共同参与。无论公共卫生事件发生在高校内部或是社会中，都需要高校、政府部门、医疗部门进行联防联控，才能得到有效防控。

生命重于泰山。疫情就是命令，防控就是责任。疫情发生后，习近平总书记主持中央政治局常委会议，研究和部署全国疫情防控工作。疫情防控工作成为我国乃至世界各国最重要的当前任务，高校要切实推进依法防控、科学防控、联防联控。当前国际疫情防控态势不容乐观、异常严峻，"内防反弹、外防输入"必须时刻绷紧疫情防控这根弦，决不能前功尽弃。高校要针对疫情防控工作中暴露出来的问题和短板，压实高校主体责任，抓紧抓细常态化疫情防控，不断巩固和提高全国疫情防控战果。因此，构建高校公共卫生突发事件联防联控机制并加以创新，使之常态化、制度化，成为当前一个迫切且势在必行的重要课题。

第二节　研究意义

高校是为国家培养高素质人才的教育场所，是社会运行的重要组成部分。高校教育科研工作的顺利进行关系着国家教育事业的战略发展。高校公共卫生突发事件威胁着高校师生身体健康,阻碍了高校正常的教育科研工作的运转。加强高校公共卫生突发事件应急管理研究,完善高校卫生应急管理体系,建立高校内外联防联控机制与保障机制,对提高高校综合应急管理能力有着重要的理论意义与现实意义。

一、理论意义

受到 2003 年 SARS 事件的影响,我国颁布实施了《突发公共卫生事件应急条例》,从国家层面建立起了"信息畅通、反应快捷、指挥有力、责任明确"的处理突发公共卫生事件的应急管理制度。在学术领域也有相当学者对公共卫生突发事件领域开展各式研究,但针对高校公共卫生突发事件的研究较少。为保障高校公共卫生健康安全,对高校公共卫生突发事件进行深入研究是必要的。2003 年 SRAS 疫情暴发,国内部分高校正常教学科研工作受到严重影响,各地付出较大代价后最终将疫情控制住,但 SARS 事件也为国内高校带来了卫生应急管理的经验。国内高校普遍开始制定应对各类公共卫生突发事件的应急预案、建立应急管理机制、完善应急体系。当新冠肺炎疫情再一次席卷全球、国内高校再次因传染病类公共卫生突发事件受到严重影响时,可以看到,高校公共卫生事件应急管理能力较十几年前有了质的提升,但在实际应急管理期间仍暴露出许多问题。

近 10 年来各种公共卫生突发事件接连暴发,尤其是 2020 年的新冠肺炎疫情在世界范围的蔓延,至今也没有得到有效的控制,再次给我们在面对公共卫生突发事件的管理处理上敲响了警钟,如何建立高效的联防联控机制成为管理部门以及学者们的研究热点。已有研究大多是对高校公共卫生突发事件应急管理机制和策略等的研究,缺少重大公共卫生事件联防联控机制创新研究。高校要以师生生命安全和身心健康为第一使命,对联防联控提出质量更高、标准更细的机制创新要求。研究成果将丰富我国高校公共卫生突发事件联防联控的理论体系,对精准施策具有独到的学术价值。

二、现实意义

高校是培养高素质优秀人才的摇篮,但校内人员高度密集,也是公共卫生突发事件的易发地。因此,提升高校对公共卫生突发事件的预防能力和应急处置能力,有利于保障师生的生命健康安全。当前国内高校中,师生及部分管理人员缺乏危机意识,个人卫生应急知识掌握程度较差,许多高校存在轻视应急管理机制建设与预防工作,这些因素难免造成高校在面对突发公共卫生事件时的诸多隐患。近年来,高校各种公共卫生突发事件频发,已经暴露出部分教育行政部门和学校对食品安全、传染病预防与控制、学生心理健康等卫生安全工作重视不够,缺乏应有的危机管理意识,忽视预防及应急处置机制的建设。针对公共卫生突发事件,制定系统完善的应急预案以及日常管理规章制度,提高突发事件预警监测机制的准确性与灵敏性,加强对师生及相关管理及工作人员的传染病防治教育,提高学生应对外界影响的调适能力,是当前高等院校管理工作的一项重要任务。因此,增强高校公共卫生危机管理意识,构建高校危机事件处置机制,将危机事件暴发的可能性和危机事件产生的危害性降至最低限度,尽可能维护好高校安全稳定大局,应当成为我国高校必须正视的严峻问题和重要的战略课题。本研究以鲁东大学为典型高校,分析当前该校在公共卫生事件应急管理的现状;以目前国内高校在应急事件管理方面普遍存在的问题为基础,提出建立与完善应急机制的策略,为高校今后在公共卫生突发事件应急管理方面提供借鉴。

高校在国家经济社会发展中具有举足轻重的地位,在后疫情时代,要保障教育科研工作顺利进行,对高校公共卫生突发事件应急能力来说是一个重大挑战。新冠肺炎疫情在全球范围短时间难以被完全控制,不断出现如"德尔塔""奥密克戎"等变异毒株,在国内也因为境外输入的原因使各地政府与人民不能放松警惕。为保障全国高校师生的生命安全健康,对高校公共卫生突发事件应急管理工作开展研究迫在眉睫。建立健全突发事件预警和应急机制,提高高校应对公共卫生突发事件的能力,这是党的十七届六中全会提出的要求,高校作为培养人才的组织机构,更应该对此有高度的认识。对高校公共卫生突发事件应急管理开展研究,建立健全高校应急机制与体系,有利于提高国内高校突发事件综合应急能力,保障教育科研工作的顺利进行与师生的生命健康安全。高校公共卫生突发事件应急管理研究为高校维护正常教学秩序,提高科学管理水平,促进校园和谐稳定提供理论指导;对培养高校全体教职员工及大学生的卫生防范意识,提高其化解公共安全事件的能力具有重要的现实意义。因此,高校应把公共卫生突发事件应急管理工作提高到学校的整体发展规划中来,提高到学校发展战略性高度上,建立健全公共卫生突发事件应急管理机制,提高应急管理水平,确保广大师生能够在和谐有序的校园中学习与工作。根据《中华人民共和国传染病防治法》《突发公共卫生事件应急条例》和《高等学校新型冠状病毒肺炎防控指南》的要求,高校要创新联防联控机制、抓细抓紧不放松、快速应对和处置公共卫生突发事件,做好疫情突发或蔓延的应急预案。这对保障高校正常教学与科研工作,确保校园安全稳定具有重要的应用价值。

第三节 高校公共卫生突发事件综述

近年来,随着人类活动的不断增加和出行方式的便捷化,各类公共卫生突发事件频发,传染病类公共卫生突发事件的传播风险也大大提高,如何应对未来可能会发生的已知或未知的公共卫生突发事件,成为摆在我们眼前的难题。2020 年 6 月 2 日,习近平总书记在北京召开专家学者座谈会并发表重要讲话,主题是"构建起强大的公共卫生体系,为维护人民健康提供有力保障"。[①] 在后疫情背景下,如何构建高校公共卫生体系、创新高校公共卫生突发事件联防联控机制问题,在高校公共卫生管理工作中变得尤为重要。

一、公共卫生突发事件的研究状况和评价

2002 年以前,我国对于公共卫生突发事件的相关研究甚少,在知网上以"公共卫生突发事件"为关键词进行搜索,中文文献仅有寥寥数篇。因此,本研究以 2002 年为起点,在中国知网上,以"高校公共卫生突发事件""公共卫生突发事件"为关键词进行主题检索,结果为 12 918 篇,相关研究主要集中在以下几个方面。

(一)公共卫生突发事件分析

我国公共卫生突发事件的研究主要起始于 2003 年的 SARS 冠状病毒暴发后。自 SARS 冠状病毒暴发以来,国家对于公共卫生问题不断加大重

---

① 习近平主持专家学者座谈会强调 构建起强大的公共卫生体系 为维护人民健康提供有力保障[J]. 中华疾病控制杂志,2020,24(6):616.

视程度,于 2003 年颁布并实施了《突发公共卫生事件应急条例》。随着国家对于公共卫生突发事件的重视,越来越多的相关领域的学者投入大量时间和精力以研究公共卫生突发事件的产生原因、应急措施、管理机制等。各学术领域对于突发公共卫生事件的研究热度一直较高、并与时事高度相关,研究领域逐渐广泛化、细节化。

2003 年国务院颁布《突发公共卫生事件应急条例》中规定了突发公共卫生事件是指突然发生,造成或者可能造成社会公众健康严重损害的重大传染病疫情、群体性不明原因疾病、重大食物和职业中毒以及其他严重影响公众健康的事件。根据突发公共卫生事件的性质、社会危害程度、影响范围等因素,将突发公共卫生事件分为一般严重级(Ⅳ级)、比较严重(Ⅲ级)级、相当严重级(Ⅱ级)和特别严重级(Ⅰ级)四级。

1. 公共卫生突发事件的发展阶段

公共卫生突发事件随着时代的发展,科技的不断进步与能源使用的更新,主要分为以下三个阶段:第一阶段为 18 世纪末到 20 世纪 40 年代,由于全球工业水平的进步和第一次工业革命的兴起,使得煤炭成了最主要的能源物质,造成了空气污染和水质污染,如伦敦的雾霾事件,造成 4 000 多人死亡。后续石油及其制品的广泛应用也加重了污染。第二阶段为 20 世纪 50～70 年代,农药等化学物品的广泛应用以及核能等放射性物质的发展,造成了新的污染形式。第三阶段为 20 世纪 80 年代至今,早先的污染形式随着各国治理能力的提高和经验的累积,出现的频率逐渐降低。但新型的公共卫生突发事件又不断地出现,如"非典"和新冠肺炎等新型传染病、三聚氰胺等食品污染事件、包括疫苗问题在内的药品违规事件、核污染以及生物恐怖事件。[1]

2. 公共卫生突发事件的特点

王巍认为,公共卫生突发事件有以下特点:(1)突发性,公共卫生突发事件发生前虽然有一定的征兆或预示,但其发生的时间、地点、发展程度却难以准确把握。(2)危害性,影响范围大,直接或间接损害人民的利益。(3)关注性,公共卫生突发事件一旦发生,极易引起社会的高度关注、甚至恐慌。(4)连锁反应性,突发性公共卫生事件可以在地区甚至国家之间引起连锁反应。(5)及时处置性,突发性公共卫生事件一旦发生,当地政府不能按照常规程序处理,而是要迅速反应,将处理好公共卫生事件作为第一要务,避免事态进一步发展,把对人民群众的健康损害和社会影响降到最低水平。(6)规避防范性,每一次公共卫生事件的发生都可以从其中得到经验,总结出一定的规律性,进而最大限度地防范、避免下一次公共卫生事件的发生。[2]

3. 公共卫生突发事件的易发类别

主要有传染病、食物中毒、职业中毒和环境等因素引起的公共卫生突发事件,这几类公共卫生突发事件均有较大的危害性,但每一种发生的比例与危害程度有着较大的区别。通过近 20 年内多名学者对武汉市、厦门市、大连市、北京市、上海市等几个大型城市的公共卫生突发事件的研究分析,可以看出,在公共卫生突发事件的几个类别中,传染病发生的比例是最高的,大型城市中传染病所占比例普遍高于 50%。

4. 公共卫生突发事件的高危易发场所

对于所有的城市公共卫生突发事件的分析中,学校和幼托机构是突发公共卫生事件的主要场所。以"公共卫生突发事件分析"为主题在中国知网中检索,174 篇文献中有 59 篇是各地学校公共卫生突发事件的分析,由此可以看出,在公共卫生突发事件的空间中,学校是众多相关学者最倾向去研究的,也在一定程度上看出学校公共卫生管理的重要性。

(二)公共卫生突发事件造成的社会影响

公共卫生突发事件不单单是卫生事件,其亦会对社会各方面造成影响,如对社会经济、国家或地区的形象等造成负面影响。随着近年来重大公共卫生突发事件的高发频发,以及公共卫生突发事件暴发后对当今全球化的各国或地区带来比以往更广泛、更严重的破坏,愈来愈多不同领域的专家和学者开始对公共卫生突发事件给社会所带来的各类负面影响进行更广泛、更细致的研究。

1. 对经济影响的研究综述

在经济全球化的今天,一个国家或地区发生公共卫生突发事件时,若及时控制,可使突发事件不能直接影响其他国家或地区,但对经济等层面的间接影响却不能完全消除。盛方富(2020)以新冠肺炎疫情为例,说明了当重大突发公共卫生事件发生时,会从微观、中观、宏观路径对经济造成影响。

微观层面对个体造成医疗需求消费比例增加的直接影响,间接影响表现为个体的投资消费预期发生改变、收入降低、刚性消费比例增大,造成个体谨慎消费、投资;微观行为个体的经济活动变化必将在中观层面表现出来,疫情冲击了线下消费服务业行业却实现了如线上经济、医疗等行业的经济逆势增长,并阻碍了经济系统的良性循环;宏观层面的影响主要表现为短期内生产和需求骤降,并对生产链、消费链、产业链等造成不利影响。[3]郭兰峰考察了 SARS 疫情对中国工业行业的影响,认为 SARS 疫情的经济影响有限,不会改变中国工业行业的长期发展态势,当然,短期、局部的影响不可避免。[4]

2. 对公民日常生活影响的研究综述

公共卫生突发事件发生后,对于居民的日常生活有巨大的改变。各种公共卫生突发事件对人类的健康带来威胁。由于各类传染病具有不同传播特性,为了减少传染病的广泛传播,必须根据其传播特性采取减少人与人之间直接接触的方法,而严格的隔离措施是我国应对疫情的重要手段之一。从武汉封城到全国延长春节、延迟复工复学等一系列严格防控措施,使得经历各种形式隔离的民众不计其数。因此,可以看出公共卫生突发事件极大地影响了人们的日常生活,而这些影响首先最具象地体现在居民日常消费的变化中。以新冠肺炎疫情为例,王凤娇(2020)通过对山东省 7 000 多户居民、250 万份消费日记账记录数据进行分析发现,受新冠肺炎疫情影响,2020年一、二季度居民人均消费支出同比下降,特别是服务性消费受影响明显,主要是饮食服务、教育文化娱乐服务受影响较大。商品性消费中衣着受影响较大,食品烟酒与教育文化用品消费增加;疫情影响下刚性消费增多。从微观特征看,退休人员收入水平稳定,消费弹性小,受影响较小;农业自营户收入水平偏低,生活成本增加,家庭负担加重。从家庭规模影响的分析结果看,农村地区随着家庭规模增加,人均消费增加,疫情影响下家庭规模正向作用增强,主城区随着家庭规模增加,人均消费减少,受疫情影响家庭规模负向作用减弱。从家庭特征看,位于主城区家庭、无孩子家庭、受教育程度较高家庭消费弹性较大,服务性消费占比高,受影响程度大,而城乡结合区和农村家庭、有孩家庭、受教育程度偏低家庭消费集中在必需品上。[5]总体来说,在重大公共卫生突发事件持续期,居民的消费力下降,刚性需求所占比例增加,大多数家庭生活压力增大,线上消费比例增加,娱乐服务消费降低,这与宏观经济的变化密切相关。

重大公共卫生突发事件持续期,人们的出行方式也极大地被改变。首先,根据国务院发布的《公众科学戴口罩指引》以及各地对于疫情期间乘坐公共交通的防疫规定,乘坐公交车、地铁等公共交通工具时,必须正确佩戴口罩,在人们出行时交通工具的选择上,也会受到疫情的影响。骆晨认为,在居民中长距离出行中,风险防控措施、风险防控措施了解程度对居民在突发公共卫生事件持续期的出行方式选择影响程度远高于易感度、途经站点暴露、主观信任度;防控措施了解程度每提升 1 个单位,乘坐铁路、公路的概率分别降低 6.371 和 7.234 个单位;防控措施每提升 1 个单位,乘铁路、公路的概率分别降低 11.528 和 11.237 个单位;途经站点暴露率每提升 1 个单位,选乘铁路、公路的概率分别降低 10.113 和提高 1.296 个单位。[6] 公共卫生突发事件持续期里,不仅影响居民出行方式的选择,同时也会影响游客的出游意愿。黄纯辉等(2015)通过对公共卫生突发事件有所认知的游客进行问卷调查,得出结论:游客的态度、感知行为控制对出游欲望有显著的正向影响,积极的预期情感对出游欲望有显著的正向影响,消极的预期情感对出游欲望有显著的负向影响。即面对突发公共卫生事件,人们对于出游的看法和喜好程度对出游欲望也有显著的、积极的正面影响,充分地说明在经历了SARS 冠状病毒、H1N1 型禽流感、H7N9 型禽流感这些公共卫生突发事件后,人们少了一些慌乱和不安,多了一些沉稳和理智。这说明人们对于政府部门所构建的预防医疗体系有信心,正因为这种信心的增强,人们感知行为控制的能力也在增强。大家认为,只要控制好个人卫生,及时的关注相关部门发布的感染人数和高发地区,即使有所出游行动,也可能避免病毒的传染,所以感知行为控制对于出游欲望的影响是显著正向的。[7]

3. 对公民心理影响的研究综述

2020 年 3 月 2 日,习近平总书记在清华大学医学院召开座谈会时指出,"病人心理康复需要一个过程,很多隔离在家的群众时间长了会产生这样那样的心理问题,病亡者家属也需要心理疏导。要高度重视他们的心理健康,动员各方面力量全面加强心理疏导工作。"[8] 为了应对新冠肺炎疫情下人们的心理健康问题,国家卫健委发布《关于印发新型冠状病毒感染的肺炎疫情紧急心理危机干预指导原则的通知》，要求针对不同人群实施不同心理干预，以最大限度地保证人们在疫情暴发期的心理健康。[9]在新冠肺炎疫情中，我国采取了正确的、严格的隔离措施，在当前新冠肺炎疫情的持续期中，世界各地被迫或主动接受隔离的人数也在不断增多。Brooks 等人在《柳叶刀》发表综述，分析了流行病期间不同特征的隔离造成的压力以及个体在隔离中和隔离后产生的负性情绪反应和心理病理性症状，如困惑、愤怒和创伤后应激障碍(Posttraumatic Stress Disorder, PTSD)症状等。张迪(2020)通过对疫情中隔离者心理健康的研究，发现不同的隔离时长、隔离实施方式、隔离地点等与隔离特征有关的因素会对被隔离者造成不同的心理影响。通过隔离组与未隔离组的对比，发现被隔离人群会产生更多的负面情绪，在隔离结束后负性情绪会减少，并且有可能产生创伤后成长。[10]

除了对疫情中被迫或主动进行隔离人群的心理健康展开研究，处在抗击疫情一线，承担着巨大风险的医护工作者的心理健康也应当被关注。邓蓉(2020)对四川省某三甲医院疫情期间感染性疾病中心 60 名医护人员的心理压力进行调查研究表明，在隔离病房中工作的医护人员心理压力较非隔离病房的医护人员更沉重，但隔离病房中及感染专业的医护人员得到来自医院、社会的支持因子平均得分高于非隔离病房中及非感染专业的医护人员；在对感染的焦虑方面，由于护士需要近距离接触病患从而进行护理操作，接触时间也较长，因此，护士的焦虑比医生更为严重，出现亚健康的比例也较高。[11]有研究表明，处于抗疫一线的医护人员中，有 45.0% 的医护人员近两周有职业耗竭感，30.0% 者近两周怀疑自己的职业选择。[12]重大公共卫生突发事件暴发期，传染性疾病患者或伤者的心里健康状况至关重要，患者的创伤后成长也是众多学者热衷于研究的问题，邹辉煌(2020)通过对方舱医院内 107 名新型冠状肺炎患者创伤后成长状况的研究发现，患者的希望和文化水平直接影响到患者的心理健康。[13]程家国(2020)通过调查新型冠状病毒肺炎确诊患者及隔离留观者心理卫生状况，结果显示，性别、年龄、婚姻状况、文化程度、职业状况、人均月收入和居住地等均会不同程度地影响新型冠状病毒肺炎患者和隔离留观者心理卫生状况。[14]有研究显示，抑郁、焦虑和失眠为 COVID-19 患者常见的心理疾病，应给予 COVID-19 患者更多的心理关怀和心理疏导。[15]由此可见，在重大公共卫生突发事件暴发期，应当按照国家印发的指导文件、针对不同群体进行心理干预，有利于人们的心理健康维持以及疾病的恢复。处于抗击疫情一线的医护人员的心理健康以及病患者应当被重点关注,应针对医护人员易产生的负性情绪,采取予以人文关怀、提高福利待遇、给予社会和医院支持等措施,尽可能提高医护人员工作、生活满意度,保持其健康的心理状态;针对影响病患心理健康的各种因素,从政策及医疗系统的大小环节对其进行心理干预,促进病患的全面恢复以及创伤后成长。

在公共卫生突发事件后,除了给人们带来身体和心理的伤害外,也会产生相对的积极影响。研究者发现,每当遭遇重大的灾难性事件时,人们会表现出一系列亲社会行为,如无偿献血、慈善捐赠、志愿服务等。[16]在 COVID-19 流行期间,这些亲社会行为也普遍存在,例如,在武汉市封城后,大量人员积极投入志愿活动、捐赠活动,而患者治愈后也会自发参加义务献血等。

(三)公共卫生突发事件应急预案

依照我国《突发公共卫生事件应急条例》规定,当突发公共卫生事件发生后,国务院卫生行政主管部门按照分类指导、快速反应的要求,制定全国突发事件应急预案,报请国务院批准。省、自治区、直辖市人民政府根据全国突发事件应急预案,结合本地实际情况,制定本行政区域的突发事件应急预案。应急预案中应当包括:①突发事件应急处理指挥部的组成和相关部门的职责;②突发事件的监测与预警;③突发事件信息的收集、分析、报告、通报制度;④突发事件应急处理技术和监测机构及其任务;⑤突发事件的分级和应急处理工作方案;⑥突发事件预防、现场控制,应急设施、设备、救治药品和医疗器械以及其他物资和技术的储备与调度;⑦突发事件应急处理专业队伍的建设和培训。在突发公共卫生事件应急预案中,突发事件的检测和预警、信息制度、应急处理、预防与资源管理、专业队伍建设是各领域专家学者研究的热点。

1. 监测和预警机制

突发公共卫生事件的监测和预警机制在突发事件的应急中占有重要地位,能够提供及时、科学的防治决策信息,有效预防、及时控制和消除突发公共卫生事件和传染病的危害,保障公众身体健康与生命安全。[17]预警包括预警分析和预警监控,预警分析是对各种突发事件征兆进行监测、识别、诊断与评价,并及时报警的管理活动,监测是预警分析的基础。预警监控是根据预警分析的结果,对灾害征兆的不良趋势进行纠正、预防与控制的管理活动。监测和预警机制直接影响了各级政府对于突发事件处理的速度,甚至会影响突发事件的扩散规模。完善的突发公共卫生事件监测和预警机制能使相关部门第一时间发现突发事件监测信息,从而采取相应的措施。[18]

(1)监测。由于缺乏专门的刚性制度文件对预警工作进行指导和规范,目前不同地区与不同级别机构间对于监测工作执行情况不一。郝晓宁(2013)认为,不明原因肺炎监测工作和临床异常症状监测工作在东、西、中部的开展情况存在差异,不明原因肺炎监测工作在省、市、县中的开展存在差异,而临床异常状况监测和群众举报的开展情况大致相当。[19]刘志等学者通过德尔菲法对20名曾长期从事应急工作或相关理论研究并具有相当知名度的专家进行咨询,对公共卫生突发事件监测预警制度框架体系的核心内容及其重要性、可操作性这两个维度进行评价,专家们一致认为,监测、风险评估、预警和制度保障是制度框架体系的四个核心要素。[20]在公共卫生突发事件的监测内容上,曹广文(2004)认为,主动监测能够为及时发现公共卫生突发事件、启动小成本多效益的合理应急反应以及制定有效的应急措施提供重要依据。他认为主动监测的内容有急诊室病例和症状监测、医疗物品和药品销售监测、都市症状监测、中小学生缺课监测、动物死亡监测、患者死亡原因法医记录的监测、紧急医学求助120电话记录的监测等。[21]郝艳华(2008)认为,要提高监测能力,首先要完善疾病监测网络,全面培训医疗机构一线人员的风险意识和疾病识别能力;其次是完善监测的技术设备手段,实现监测的网络信息化;最后是强化医疗机构的内部管理,完善外部监管环境,提高信息的报告质量。只有高质量的监测,才能发出更准确的预警信息,才能避免不必要的损失。[22]医疗系统是公共卫生突发事件监测的前哨站,公共卫生突发事件应急反应中最关键的环节之一是及时而准确地捕捉公共卫生突发事件可能发生的早期信息,这就需要建立高效、灵敏的公共卫生突发事件监测体系。从国内外已经发生的公共卫生突发事件情况看,很多公共卫生突发事件、特别是由传染病和不明原因疾病所引发的公共卫生突发事件都有散发病人等早期征兆的出现。由于这些早期散发的病人在感到身体不适时多到附近的医疗服务机构就诊,接诊机构能否及时、准确地观测到这些早期征兆就成为影响公共卫生突发事件监测效果的关键因素。[23]

(2)预警机制。"预警"一词在我国出现的较晚,早期的"预警"更多地出现在自然灾害领域等,90年代后逐渐开始出现"建立危机事件暴发前的预警机制"等声音,直到美国9·11事件以及我国SARS病毒暴发后,对于包括预警在内的公共卫生突发事件各体系的研究才逐渐步入正轨。重大公共卫生突发事件的暴发,必定会对社会带来诸多负面影响,若预防未果,在公共卫生突发事件暴发前准确的预测其发展趋势,有利于控制事件的发展和最大限度地降低突发事件带来的危害。因此,调查现状后研究如何完善我国公共卫生突发事件的预警机制,提高预警能力,是一个涉及国家、社会、人民安全的重要领域。

成熟的预警系统应当具备以下特点:发现事件发生以及信息传达的及时性;准确做出预测的高效性;符合我国国情、建立在相应人员和物资基础之上的可操作性;系统具有可调整空间的拓展性、社会性以及相应的法律效应;与应急系统的关联性。[24]以不明原因传染病的预警机制为例,突发疫情预警风险分为以下三个阶段:一是发生不明疫情后,通过医院等机构搜集、向上级报告信息,对相关病症开展调查和分析的风险认知阶段;二是以分析实时疫情信息为基础,判断突发疫情的直接、关联和潜在危机的风险研判阶段;三是在得到专家对疫情风险研判的结论后,由政府主导的风险预警的信息发布阶段。[25]我国真正建立公共卫生突发事件管理制度是从2003年暴发SARS疫情之后。陈博(2018)对我国公共卫生突发事件预警制度进行研究,发现在SARS暴发前,我国一直"重医疗、轻预防",公共卫生突发事件预警制度极为薄弱,但在H7N9流感暴发时,我国公共卫生突发事件预警制度已经逐渐走向完善。[26]王芳(2020)在完善公共卫生突发事件的预警机制方面提出了以下建议:提高社会风险意识;发挥大数据在城市中社会管理垂直系统采集信息的优势,构建城市智慧末梢;加强专家介入风险信息研究的深度;完善风险适时预警机制;鼓励非政府组织及个人积极提供风险信息,加强疾病控制知识管理。[27]2008年中国疾病预防控制中心(CDC)成功研发了国家传染病自动预警系统(预警系统),并于2008年4月在全国各省试运行。预警系统通过固定阈值法和时间模型方法进行异常探测,预警系统运行流程分为预警信号发送、预警信号初步核实和现场调查确认3个步骤,基层疾病预防控制机构将通过预警系统报告预警信号的初步核实与现场调查结果。[28]张洪龙在突发公共卫生事件自动预警系统的运行方面研究颇多,以

2014年自动预警系统运行结果为例,调查发现,2014年预警系统共发出386 578条预警信号,信号响应率为99.24%(383 637条),有92.03%的信号在24小时内得到了响应,2014年的整体响应率和24小时内响应率较2011—2013年水平有所提高。[29]

(3)小结。当前我国公共卫生突发事件的监测和预警系统,无论是在体系的成熟度,还是在全国各地的具体实施方面,都存在着一定问题。首先,我国在处置突发公共卫生事件的相关疫情时,通常都是遵循"严、密、实、早"的原则,这导致疫情信息的发布十分谨慎或有滞后性。新冠肺炎疫情中,这一问题得到了很大的改善,但从个别地方政府瞒报、漏报的情况能够看出公共卫生突发事件信息发布过度谨慎。其次,整个预警系统的规定标准实施的操作性难度较大,各地政府受其医疗设施、资金来源、人员及物资是否充足等因素的约束,导致各地公共卫生突发事件预警系统在实际操作时难以完全落实统一标准,具有地域差异。

2. 突发事件信息的收集、分析、报告、通报制度

没有规矩就不成方圆,没有制度管理就没有约束。我国对公共卫生突发事件一向高度重视,在公共卫生突发事件的应对过程中,信息的流通制度,对于掌握突发事件的发展实时状况以及下达适时的准确指令有着重要作用。在SARS病毒暴发前,我国卫生系统的信息建设还非常落后,基层卫生单位对传染病的调查、统计、分析、报告基本还处于手工操作阶段。即使是一些大中型城市,卫生系统的信息网络建设还不是非常完善。一旦遇到烈性传染病暴发、流行和扩散,信息互不沟通,不可避免地出现漏报、缓报,不能提供准确的决策依据,从而造成防治工作的被动局面。[30]在2003年SARS之后,我国建设了中国传染病疫情和公共卫生突发事件网络直报系统(简称网络直报系统),包括乡镇卫生院在内的各级医院可以对不明原因肺炎等各类传染性疾病的个案进行实时在线直报,系统中的信息由各级疾病控制中心实时共享。这套系统曾经在禽流感、鼠疫等传染病预警工作中发挥了重要作用。[27]

政府在公共卫生突发事件管理过程中,信息沟通是非常重要的基础性工作,政府系统既要有内部畅通的信息沟通,又要与外部进行有效的信息互动。在2003年SARS冠状病毒暴发前,我国关于公共卫生突发事件的研究

较少;在疫情之后,大量学者开始研究分析发达国家应对突发公共卫生事件的方法。例如,淳于森怜(2007)在考察了日本公共卫生突发事件应急管理体系的组织结构和运行机制后认为,我国在公共卫生突发事件信息沟通方面,应适当削减政府对其的影响力,充分发挥地方医疗机构的作用,收集地方疫情信息资源,并与有关部门协力应对;传统科层制组织中管理层次较多,不利于信息传递的效率与时效性,应当大胆削减公共卫生突发事件发生时信息报告中的管理层次。[31]而 SARS 暴发后,信息管理制度的改革也是研究的热点。金水高(2004)认为,公共卫生突发事件信息除了被收集和利用外,如何建立良好的内部信息交换和共享机制才是应对突发事件的长久之计,该机制应当包括基层对中央的实时报告及反馈制度,不同部门的信息交换制度,要打破部门和地域限制。[32]张慧(2009)认为,针对完善我国公共卫生突发事件信息沟通机制,政府内部应当建立分权式、扁平式的组织结构和协调联动机制以及从中央到地方,各级卫生管理和监督部门成立专门的公共卫生突发事件的信息管理机构,并对该机构实行垂直管理,该机构不隶属于本级政府;提高信息系统联动和整体反应能力,加快突发公共事件信息管理领域电子政务建设。[33]赵先星等对 SARS 事件进行分析,暴露了我国在保障公共卫生突发事件预警应急机制正常运行上缺乏相关的法律法规等规章制度、没有建立起行之有效的应急指挥系统、信息不畅通和防治机构建设不健全等问题,并通过借鉴国外先进经验对加强应急反应机制的建设提出了相关规章制度,在组织、资金等方面都有章可循,建立常设的应急组织,加强进、出校园管理,建立预警机制等建议。[34]佘廉基于突发事件的生命周期,对应急指挥信息沟通过程进行分析后发现,突发事件发生后,信息沟通渠道不断增多,并且随着事件变异,信息沟通网络会不断复杂、扩大,需要跨越多个新的专业领域。[35]学者王丽萍通过对 2005—2008 年中国法定传染病网络直报的数据进行质量评价,全国传染病网络直报系统至 2008 年已经覆盖全国100%的疾病预防控制中心、96.98%的县及以上医疗机构以及 82.21%的乡镇卫生院;法定传染病未及时报告率大幅度下降,传染病报告及时性和审核及时性都有所提高,全国中部及东部地区传染病报告质量优于西部。[36]

在公共卫生突发事件的监测、预警和暴发后的应急处理上,政府内部的信息沟通机制都显得尤为重要,中国的法定传染病疫情报告管理系统,从20世纪 80 年代前的县(区)、地市、省、国家逐级汇总疫情数据后以邮寄方式逐级上报机制,在 SARS 病毒暴发后建立、完善、不断成熟,逐渐演变成基于传染病个案信息的实时在线的网络直报阶段,在管理模式、技术革新、报告效率等方面的进展可谓是突飞猛进。网络直报系统虽然优点众多,但还是离不开每个环节准确、高效的配合,因此,应当定期对网络直报系统进行质量评价,定期维护系统以及加强相关工作人员的技能培训,确保政府内部公共卫生突发事件信息沟通的流畅性。

3. 公共卫生突发事件应急处理研究综述

在 20 世纪 90 年代,徐祖华(1997)在《上海社会公共卫生突发事件及其应急对策》一文中,将常见公共卫生突发事件做出分类,并提出了如何建立社会公共卫生突发事件应急反应体系等具有预见性的宝贵建议。[37]直至2003 年 SARS 危机暴发后,国家开始高度重视公共卫生突发事件应急处置工作。为综合地提高应急处理公共卫生突发事件的能力,长期预防、及时消除、控制公共卫生突发事件,为了人民群众的生命安全与社会秩序的稳定,国务院及各级政府、相关部门陆续出台了一系列的公共卫生突发事件应急处置工作的相关政策,并不断更新、完善。孙梅等学者认为,2003 年至 2013年期间政府出台的突发应急处置相关政策文件经过整理,可以将其分为宏观层面的政策和专业分类的政策。十年间出台的宏观政策按照内容可分为三类,即指导和规范突发应急处置的工作要求,为落实各项措施而印发的卫生应急细则要点,提高应急处置能力的方法和指南;专业分类政策主要是针对不同公共卫生突发事件的特性而制定。通过研究发现政策逐渐细化,规定内容更加清晰,加强了物资保障制度与评估工作的建设,但突发公共卫生事件应急处置制度仍以被动治理而不是以主动预防为主,并且相关政策缺乏操作性,物资配备标准适用性差、时效性差。政策的指导实践性有待提高,需要不断更新完善相关政策,以提高应对公共卫生突发事件的能力。[38]在相关政策不断出台、更新、完善的同时,各级政府及机构对于公共卫生突发应急处置政策的执行能力对于整个应急处置工作影响意义重大。马华(2013)调查了云南省县级医疗卫生机构公共卫生突发事件应急处置政策执行的情况发现,偏远地区由于经济发展、对于医疗卫生的资金投入与发达城市存在差异,存在着机构建设、制度制定和专家组组建,都与卫计委的要求有较大的差距;非政府组织、私营单位及个人缺乏敏感的危机意识,基层公共卫生人才缺乏的问题。[39]

自 SARS 危机暴发后,许多学者开始对公共卫生突发事件的应对、应急问题进行探讨。由于世界发达国家公共卫生突发事件应急体系建立较早、发展较成熟,因此,借鉴国外先进经验的著述激增。黄伟灿(2003)等学者根据我国在抗击"非典"工作中的经验教训,分析了我国在公共卫生应急工作中存在的问题与不足,并借鉴美国、英国、日本在这方面的经验,对构建我国公共卫生突发事件应急体系提出了建议;[40]闪淳昌(2010)总结了美国 200多年的应急管理体系发展历程,对其演变过程、特点、组织构成等因素进行了分析;[41]姚国章(2007)以日本应急体系中法律、行政主体及分工为基础,分析了日本应急组织体系、灾害救援体系以及应急教育、社会应急宣传和动员,总结了日本应急管理体系对我国的借鉴意义;[42]赵菊(2006)分析了2001 年英国政府出台的《国内突发事件应急计划》,并对其突发公共事件的行政主体及分工进行介绍。[43]

公共卫生突发事件发生后,事件的扩散规模、严重程度与可控性均随着时间不断发展。在诸多大型场所中,如医院或各类小型医疗机构等地,由于其自身在公共卫生突发事件中的特殊地位或影响力,面临着更大的风险,因此,应当着重关注不同地区、场所、机构对于公共卫生突发事件的应对能力。罗乐宣(2004)系统分析了医疗机构在公共卫生突发事件应急反应体系中的地位,认为医疗机构可比作公共卫生突发事件中的前哨站、主战场、沟通网络的神经末梢,应当将医疗机构纳入应急体系中,促进国家对公共卫生突发事件的应急能力;[23]吴丹等学者对 2010 年我国疾病预防控制中心(CDC)的应急处置能力从其结构、过程、结果层面进行了现状调查与分析,发现了在应急队伍建设、应急物品储备、网络直报效果等方面存在着如地区差异等问题;[44]除了各类医疗机构外,城市、农村以及各类行政区域,由于其自身的特点,在公共卫生突发事件应急处置方面的情况,也有所区别。仇蕾结(2015)通过德尔菲法,构建了我国农村基层公共卫生突发事件应急能力的评价指标体系;[45]曹舒(2020)通过研究湖北省内武陵山特困集中连片区县的巴东县应对新冠肺炎疫情的发展状况,发现其应急能力较为薄弱,并针对这一结果提出农村应对突发事件的优化路径;[46]黄晓燕采用"情景—任务—能力"的分析方法对城市公共卫生突发事件应急处置核心能力进行评估,并构建了传染病类突发事件应急处置能力评估的指标体系;[47]吴雪菲在其硕士学位论文中对城市公共卫生突发事件应急管理进行相关研究,针对其特点并参考当时卫生部数据,对城市应急管理的现状进行了分析。[48]

在公共卫生突发事件暴发后,除了即将提到的有关人才资源方面的应急队伍建设和有关应急物资方面的储备外,在医疗系统满负荷的情况下,如何拓展安置、治疗伤员以及病人的医疗空间等,也是在公共卫生突发事件应急处置中应当被着重关注的方面。野外方舱医院通常以医用方舱为载体,它的设计是为了应对突发的灾难事件,如自然灾害、海难、空难、战争、恐怖事件、公共卫生突发事件等。[49]在地震等自然灾害导致当地医院受损无法使用、病例过多或当地医院规模较小,导致医院容量有较大缺口时,方舱医院便可起到很大的作用。如在 2008 年汶川特大地震期间,我国方舱医院承担了灾区的应急医学救援任务,在灾区伤员医疗救治中发挥了积极作用。[50]在 2020 年的新冠肺炎疫情中,2 月初当地政府直接利用洪山体育馆、武汉国际会展中心等大型场所开辟方舱医院,极大地缓解了武汉市医院容量超载的问题,并解决了根据轻、重症患者倾斜医疗资源的问题。喻姣花(2020)总结了新型冠状病毒肺炎防控中方舱医院护理中的迅速组建护理应急管理团队、实施护理应急综合管理等综合管理方法,发现汉江方舱医院自开舱至休舱期间,极大地缓解了当地医疗系统的压力,运行高效并且在采用正确的管理方法的情况下未出现医护人员职业暴露感染。[51]当重大公共卫生突发事件发生时,大部分地区的当地医疗资源难以满足暴发式的应急需要,徐丽君总结了五种医院的扩容扩建方式,用以缓冲专业医院的压力。[52]

如何提升公共卫生突发事件应急处置能力是近年来政府对相关政策不断改革的目标,也是各领域专家学者研究的重点问题,在过程中也为应急处置能力的提升提出了大量宝贵建议。近年来,我国公共卫生突发事件应急处置能力有了较大提升,但是伴随着发展的过程中也积累了各种问题,刘鹏程(2014)通过研究发现,当前应急人员总体素质较低、政府应急工作投入机制不健全、公共卫生突发事件应急管理体系部门间协作不畅等问题,是我国公共卫生突发事件应急处置领域的关键问题。未来工作需从加强资源配置方面入手,理顺卫生部门与其他部门之间的协调机制,最终从整体层面提升公共卫生突发事件应急处置能力;[53]陈晓春在剖析了应急管理面临的新形势和现存困境的基础上,提出了应急管理发展战略布局:驱动应急管理发展的整体创新战略布局、增强应急管理发展协调性的战略重点、加强应急管理发展系统保障的战略支撑、提高应急管理发展开放和共享水平的战略导向;[54]薛澜(2011)提出了完善我国应急人才培训体系的合理建议。[55]

公共卫生突发事件的应急处置方面,尽管国外发展历史悠久,而我国的应急处置方面在 2003 年 SARS 暴发前发展薄弱,但在近年来发展迅速,相关政策不断完善,应急管理部门、人员经历了大大小小的公共卫生突发事件后迅速成熟,这在 2020 年席卷全球的新冠肺炎疫情中就可以看出,我国应对如传染病类的重大公共卫生突发事件的应急处置能力,处于全球领先地位。但在快速发展的过程中也暴露出一些问题:应急处置体系尚需完善,应急人才的欠缺与培养供不应求,由于地域和经济发展等不同原因导致的地区、城乡、医疗机构应急能力发展不平衡等。由于国家财政在公共卫生突发事件方面的投入有限,如何经济、高效地对应急处置能力欠发达地区进行体系完善、人员和物资合理配置就成了摆在眼前的难题,也是各领域学者研究的重点之一。

4. 预防与资源管理研究综述

(1)公共卫生突发事件的预防。公共卫生突发事件具有危害性、随机性、复杂性、可控性和部分可预见性等特点,公共卫生突发事件一旦发生,对人民群众的生命健康安全造成极大的影响和威胁的同时,也给国家造成了极大的经济损失以及舆论影响。对于公共卫生突发事件来说,采取有效的预防措施具有重要的现实意义,能够有效地避免大型公共卫生突发事件的出现,保证公众的生命健康。因此,我国开展公共卫生工作的主要内容和要求就是以预防为主。

传染病在各类可预防的公共卫生突发事件中占有特殊地位,我国对各类传染病的长期预防也是工作的重点。根据我国法律《传染病防治法》将传染病划分成三种类别,依次是甲类、乙类和丙类,甲类传染病具体指鼠疫和霍乱,而新型冠状病毒尽管属于乙类传染病,但由于其影响力和破坏性大,我国法律规定将其进行乙类管理、甲类防控。[56]钟南山在 2005 年举办的传染病与呼吸疾病国际论坛中提到,2002 年 11 月到 2004 年 5 月间,中国大陆总共发生了三次 SARS 事件,第一次事件造成了 SARS 大流行。此后广东省政府采取强有力的行动,清理野味市场,切断了 SARS 传播的重要传染源,预防了第二次 SARS 的暴发。[57]金丽萍(2009)发现了传染病预防控制方面存在着一些问题:部分地区对于传染病管理制度的管理和落实不到位;传染病公共卫生突发事件多存在上报不及时的现象,致使不能及时地预防、控制病毒的传播;多数群众尤其是偏远地区,对于传染病的自我防范意识较差;传染病防治工作监督力度较弱,表现为预防控制传染病突发公共卫生事件应急能力弱。[58]孟凤霞(2015)通过梳理对登革热的传播媒介伊蚊进行综合治理的技术与现状,提出建立对蚊虫等有害生物的长效防控机制,以达到预防控制登革热在我国传播的目的。[59]申洋(2016)对北京市 2 886 位服务行业从业者的传染病预防素养水平进行了调查,发现具备传染病预防素养的仅占 11.4%,从业人员文化程度高、家庭收入高,传染病预防素养也相对较高。[60]史少博(2020)对日本明治维新时期的传染病预防和废弃物处理规定进行研究发现,良好且严格实施的法律体系有利于传染病的预防,健全、精细的相关法律及条例,是有效预防传染病的关键。[61]

由于公共卫生突发事件具有群体性、社会危害严重性、突发性和处理的综合性等特点,黄思成认为应当建立健全一套完整的应急预案,以提高应对公共卫生突发事件时的应急管理水平。他探索出了一套适用于各类传染病的公共卫生突发事件双盲应急演练体系,并在实践中发现演练构建中存在的问题且不断完善,为公共卫生应急能力的锻炼提供了科学的工具,最终初步形成了一套传染病暴发类双盲应急演练的评估体系。[62]在加强宣传教育方面,王有为研究表明,我国《突发事件应对法》明确要求"县级和县级以下政府及企事业单位开展应急宣传工作",但目前的应急宣传与规定差距很大,主要有宣传形式单一、宣传力度不强和宣传范围过窄;公共卫生突发事件防控是涉及全社会的事情,公众应当积极全面配合;通过公共场所的宣传册、滚动屏、海报和媒体等多种方法和渠道,向公众宣传有关公共卫生突发事件的防控知识并且及时准确地发布信息,是政府提高群众对于公共卫生突发事件应对能力最直接、最有效的方法和途径。[63]在公共卫生突发事件频发、传统科普工作效率低下、公民科学素养低下的现状下,专家们提出了加强并做好应急科普工作。学者们尝试将公共卫生突发事件与应急科普相结合,拓宽公共卫生突发事件应急管理,创新科普形式。胡莲翠认为,公共卫生突发事件的应急科普有利于普及事件的相关科学知识,促进公众对事件的理性应对,形成良好的社会舆论和稳定社会秩序;加强政府与公众之间的应急信息沟通,塑造和树立政府的良好形象,完善公共卫生突发事件的应急信息管理系统。由此可见,应急科普知识在预防公共卫生突发事件上还是十分重要的。[64]谷少华(2015)从环境与人体呼吸科疾病的关系视角分析了济南市空气污染对呼吸系统疾病门诊量的影响,发现了空气污染加重会导致呼吸系统疾病门诊人数升高且持续时间较长,并与高温有交互作用,为预防呼吸科疾病的暴发提供了思路。[65]赵路(2020)在《加强我国公共卫生管理的若干建议》一文中,针对当前我国公共卫生管理的预防体系中存在的问题,提出要加强预防体系的建设,加强公共卫生基础能力建设,加强预防科学研究基地与团队建设,加强相关技术开发能力和政策工具的战略储备,加强学校预防知识教育和大学预防学科建设,以及提高群众预防的意识与能力等建议。[66]

(2)应急资源调度与储备综述研究。进入21世纪以来,互联网的迅速发展让人们能够足不出户地看到实时新闻,国内几次较大的突发公共卫生事件中暴露的一些问题也让人们记忆犹新。例如,2008年汶川大地震发生后的帐篷短缺,2020年暴发新型冠状病毒时较为短缺的口罩,这些公共卫生突发事件应急物资,对人们的生活、对应急处理的效率都有着极大的影响。因此,为了今后能够有效应对各类突发事件,保证我国公共卫生突发事件的应急物资储备充足就成了迫在眉睫的问题。在各类公共卫生突发事件应急物资的储备中,药品储备是保证灾区或疫区人民身体健康、生命安全的关键。早在20世纪70年代初,我国就建立了国家医药储备制度。1997年起,在中央统一政策、统一规划、统一组织实施的原则下,国家改革原有的中央一级储备、静态管理的医药储备体制,建立了中央与地方两级医药储备制度,实行动态储备有偿调用的体制。[67]张婷婷(2009)以药品储备为重点,梳理了我国药品监管领域内相关药品应急监管的法律法规,对其进行系统研究,发现了诸多不足并提出了完善的建议。[68]公共卫生突发事件应急物资除了药品外,各类医疗物资、救援物资也是各级医疗机构中应当储备的必需品。邓莘(2008)提出,公共卫生突发事件应急物资储备可以根据储备物品的种类、需求量和保存要求等特点分为实物、资金、生产能力储备这三种储备形式。[69]SARS病毒暴发之后,段琼红等学者对湖北省基层疾病预防控制中心应对公共卫生突发事件的能力进行了调查,发现在应急处理方面存在着无专家信息库和物资储备很少的漏洞。[70]王子君(2004)提出了要建立公共卫生突发事件应急物资储备机制的基本思路。[71]薄涛(2009)在其博士学位论文中提到,在对法律规定的疾病预防控制机构应具备的应急能力进行分析的基础上,机构的应急物资管理能力是机构应当具备的核心能力之一,而应急物资管理能力,首先是物资储备到位,能满足应急需要,其次就是各种装备设备力量编成符合疾病预防控制机构应急处置的职能要求,能达到其管理目的。[72]马华(2013)通过对云南省县级医疗卫生机构针对16种与公共卫生突发事件有关的传染病、中毒的常规、特效药是否有一定数量的贮备及其对公共卫生事件应急资金设立的态度调查发现,60%的县级医疗卫生机构都储备了治疗流行性感冒和感染性腹泻的常规药,但只有极少数的机构储备了如氰化物中毒等疾病或中毒的特效药以及个人防护设备,并且只有少数机构储备了急诊医疗设备、氧气、电力等应急物资。[38]除了常规的政府或各类医疗机构储备应急物资的方式外,雷秀(2011)从储备方式和储备成本的角度,提出当前应急物资的储备不能完全满足需要,可以借助市场力量和社会资源,并研究分别适合政府和企业储备应急物资的情况以及企业储备时政府应支付的成本与企业应获得的利润。[73]

公共卫生突发事件应急物资的储存情况是当地政府、机构应急处置能力的基础,高效地配置和调度应急物资可以在一定程度上弥补应急物资储备不足的问题,也可以更好地应对重大公共卫生突发事件。公共卫生突发事件应急物资的调度方面,关于如何进行高效调度的问题,欧忠文(2004)在国内外首先提出了"应急物流"的概念,系统地论证了应急物流中政府协调、绿色通道、特殊时期法律、全民动员的机制。[74]姜玉宏(2007)提出了应急物资具有数量种类或运输方式的不确定性、用途的不可替代性、应急的时效性、使用在灾后的滞后性等特点,并梳理了包括应急物流中应急物资采购、储存、运输等环节在内的应急物资管理流程图。[75]王慧(2008)认为,物资动员是公共卫生突发事件社会动员内容中的重要部分,而物资动员中最重要的就是要建立各地信息通畅反应灵敏的资源配置网。[76]2020年暴发的新型冠状病毒中,口罩作为必不可少的重要医用和民用防护物资,其资源短缺问题成为这场疫情发展过程中的重要关键词之一。马金华(2020)分析了此次疫情中口罩的生产、配置等情况,根据其中出现的问题及薄弱环节,提出了六项政策建议。[77]

公共卫生突发事件的预防与应急物资储备,都是在突发事件暴发前或规模急剧扩大前为已知或未知的可能发生的事件做准备。既然是提前准备且突发事件的暴发具有不可预测性,那么,对于预防控制和应急物资的系统管理就应当长期进行,并根据国情、地方特点、技术更新等因素进行及时调整。例如,应急物资储存可以借助市场与社会的力量,让企业也参与进来的新思路,减轻了政府负担,提高了企业的责任感,极有可能是未来应急物资储存的变革方向。总的来说,无论是预防控制,还是应急物资储存,为达到精准长效的目的,一个完善的评价体系和有效的监督都是必不可少的。因此,如何确立评价体系、使国家、城市、地区、各类医疗机构的各项指标提高到评价体系的要求之上,以及如何对二者进行长效监督,建立或改革相关部门的职能,使其能够达到"与时俱进"的标准,应当是今后研究的重点。

5. 应急处理专业队伍的建设和培训

以 2020 年暴发的新冠肺炎疫情为例,从最初的患者自感或被他人察觉异样到送入医院就医,医疗系统开始应对处理,公共卫生突发事件重视程度不断加强,政府颁布一系列政策和实施紧急措施,如封城、组建驰援武汉医疗队及专家组,各地政府积极启动各级响应并采取一系列措施,通过网络等方式向广大市民普及公共卫生知识,直至今日新冠肺炎疫情在中国境内被基本控制住。面对突如其来的新型病毒,参考中国与西方国家疫情控制的对比,可以说我国在抗击新冠肺炎疫情中交出了一份高分答卷。在抗击疫情的过程中,如武汉等疫情较为严重的地区,当地医疗系统难以支撑抗击疫情的医疗资源需求,如何迅速组建与培训应急处理专业队伍,成为其他疫情压力较小的地区援助武汉的重要方式。

除了公共卫生突发事件的第一现场外,医院则是处置识别公共卫生突发事件的第一阵地,也是应对处理公共卫生突发事件的前线,其重要性与危险性不言而喻。我国大型公立医院在医疗系统中处于引领地位,当公共卫生突发事件暴发后,医疗系统面临超负荷时,应急处理专业队伍的建设则尤为重要。欧忠敏(2007)总结了公共卫生突发事件中起重要作用的医院在应对突发事件时的能力缺陷,并提出了如何健全应急组织体系、对医护人员开展培训等一系列医院应对突发事件应急队伍建设的思路。[78]刘建忠(2008)分析了构建公共卫生突发事件应急队伍建设的必要性,并针对其如何构建提出了建议。[79]张波涛(2013)提出构建疾病控制领域卫生应急队伍的建设可以参照军队的最小工作单元的定义——应急队伍人员最小数量设置要保证能独立开展工作,并根据自身工作经验提出应急队伍的最小工作单元应有 8 人的建议。[80]何继波(2020)总结了云南省国家卫生应急先遣队的队伍结果、功能定位、装备配置以及日常培训内容的先进经验,并提出增加卫生应急装备的研究的建议。[81]张抒扬(2020)提出,在新冠肺炎疫情初期,由于对 COVID-19 发病机制不明确且缺乏治疗经验,感染 COVID-19 的患者会出现多器官系统受损、病患数量短期内迅速增加,北京协和医院根据国家联防联控机制的安排,组建覆盖了 17 个学科的专业人员医疗及护理团队,整建制管理了武汉同济医院中法新城院区 ICU 病房,并优化了管理结构,通过这次有效的应急处理,总结出了全面加强多学科协作医疗和努力提高对青年医师培养的要求。[82]

二、高校公共卫生突发事件危机管理状况与评价

教育部于 2021 年 3 月 1 日发布的《2020 年全国教育统计主要结果》中指出,2020 年全国共有普通高校 2 738 所,各种形式的高等教育在校生总规模达 4 183 万人,这一数据是 2000 年的 10 倍有余。近年来高等教育发展迅速,高校的数量、规模、在学人数不断提高,高等教育逐渐实现大众化。随着高等教育的规模、社会地位的不断变化,信息化背景下的高校在应对公共卫生突发事件时,常常引起社会的广泛关注。

应对公共卫生突发事件,需要多种学科领域的直接参与,如医学、社会学、管理学等,同时也需要如传播学、经济学等其他学科的渗透。但由于大部分高校中校医院等医疗机构规模较小,而教职工、学生规模庞大,高校医疗系统难以具备单独应对在高校中发生公共卫生突发事件的能力。当前关于高校公共卫生突发事件的诸多研究中,大都是针对管理方面的研究,因此,基于上述对公共卫生突发事件各类研究梳理的基础上,以下关于高校公共卫生突发事件的综述研究,着重突出"管理"二字,以"危机管理"的视角探究高校如何创新、增强、完善管理方法以应对公共卫生突发事件。

危机(crisis)一词来源于希腊语中的 krinein,原始含义是筛选。国外对于危机的研究较早,在经济、政治、组织管理等不同领域中都有不同的解释。国内有学者认为,危机是"在任何组织系统及其子系统中,因其外部环境和内部条件的突变,对组织系统的总体目标和利益构成威胁而导致的一种紧

张状态"。[83]而对于危机管理的解释,魏加宁(1994)认为,是指"对危机进行管理,以达到防止和回避危机,使组织或个人在危机中得以生存下来,并将危机所造成的损害限制在最低限度的目的"。[84]薛澜认为,危机管理应当包含对危机事前、事中、事后所有事务的管理。[85]危机管理在我国的相关研究,大部分是以政府、企业为主体进行的,以高校为主体进行危机管理研究的理论较为薄弱。但高校由于其自身的一些特点,很难完全效仿国家、地区等行政单位应对公共卫生突发事件的机制。徐小乐在其硕士学位论文中,根据危机管理的一般规律以及高校公共卫生突发事件的特征,以危机管理的视角将高校公共卫生突发事件分为事件周期的三个阶段和与之对应的三个危机管理体系:①危机预防阶段—高校日常危机管理;②危机接入阶段—高校危机反应管理;③危机后阶段—高校危机恢复管理。[86]在对高校突发公共卫生事件的文献进行梳理后发现,此类文献与上述三个阶段分类高度契合,因此,采用高校日常危机管理、危机反应管理、危机恢复管理的标准对相应文献进行综述。

(一)高校日常危机管理

(1)高校公共卫生突发事件分析。在对高校公共卫生突发事件危机管理完善前,首先应针对高校这个主体的特点及发生公共卫生突发事件时与其他行政主体、地区不同部门之间的特征差异进行分析。高校公共卫生突发事件的对应研究在我国尚处于起步阶段,而高校问题、突发事件的相应研究发展更为成熟,考虑按照范围的大小划分,高校公共卫生突发事件包括在高校问题、突发事件之中。因此,在文献的梳理过程中,也对部分研究高校突发事件以及各类学校常见公共卫生突发事件的文献中的内容进行筛选,使其具有参考意义。陶应勇(2008)对大学生群体性突发事件的诱发原因进行分析后提出,大学生群体性突发事件除了具有一般突发事件的偶发性、不确定性等特点外,还具备如参与主体的特殊性、事件处理的复杂性等自身显著特点。[87]万同己(2015)认为,常见的高校公共卫生突发事件主要有三种,包括食物中毒、传染病、疫苗问题在内的病原体所致疾病;意外伤害和心理卫生影响的身体健康;地震等自然灾害导致的突发事件。[88]李桂霞(2008)认为,食堂是极易造成高校公共卫生突发事件的场所,包括烹饪方式不当或农药残留等问题造成的食物中毒,以及由于食堂工作人员作为传染源导致的细菌性食物中毒和细菌性疾病暴发流行。[89]黄淑琼研究发现,在各类学校公共卫生突发事件中,呼吸道传染病为主,肠道性传染病为辅,3~6月和9~12月是突发事件的高发期。实验室药品泄露或细菌感染也是高校公共卫生突发事件的一类。[90]章洋(2018)认为,高校公共卫生突发事件引起原因的表现形式主要是由高校管理不善和学生个人原因引起的。[91]

(2)高校公共卫生突发事件日常管理常见问题。高校作为特殊场所,应对公共卫生突发事件时尤其要区别于一般场所。在对国内高校日常管理的众多研究中,不难发现会出现一些高校之间常见的、相同的管理漏洞。张倩(2012)认为,国内高校缺乏来自社会的、足量的公共卫生预警信息的支持。[92]杨晓忠(2020)认为,多数高校缺少独立的卫生管理机构或责任分工不明确,多由校医院兼职,当公共卫生突发事件暴发后,校内卫生队伍的专业性难以保障。[93]宋雪琪(2020)认为,高校的人员流动性大,除了日常的校内外人员的进出外,师生开学返校时极大地增加了感染病毒的风险,极大地增加了高校的防疫难度。[94]毛文娟(2020)认为,高校的生源地分布广泛,返校复学需要异地流动,留学生返校可能增加境外输入风险。[95]

(3)高校公共卫生突发事件应急预案和预防体系的建立。1979年,美国卫生福利部在《健康人民》一书中提出:"如果一个国家想要增进国民的健康,最重要的工作是集中医疗和社会资源,投注在疾病预防上面。"美国知名行政学家奥斯本曾对于危机的预防做过一个比喻:没有完善的预防和预警机制的国家或是行政实体,就好比一艘装载重要货物行驶在波涛汹涌的海中、却没有安装导航和雷达的船,危险会突然出现并造成极大损失。国内高校的行政部门作为行政实体,要做到对高校甚至社会造成重大负性影响的公共卫生突发事件,日常的预防必不可少。

构建公共卫生突发事件预防体系是高校有效预防此类事件的关键和重点。陶应勇(2008)认为,高校预防体系的构建应当考虑两个重点:思想认识体系的构建,高校领导和广大师生在思想上应高度重视日常预防和达成对校园危机的共同正确认识;预防工作体系的构建,制定严密的应急预案、用以规范和指导师生应急反应时的选择和行动以及定期开展针对性演练。[87]张倩(2012)认为,高校公共卫生突发事件应急预案作为事先制定好的程序,应当符合国家的法规并且要充分考虑到高校的特殊性。[92]李桂霞(2008)认为,对于高校出现公共卫生突发事件高风险的食堂,应当采取对其食材进行严格的卫生管理以及对从业人员定期体检、禁止外部人员进入烹饪区等措施。[89]丁晓梅(2020)提出,应当针对水痘、流行性感冒、甲肝等常见的传染病类公共卫生突发事件,对学校领导班子、老师等管理人员开展预防知识培训,并做好食堂、教室的日常消杀工作。[96]陈琼球(2016)认为,高校应当建立应急物资与人力保障体系,并充分结合高校自身资源的特点和现有资源使用的情况,分类提出物资储备目录。[97]

(4)针对传染病公共卫生突发事件的监测预警体系。传染病的暴发和流行,是对高校带来极大风险的突发事件,一个灵敏高效的检测预警体系在传染病出现的早期起着至关重要的作用。文美荣(2010)提出,应当关注新生入学体检,将常见传染病作为体检的重点。[98]杨晓忠(2020)提出,应当建立"一体两翼"的师生健康促进长效机制,一体是指全覆盖的疫情管控机制,两翼是指师生的健康教育和健康检测基础。[93]有学者分析了近5年学校易发的传染病类型,发现学校中并未出现甲类传染病,应当针对乙类、丙类传染病开展日常监测,出现病例时及时报告。[96]叶云霞(2014)提出,高校医院在学生返校前应当及时了解本地和学生家庭所在地的传染病疫情情况,做出灵敏的预警反应。[99]张持晨(2012)提出,高校应通过引入学生健康管理体系,以形成和完善健康监测系统的观点。[100]

(二)高校危机反应管理

(1)高校危机反应信息报告系统。高效通畅的信息报告系统和具有真实性的信息发布系统对于有效应对疫情起着重要作用。在信息报告方面,张倩(2012)提出,高校应当构建自下而上逐级上报和个人越级直接举报公共卫生突发事件信息报告制度,并采取全天候值班、设置突发事件热线等措施。[92]文美荣(2009)认为,高校系统内应将掌握的公共卫生突发事件信息通过信息媒体通报院、系,再通过院系辅导员传达到各班干部,最后传达到每个同学,及时公开发布突发事件信息,稳定师生情绪。[98]

(2)高校公共卫生突发事件应急措施。在公共卫生突发事件发生后的各项应急措施,是对抗突发事件最有力、最关键的武器。陈琼秋(2016)认为,应当明确战时主要领导的职责范围,突发事件发生后根据等级划分采取相对应的预案措施,由校长亲自指挥协调全校的应急资源。[97]疫情发生后,应在当地疾病控制机构的指导下设立临时处置点,并采取划片划区、在人流密集处设立单行行走路线等措施。[94]毛文娟(2020)认为,在疫情未完全消除前,学校作为防控主体应当与出入境管理部门、卫生防疫部门等建立"联防联控"信息共享机制。[95]

(3)疫情期间降低对学生学习生活的影响研究。高校应当是为学生服务、为学生提供学习机会的场所。在公共卫生突发事件发生后,除了高效快速的应对突发事件外,如何尽可能地消除突发事件对全校师生的影响,最大限度地保障学生的日常学习生活,也是众多专家学者研究的重点。高校图书馆是学生日常学习的重要场所,地方图书馆的应急管理方式,对高校图书馆的应急管理也有一定借鉴意义。魏大威(2020)等学者在笔谈中提出,当发生重大公共卫生突发事件时,图书馆应当停业不停工,积极整合资源,为用户提供多渠道的信息获取途径,并增加线上讲座、知识论坛等活动。[101]蔡迎春(2020)总结了新冠肺炎疫情期间上海师范大学图书馆的各类线上应急服务措施,如整理电子教材、开展各类线上学术活动等,为其他高校图书馆的应急服务提供借鉴。[102]刘丽娟(2020)对 42 家双一流高校图书馆的线上服务开放功能及其组织机构职能进行调查,为建设高校图书馆应急管理服务体系提出建议。[103]疫情期间要保障学生群体的学习权利,应当对如何加强学生居家学习的体育锻炼进行研究。张玉超(2020)对疫情期间的线上体育课的授课模式进行了分析。[104]张勃(2020)对后疫情时代高校线上线下体育课如何结合做出了分析。[105]

(三)高校危机恢复管理

公共卫生突发事件的发生,无疑会对高校造成极大的影响,在事件结束后,高校应当把工作重心放到恢复管理上。有学者提出,高校公共卫生突发事件后的恢复重建工作,应当按照调查评估、抚恤、追责、整改、恢复正常秩序这五个步骤进行。[99]章洋(2018)提出,应当建立心理援助机制,建立起一支专业的心理咨询队伍,开通一条让"心"变宁静的绿色通道,守护师生的心理健康,使师生因公共卫生突发事件而产生的负性情绪能以一种相对理性、不影响管理秩序的方式进行宣泄。[91]高校在公共卫生突发事件后,管理层应当及时与师生进行疫情后沟通并进行适当补偿,向师生表达日后会加强管理的诚意,使师生重新生活和增强学习的信心。[106]

(四)未来多元化研究方向展望

(1)当前我国针对高校公共卫生突发事件的各类研究尚处于起步阶段,研究不够细化、全面,尤其是高校危机管理改革方面的研究。对于体制、体系的建立与改革必不可少,相关研究也在一次次突发事件提供的经验中不断成熟,但如何让处在管理中的学生群体更好地配合管理甚至主动做出自己的贡献,是件非常困难的事情。在相应文献中可以看到大量的"加强师生卫生知识教育""增强校医院应对公共卫生突发事件处置能力""开展各类演练"等改进建议,但对于如何提高师生学习医疗卫生知识的兴趣,如何让学生感到不枯燥、不流于形式的应急演练,如何在有限的物资条件下能最大化地提高校医院应急处置能力之类的细化研究却少之又少。心理学参与高校公共卫生突发事件的研究多为突发事件对学生的影响,若能渗透到高校公共卫生突发事件中,尤其是在突发事件发生前学生群体被有效管理时,提高学生群体自主提升医疗卫生素养的积极性,相信定会对高校公共卫生突发事件的预防起到促进作用。

(2)当前高校公共卫生突发事件的研究呈现出重视预防、应急体系建设和管理的趋势,多集中于制度体系的存在问题与改革方向,而对于疫情后恢复重建的研究相对较少。应当针对师生群体的心理问题进行心理援助,以达到创伤后成长的效果。

(3)当前关于高校应对公共卫生突发事件的特点研究中,大多数是其负性特点的研究,而高校作为一个独立的行政主体,必然有其相较于社会的优势。例如,被管理的主体大多是高校老师和学生,规则意识强且文化水平相对社会平均水平高,因此,建议日后可针对高校应对公共卫生突发事件的优势进行分析、放大,使其管理体系、应急管理能力进一步提升。

第四节 研究思路与内容

一、研究对象

本研究在新冠肺炎疫情背景下,以高校公共卫生突发事件联防联控机制构建为研究对象,以山东省 10 所公立高校及师生为调查对象。

二、基本思路

本研究的关键词是"高校公共卫生突发事件"和"联防联控"。通过对目前已有的研究成果进行梳理,针对高校新冠肺炎疫情的防控现状进行调研,进而强弱项、补短板,在此基础上构建可操作性强、行之有效的高校公共卫生突发事件联防联控机制,并针对此机制构建了多种保障机制,以维护高校公共卫生突发事件联防联控机制的有效运行,最后立足于高校公共卫生突发事件的防控提出切实可行的对策和建议。

三、研究方法

(一)文献资料法

以"中国知网"为基础,对高校公共卫生突发事件以及联防联控相关文献进行检索和分析,较为全面地了解该选题的研究现状。与此同时,了解国内外在公共卫生突发事件的应急和防控管理上相关的经验和做法,以便更多地掌握国内外的成熟经验,以国家传染病防治法和高等学校新型冠状病毒肺炎防控指南为参考,为本研究提供深厚的理论基础。

(二)问卷调查法

本研究以山东省 10 所公立高校 700 名学生、100 名教师以及 200 名管理人员进行了问卷调查。从师生公共卫生突发事件综合认知、管理人员认知与本校本部门应急能力评价、学生对应急管理制度的配合度与态度等方面展开现状调查。共发放 1 000 份问卷,回收 990 份,其中,学生与教师的问卷回收率为 100%,管理人员为 95%。

(三)专家访谈法

选择公共卫生界的防控专家以及医疗专家进行访谈,在研究过程中就高校公共卫生突发事件的类型、特点、防控重点、如何对高校公共卫生突发事件进行防控以及如何加强公共卫生突发事件防控部门的信息沟通等问题进行了深度访谈,深入了解高校公共卫生突发事件联防联控的研究核心,获得丰富的第一手资料。

(四)案例分析法

针对部分高校现状分析调查,了解在新冠肺炎疫情下的防控应对措施后的实际效果,以及在防控期间取得的效果和在防控过程中出现的问题,在构建高校公共卫生突发事件联防联控机制时,针对防控效果好的部分可借鉴采纳,对防控中存在的问题加以分析,有针对性地予以改正,为高校公共卫生突发事件联防联控机制的构建提供丰富的实践经验资料。

(五)理论演绎法

通过阅读和学习公共卫生管理学、危机应急管理等书籍,总结应急管理的发展路线,结合高校公共卫生突发事件防控机制进行综合分析,为后面的机制建设、机制分析、构建联防联控机制和对策研究奠定基础。

(六)实践比较法

通过调研国内外高校公共卫生突发事件的防控经验,比较高校间的管理方法,在总结高校间防控机制的基础上,客观地分析高校间疫情防控机制的共同点,去粗存精,进一步修正健全高校公共卫生突发事件联防联控机制。

四、研究内容

(一)公共卫生、公共卫生突发事件、高校公共卫生突发事件与联防联控的理论阐释

本部分主要从以下四个方面进行理论研究。

1. 公共卫生

公共卫生的定义、主要特征、分类;公共卫生相关的法治建设以及我国公共卫生体系的建设和发展。

2. 公共卫生突发事件

公共卫生突发事件的概念和特点、应急管理体系;大数据时代下为预防

公共卫生突发事件的预警创新;对公共卫生突发事件发生后的舆论和舆情的引导和治理以及网络信息的治理。

3. 高校公共卫生突发事件

高校公共卫生突发事件的定义、特征及类型;目前针对大学生应对高校公共卫生突发事件的措施;高校针对高校突发公共卫生事件的舆论和舆情应对策略。

4. 联防联控

对联防联控概念的理解;联防联控机制在运行中的规范差距;目前我国采用联防联控机制应用在大气环境治理以及黄河治理;联防联控中的府际合作;高校公共卫生突发事件与联防联控,运用联防联控机制对高校公共卫生突发事件进行预防和控制,对高校师生的身心健康以及维护校园的稳定具有重要意义。

(二)高校公共卫生应急处置现状分析

高校公共卫生一直是我国政府及人民群众极为关心的问题。它不仅直接关系到在校师生员工的生命安全和身心健康以及教学和科研工作的顺利进行,还间接关系到我国社会经济的发展和国际地位的提升。本部分将运用问卷调查法、专家访谈法等研究方法,分别对高校公共卫生突发事件的应急处置能力、高校师生及高校管理人员进行调研。针对高校师生对公共卫生突发事件的认知、态度、应急知识宣传效果、应急技能等方面进行调查。针对高校管理人员,从高校的基本情况、物资储备、日常培训与演练、事件的处置效果等方面进行调查,并调查了学生对高校应急管理制度的态度。深刻把握高校在应对公共卫生突发事件发生前后过程中所存在的问题,从整体上对高校公共卫生突发事件的预防和控制能力进行分析和评价,为高校公共卫生突发事件联防联控机制的构建提供参考依据。

(三)高校公共卫生突发事件联防联控机制的构建

对高校公共卫生突发事件的防控绝不能掉以轻心,要建立科学精细且行之有效的联防联控机制,明确联防联控机制对高校突发公共卫生事件的重要意义及其对国家、家庭和个人的重要意义。高校公共卫生突发事件联防联控机制的构建不能脱离基本的构建原则,在一定原则的基础上构建联防联控机制有利于该机制的有效运行。本部分从高校公共卫生突发事件发生前、发生时以及常态化三个阶段,针对高校内各部门间的联防联控机制进行构建和校外各部间的联防联控机制进行构建,连接校内和校外各个部门组织,加强沟通交流,实现信息共享,筑起防控公共卫生突发事件以及保护高校师生身心健康安全的坚实护盾。

(四)保障机制

经过上述理论研究以及高校公共卫生突发事件联防联控机制的构建,本部分内容是建立高校公共卫生突发事件应急管理的保障机制,从高校后勤保障、应急队伍组建、教学渠道保障、丰富学生体育活动四个方面进行探讨。同时,在构建高校公共卫生突发事件联防联控机制后,建立健全高校公共卫生突发事件应急保障机制,在最大程度上保证了联防联控机制的高效运行,对高校公共卫生突发事件的预防和控制,保障高校师生的生命安全和身心健康以及教学工作和科研工作的有序进行都具有重要的现实意义。

五、主要观点

(一)高校公共卫生突发事件的防控需要各方力量的共同努力

高校公共卫生突发事件具有突发性、传染性以及破坏性,仅靠单个部门或组织是不能有效对事件进行控制的,需要各个部门和组织对其进行预防和控制。只有各个部门和组织之间加强沟通,信息共享,密切合作,才能在高校公共卫生突发事件发生时以最快的速度和最充分的准备去应对,确保师生的身心健康安全,维护校园的安全稳定。

(二)高校公共卫生突发事件缺乏联防联控理论与实践

目前对高校公共卫生突发事件的研究中,大都是针对其应急管理和策略的研究,缺少高校公共卫生突发事件联防联控机制的理论研究。虽然对联防联控提出质量更高、标准更细的机制构建要求,以保障高校师生身心健康安全为第一准则,但对高校公共卫生突发事件联防联控的实践缺乏关注。

(三)高校师生要树立公共卫生突发事件危机意识

高校公共卫生突发事件一旦发生,首先会对师生的生命安全和身心健康造成威胁,而高校师生缺少公共卫生突发事件的危机意识,通常以侥幸心理认为不会对自己造成严重损害,认为对高校公共卫生突发事件的预防与自己无关,不是自己应该操心的事情。然而一旦发生,就会造成慌乱,无法理性地加以应对。

(四)高校缺少应对公共卫生突发事件的保障机制

在应对公共卫生突发事件时,关于高校后勤部门的物资保障、教学和科研工作有序进行的保障,以及师生心理健康的保障等都没有系统的保障机制,无法在高校公共卫生突发事件发生的第一时间启动保障机制,进而无法保证高校公共卫生突发事件发生时的正常运转。

(五)重视大学生的健康教育

加强高校大学生的健康教育,提高健康知识水平,养成良好的健康行为和生活、工作习惯,改善个人对待公共卫生突发事件的态度,提高自我保护能力和预防传染疾病的能力,避免在高校公共卫生突发事件发生后产生心理问题。

(六)高校公共卫生突发事件的防控要结合实际

高校公共卫生突发事件时,高校采取的防控措施要与校内实际情况和地方特点相结合,没有任何一套防控措施能适用于每一所高校。由于每一所高校都有自己的地域特点、专业特点等,所以,在制定防控措施时要充分考虑高校自身的不同特点,结合实际情况来制定。

六、创新之处、社会影响及后续研究思路

(一)本研究的创新之处

1. 学术思想上的创新

学术思想上,高校公共卫生突发事件联防联控机制是一种新理论和新

实践,打破了目前学术上对高校公共卫生突发事件研究仅限于应急管理和策略研究,缺乏对联防联控机制的研究。

2. 学术观点上的创新

学术观点上,坚持理论与实践相结合的原则。将构建的高校公共卫生突发事件联防联控机制用于指导高校公共卫生突发事件的防控工作中,并在常态化防控实践中接受检验和评价,具有较强的实践意义和可操作性。

3. 研究方法上的创新

在研究方法上,坚持以研究联防联控机制为导向,以保障师生生命安全和身心健康为原则。在调查与分析高校公共卫生突发事件防控机制的基础上,总结经验与教训,纠正高校目前重教学、轻预防的不当做法。

(二)本研究的社会影响及效益

2020 年初,新冠肺炎疫情暴发,并以极快的速度在全国范围内蔓延,疫情防控形势严峻。在此背景下,本研究的社会影响或效益主要体现在:研究成果的顺利实施和推广能够保障高校师生的生命安全和身心健康以及高校正常教学秩序与科研任务,保障高校专心致志谋发展,减轻高校在公共卫生突发事件方面的工作负担,对稳定校园安全有极大的实践意义。

(三)后续研究思路

1. 高校公共卫生突发事件联防联控实施的评价机制

本书构建了高校公共卫生突发事件联防联控机制及应急保障机制,但该机制在实施过程中缺少对高校突发公共卫生事件联防联控的评价,无法知道高校公共卫生突发事件的防控效果。所以,针对高校公共卫突发生事件联防联控评价等问题,今后将继续展开研究。

2. 高校公共卫生突发事件的防控和应急保障与市场机制相结合

本书在高校公共卫生突发事件的防控中提到以政府主导为主、多方机构联合的联防联控机制,但高校公共卫生突发事件的防控和应急保障还需引入市场机制,针对如何将市场机制引入高校公共卫生突发事件的防控和应急保障等问题还需后续做进一步研究。

3. 高校公共卫生突发事件理论体系的建构

本书写作过程中发现,我国针对高校公共卫生突发事件的相关理论研究还不成熟,至今未能形成较为完整的理论体系。因此,后续研究会针对高校公共卫生突发事件梳理出更为系统的理论体系。

第二章　理论研究

第一节　公共卫生的理论研究

一、公共卫生的定义

2020 年初新冠肺炎疫情暴发,公共卫生成为社会中的热门话题。然而,对于什么是公共卫生、公共卫生的确切定义,每个人的理解是不一样的。有的人认为,公共卫生就是公共场所的卫生,也有人认为,公共卫生是从事人类健康和疾病相关工作的一类人或社会事业的一个统称等等。对于公共卫生确切的定义,每个人都各抒己见,都有不同的理解。不同时期对公共卫生的认识也不一样。公共卫生是一个很抽象的概念,简单的几句话很难将它表达清楚。那么,公共卫生的准确定义到底是什么? 公共卫生又包含什么内容呢? 其实,要精准地说出公共卫生的概念并不是那么容易的,一代又一代的公共卫生界的科学家和专家们都在试图给公共卫生下一个准确的定义——公共卫生包含什么、公共卫生应该做什么。以下对代表不同时期的公共卫生界的科学家和学者们对公共卫生不同认识且具有重要影响的几个定义进行介绍。

(一)温思络定义[①]

早在 1920 年,美国公共卫生的领袖人物温思络,首次系统地对公共卫生

---

① 黄建始. 什么是公共卫生[J]. 中国健康教育,2005(1):19-21.

的定义进行了描述。温思洛的这一定义不仅比较全面而具体,而且经受住了时间的考验,在1952年被世界卫生组织采纳并使用,一直到现在都还在使用。温思络将公共卫生定义为:"公共卫生是乡镇或社区通过有组织地干预来预防疾病、延长寿命以及促进身心健康和效益的科学和艺术。"

定义中提到的乡镇或社区通过有组织地干预,是指改善社区内的环境卫生,预防控制传染病,加强宣传教育,让每个人都意识到个人卫生的重要性,组织社区内的医护人员在居民患病的早期及时准确地诊断和提供预防性治疗服务,建立相关的社会机构,确保乡镇或社区中的每个居民都能处于舒适的生活环境中,达到科学健康的生活标准。在社区内的每个居民都能享受他们生来就有的健康的权利和长寿的权利,这就是乡镇和社区进行有组织的干预的终极目标。早期温思络的定义已经较为全面和丰富,不仅包含了公共环境卫生的保持、流行传染病的防治,还包含了社区居民的基本医疗保障以及表明了健康的重要性。重点指出了健康与公共卫生环境之间的密切关系。定义中的四个关键词明确表明了公共卫生的本质、解决相关问题的方法。

(1)温思络公共卫生早期的定义,明确指出了公共卫生的本质是发现和创造。人群是公共卫生的服务对象,要在人群中防治流行传染病、预防各类疾病、延长社区居民的寿命以及促进和保障社区居民的健康,不管是对公共卫生环境的保持还是对社区居民的健康促进都离不开发现疾病发生的规律以及防治卫生环境的规律。在预防疾病和防治公共卫生环境时,不仅要发现规律,还要创造出解决这些问题的方法和途径,所以说,公共卫生的本质是发现和创造。由此可见,公共卫生的发展不仅需要有坚实的自然科学知识,还需要有一定的社会学知识的基础。

(2)温思络公共卫生早期的定义,明确指出了公共卫生问题的解决途径是乡镇和社区进行系统的解决。公共卫生是指要针对人群去预防疾病、促进健康以及治理公共卫生环境,这一庞大的工程并不是一个人就能完成的,不仅需要乡镇和社区有计划地组织参与,还需要乡镇和社区内的每个人都为防控疾病、公共卫生环境的治理努力。只有这样,才能让我们生活的环境干净宜人,才能适合整个人群的发展。

(3)温思络公共卫生早期的定义,明确指出了公共卫生要建立相关的机制来保证乡镇和社区内的每个人都能够保持公共环境的卫生以及做到对流行传染病的预防。只有建立了相关的健康保障机制，才能督促每个人都能达到维持健康的生活标准，不然公共卫生的目标只能是美好的愿望而已，不能有效进行。

(4)温思络公共卫生早期的定义，明确指出了公共卫生的使命是保证乡镇和社区居民与生俱来的健康的权利和长寿的权利。随着工业化的进程和科学技术的进步，我们生活的环境在一定程度上被破坏了，造成了病毒的入侵，对群体的健康和长寿带来了威胁和损害。而公共卫生就是通过预防疾病、保证公共环境卫生来保护人群的健康和长寿而产生的。

毋庸置疑的是，温思络公共卫生的早期定义是公共卫生界历史上的里程碑，它确切描述了公共卫生的本质、途径和使命。由于该定义系统全面，所以至今仍具有很强的现实指导意义。

(二)维寇定义

1895 年，英国医学研究委员会主席维寇，从另一角度对公共卫生进行了定义。他认为，社会发展史上具有重大意义的事情都是在"习以为常的存在"到"无法接受"的时候发生的，因此，公共卫生也是这样不断刷新"无法接受"的记录。社会上的各种危害人群健康的因素在不同社会条件和时间条件下出现时，社会人群做出的反应取决于这些危害健康的因素是否超过了社会和人群的接受程度。当这种危害社会和人群健康的因素从"可容忍状态"变成"无法接受的不可容忍状态"时，社会和人群就会采取行动，做出应对公共卫生的行动和反应。[1]

也就是说，这个定义解释了禽流感存在这么多年，为什么在亚洲流行时公众会做出不同寻常的反应，正是因为禽流感的流行危及人群的健康，对人们享受美好生活带来威胁。各种病毒性流行传染病危机让全球都明白了公共卫生在经济快速发展与社会和谐发展中有着举足轻重的地位；全世界都看到了预防和控制流行性等重大传染病的重要意义。社会的发展以及公众对价值观的转变已经不能忽视这种危害社会和人群健康的因素存在，已经到了"无法接受、不能容忍"的状态，这是防控流行性等重大传染病做出公共

---

[1] 黄建始. 什么是公共卫生[J]. 中国健康教育,2005(1):19-21.

卫生反应的重要原因。①

(三)美国医学研究所定义

美国医学研究所(Institute of Medicine,IOM)在 1988 年发布了美国公共卫生研究报告《公共卫生的未来》,阐述了公共卫生的定义:"公共卫生就是我们作为一个社会为保障人人健康的各种条件所采取的集体行动。"②该定义高度精练且简洁明了,虽然只有一句话,但包含的内容丰富且深刻,在公共卫生界又添上了浓重的一笔。

(1)公共卫生是社会上的"集体行动",不是个体行为。每个人的健康不仅仅是受到遗传基因的影响,还与其生活的环境相关,包括社会环境和自然环境,并且环境因素不只是影响个人的健康,还影响整个人群的健康。只要有一个不健康的人存在,就可能影响周围人群的健康,所以,为了保证整个人群的健康的权利和长寿的权利,必须采取集体行动来有计划地组织乡镇和社区采取措施,预防危害人群健康和长寿权利的危险因素,保障整个人口的健康和使之享受美好生活的权利。

(2)公共卫生的最终目标是实现"人人健康",是指每一个自然人,每一个生活在地球上的人,每个平等的人,不论国家和种族,不论富豪和平民,都有着健康长寿的权利。为每个人的健康和长寿努力,改善每个人生活的环境,切断一切损害每个人健康的危险因素,保障每个生活在地球村的人的健康和长寿。

(3)该定义表明地球上每个人的健康是需要有"各种条件"来保证的。这里说的"各种条件",不仅是指我们所生活的自然环境条件,还包括社会环境条件。自然环境条件指的是日常用水的清洁程度、食品的安全性以及空气的污染程度,还有对自然环境中病菌细菌以及自然环境中对人群健康有损害的物质的防护程度;社会环境条件指的是国家和政府对保障人群健康的投入、相关法律的制定、每个人对健康的认识和重视程度以及社会的和谐程度等。

---

① 李娟. 公共卫生突发事件应急管理对策研究[D]. 成都:电子科技大学,2006.
② 龚向光. 从公共卫生内涵看我国公共卫生走向[J]. 卫生经济研究,2003(9):6-9.

(四)全国卫生工作会议的定义[①]

2003 年 7 月 28 日,国务院副总理兼卫生部部长吴仪在全国卫生工作会议上对公共卫生做了一个明确的定义:公共卫生就是组织社会共同努力,改善环境卫生条件,预防控制传染病和其他疾病流行,培养良好的卫生习惯和文明生活方式,提供医疗服务,达到预防疾病、促进人民身体健康的目的。

这个定义的后边还有一段对该定义的具体解释:"公共卫生事业的进步需要政府、社会、各界组织团体以及公众们的齐心协力和共同参与。第一,国家和政府要制定有关公共卫生的法律法规以及政策,增加对公共卫生事业的投入,包括建设公共卫生医疗机构,并加大对公共卫生医疗机构的监督和评价,维护公共卫生界的秩序,促进公共卫生的发展。第二,组织各界团体以及公众们共同对抗公共卫生事件,预防和控制流行性传染病,做到人人健康。第三,加强对公众健康意识的教育,养成良好的生活卫生习惯以及健康的生活方式,增加体育锻炼的次数,增强体质,提高免疫力。第四,培养高层次的公共卫生技术人才,提高公共卫生界的专业性,促进公众的健康。"

该定义是中国人首次提出的,并且全面系统地描述出了公共卫生是做什么的、怎么做和这么做的目的是什么。该定义具有一定的历史性、现实性以及前瞻性,表明了我国现代公共卫生与世界公共卫生界已达成了共识,与温思络公共卫生早期的定义有较高的一致性且在此基础上得到了一定的发展。该定义明确提出了公共卫生是全国乃至全世界来共同对抗和预防流行性传染疾病,促进身心健康,也就是公共卫生事业是一项庞大且系统的工程。公共卫生事业的发展需要政府、社会以及各界组织和民众,明确提出了政府在公共卫生的发展中负主要责任,以政府为主导,各界社会团体以及公众相互配合,共同促进公共卫生事业的发展。

该定义在提出时结合了我国的实际,基本符合我国国情,具有一定的指导意义,但该定义提出时间尚早,受当时的历史条件及公众认知水平的局限,还有一定的改进空间。如果能把公共卫生明确界定为一项公共事业,就可以起到导向作用。

---

① 曾光,黄建始. 公共卫生的定义和宗旨[J]. 中华医学杂志,2010(6):367-370.

(五)曾光和黄建始在《公共卫生的定义和宗旨》一文中的新定义

随着科学技术的进步以及社会的发展,公共卫生问题不断出现在人们的生活中,对人们的健康及正常的工作、学习、生活带来了威胁,这让人们对公共卫生有了进一步的认识。我国曾光等学者通过在公共卫生事业中的不断学习实践,加上不断探索和借鉴,针对公共卫生的认识也在不断加深,理论基础不断深厚,最后在《公共卫生的定义与宗旨》一文中明确了公共卫生的定义:"公共卫生指的是以保障和促进公众健康为宗旨的公共事业。通过国家和社会共同努力,预防和控制疾病与伤残,改善与健康相关的自然和社会环境,提供基本医疗卫生服务,培养公众健康素养,创建人人享有健康的社会。"该定义不仅有前人提出的公共卫生定义的重要观点,也提出了以下新的观点。

(1)曾光等学者提出的新定义中表明了公共卫生事业是国家以及生活在该国家的全体公民的事业,这是国家政府和社会中的各界人士齐心协力来完成的事情。国家和各级政府不仅要制定公共卫生相关的法律法规以及政策,还要监督各部门完成的情况,做好评价工作,所以国家和各级政府在促进公共卫生事业发展上承担着不可推卸的责任。以国家和政府为领导核心,统领着公共卫生界的高质量人才和专业人才,对公共卫生相关资源的配置与利用起着决定性作用,进而对公众健康的促进以及公共卫生的发展有着巨大影响。

此外,影响公共卫生的诸多因素来自卫生系统之外的各行各业,也有赖于社会发展和就业、收入等相关法律、政策的出台,这些都会影响公共卫生。虽然说公共卫生的发展离不开国家和政府的领导,但国家和政府更要宣传公共卫生的重要性,加强健康教育,增强公众的健康意识,组织动员各界人员参与到公共卫生事业中来,让所有公民都做公共卫生的主人。公共卫生事业发展的好坏与公民的体质健康水平有着不可磨灭的关系,所以说,社会中的每一个人都对公共卫生的发展负有不可推卸的责任,公共卫生是一项公共服务,就必须具有公共服务的各种特征属性。

(2)新定义表明了保证社会各界成员的健康和享受美好生活的权利是公共卫生最终目的。公共卫生明确强调是保障社会中每一个人的健康和长寿的权利,指的是生活在地球上的每一个自然人,不论他们的种族、财富以及受教育的水平等等,在公共卫生面前都是平等的,都享有增进健康和长寿的权利。

(3)新定义表明了实现公共卫生最终目的的途径,也就是实现保障全体公民的健康和长寿的权利的具体途径是国家和政府及全社会公民共同参与,齐心协力,完成公共卫生的基本任务,为实现公共卫生的最终目的而努力。公共卫生的基本任务是:①疾病和残疾的防治,这里的疾病包括急性传染病、慢性非传染病、先天性遗传病等,残疾包括伤害和残疾;②人为改善人们生活的自然环境和社会环境,清除对民众健康有损害的危险因素;③为民众提供保障健康的基本医疗服务,加强健康教育,促进百姓健康;④培养公众健康素养。最终实现一个全民健康的社会。

(4)这一新定义对"创建全民健康社会"具有深远的伦理、法律和社会学意义。每个人都有享有健康的权利是世界卫生组织提出的伟大目标,明确指出在地球上生活的每个人都有追求健康和长寿的权利,都有享有美好生活的权利,呼吁对社会中存在的弱势群体医疗健康的公平。毫无疑问,改善民众生活环境,保障基本医疗条件,进而促进人民健康,是社会不断发展的目的。一个国家要想在和平与发展的广阔道路上取得持续的进步,离不开公共卫生的保驾护航。

二、公共卫生的主要特征

(一)我国传统公共卫生的主要特征

1. 公共卫生工作的重点是防治流行性传染病以及地方性疾病

中华人民共和国成立初期,我国担负起第一次卫生革命的任务,就是把工作的重点放在传染病和地方病的防治上。虽然我国流行性传染病及地方性疾病,通过接种疫苗和针对性的预防和控制,已经取得了一定的成果,但是,国家的医学领域仍然还停留在旧生物医学模式。国家的医疗卫生机构工作的绩效中,仍然是以政府所提供的医疗卫生服务水平来衡量的。国家的医疗卫生机构并没有将健康教育和健康促进作为重点,提供的公共卫生服务仍然以治疗疾病为中心,对民众健康意识的树立以及加强对良好卫生环境重要性的理解等相关教育工作开展较少。

2. 公共卫生机构由行政部门设立

我国公共卫生事业单位是参照行政部门来设立的,设立了从国家到乡镇等多级公共卫生机构。此外,国企和事业单位、其他机构和军事系统的公共卫生防疫机构不可避免地在同一地区有多个公共卫生防疫干预机构,造成了公共服务范围重合以及卫生资源的浪费。在我国公共卫生机构的管理体制中,上下级之间的关系并不密切,并不是上传下达的关系,而仅仅是上下级之间业务指导与被指导的关系。我国的公共卫生机构相较于上级来说,更倾向于服从同级公共卫生主管部门的指示,公共卫生医疗防疫机构上下级之间的联系较少,不够密切。

3. 公共卫生工作仅有公共卫生部门在孤军奋战,很少和其他部门相互结合

我国的公共卫生事业之所以能够在短时间内取得巨大的成果,在很大程度上得益于公共卫生工作与民众积极配合相结合的工作模式。但是,我国目前的公共卫生机构很少和其他部门相互结合,也很少和社区的组织部门合作,导致公共卫生部门独立完成卫生工作,难以达到理想的效益。出现这一现象的原因在于一些部门存在观念上的误区,认为“公共卫生就应该是卫生部门的工作,与其他部门没有关系”,忽略了民众的健康以及一些公共卫生事件是受多种因素影响的,而卫生部门仅能控制一部分的影响因素。除了公共卫生部门以外的其他相关部门、组织,都忽略了健康教育的重要性,没有将健康促进相关的工作放到重要发展的地位上。

随着科学技术的进步与社会的发展,政府以及民众的认知水平、价值观念发生转变,人们才逐渐认识到公共卫生的重要性。由于公共卫生事业发展迅速,导致我国传统的公共卫生体系跟不上现代公共卫生发展的要求。由于公共卫生资源的分配不均衡,导致卫生治疗比预防更被重视的局面;缺乏流行性传染病及各种流行性疾病的监测预警机制的建设,不利于传染病的防控及应对公共卫生相关事件的要求;相关公共卫生医疗机构针对突发传染病的预防能力较低,专业人才少,还需针对此类问题进行调整,促进公共卫生事业的发展。

(二)现代公共卫生的基本特点

(1)公共卫生既是一种制度、学科和实践活动,又是科学的艺术。

（2）公共卫生服务投入成本低、效果好，但它的社会效益回报周期相对较长，需要持续的投入；公共卫生服务中最重要的是未雨绸缪，即对疾病的预防，用中医的话来讲就是"治未病"，疾病预防是性价比最高的公共卫生服务。

（3）公共卫生的最终目标是促进居民健康，延长期望寿命。

（4）公共卫生以人群为研究重点。

（5）公共卫生事业的发展离不开国家和政府的支持，只有国家和政府重视公共卫生，制定公共卫生法律法规以及发布相关政策，各级组织以及民众才会对公共卫生加以重视。国家和政府的宏观调控以及政策干预对公共卫生事业的发展起着重要作用。

（6）公共卫生事业的发展无非就是防控传染病，促进民众健康，这就表明了公共卫生事业的发展相较于技术要求来说，在很大程度上是一个人人参与的社会问题，在公共卫生具体实施中将涉及社会中的各个层面，因此体现出公共卫生各个部门间密切联系以及乡镇和社区公共参与的重要性。

（7）公共卫生事业的发展需要高等层次人才，所以为了国家公共卫生事业的发展，应当建立一支具有广博的科学文化知识和专业知识、受过高等教育、具有多学科背景的高层次人才队伍，为公共卫生事业的发展提供专业技术支撑。

（三）现代新公共卫生的主要特征

1. 强调以健康为中心

公共卫生最终目的是实现全民健康，增强民众健康意识。我国传统的公共卫生仍然是以治疗疾病为中心，只是在疾病出现后进行诊治，再加以控制，服务范围较窄。现代公共卫生指的以健康为中心，不仅是指身体的健康，还有心理等全面健康。这不仅是体质的健康，更是一种解决问题的能力，是人们适应社会环境、抵抗挫折、积极面对生活的能力，是个人拥有的、在这个世界上生存的宝贵资源。另外，社会的发展也离不开健康的人群，健康的人群能够提供充足的劳动力，促进社会经济发展和国家进步。由此可见，健康不仅对个人的生存发展十分重要，对社会发展和国家进步也有着重要作用，所以说，以健康为中心是现代新公共卫生的重要特征。

2. 现代公共卫生具有新的目标和任务

我国传统公共卫生仅仅是对疾病的治疗,现代公共卫生则是促进人群健康生活。所以,为了让人们能够健康生活,现代公共卫生要为人群创建健康的生活环境。创建健康的生活环境不仅是一个人或一个部门的责任,需要社会各界组织和团体共同努力,预防各种疾病和自然灾害、进而促进人群身心健康。以社会上的某个人群为出发点,针对该人群找出现存的或将要发生的、需优先解决的公共卫生问题,针对此类问题制定防治措施,为实现人人健康创造条件。预防传染病、开展健康教育、应急处置各类公共卫生突发事件、创造干净卫生的环境以及保证基本医疗服务等,是现代公共卫生的具体职能。

3. 现代公共卫生的服务范围更广泛

相较于我国传统的公共卫生,现代公共卫生包含的服务范围更广、更大。传统的公共卫生主要是针对疾病的治疗、传染病的防控、基本的医疗保健服务,重点是改善低层次的物质环境。而现代公共卫生所涵盖的内容更广泛,包括自然环境卫生和社会环境、个人卫生和家庭生活卫生、建设住房的社区环境、传染病和地方病的防治、职业卫生服务以及人际关系等的方面。现代公共卫生不仅是把重点放在流行性传染病及地方病的防控上,而是将所有会威胁到民众身心健康安全的因素全部包含在内,包括慢性疾病和心理、精神上的疾病,还有对民众身心健康有危害的各种自然和社会环境因素。

4. 现代公共卫生要求政府发挥主导作用

虽然公共卫生投入成本较低,能有效应对公共卫生事件,取得的效果较好,但公共卫生事业取得的效益回报时间较长,不利于市场机制来操控其发展,所以,在公共卫生事业发展上,国家和政府应发挥主导作用。公共卫生的最终目的是构建人人健康的社会,它所涉及的范围较广,需要面向全社会来评估人群生活的环境是否存在威胁人们身心健康安全的危险因素和公共卫生开展的现状,而只有政府有这种优势。所以说,在公共卫生事业的发展中,国家和政府发挥着主导作用。

5. 现代公共卫生的工作模式是各部门共同协作

公共卫生是为了实现全民健康并保障民众健康和长寿的权利。这是一个庞大的工程,所以,现代公共卫生体系仅由卫生部门组成是不够的,还应有乡镇和社区等各级有关民众健康和基本医疗卫生服务的组织和团体。民众的健康关系到社会经济发展和国家的进步,还关系到民众生活方式的改变和生活质量的提高,现代公共卫生将公共卫生事业放在了极为重要的地位,需要全社会的共同努力。公共卫生工作的开展还受到科技、文化及地域等因素的制约,所以,公共卫生事业想要发展就必须与其他部门相互合作、共同努力。因此,公共卫生的发展需要国家和政府主导,与各级公共卫生部门及其他组织和团体建立协作关系,为公共卫生事业的发展共同努力。

6. 社区在现代公共卫生体系中扮演更重要的角色

乡镇和社区是民众工作生活的重要场所,现代公共卫生与传统公共卫生相比,行动力有所加强。现代公共卫生工作的完成需要生活在该地域的人一起实施,随着人们逐渐认识到健康的重要性,民众开始主动参与到公共卫生事业中来。在行动中促进健康,进而实现人人健康。①

三、公共卫生的分类

(1)建立乡镇和社区居民健康档案。主要是在乡镇和社区内常住的居民,包括居住时间在半年以上的非户籍居民,除了建立健康档案外,还应做好居民健康档案的维护和管理,为实现人人健康提供评估依据。

(2)健康教育。主要是针对乡镇和社区内的常住居民,提供健康教育资料、拍摄健康教育宣传片、发放健康教育宣传页、设置健康教育宣传专栏、开展公共卫生健康咨询服务、举办健康教育知识讲座以及针对不同年龄、性别和受教育程度进行区别健康教育,以便能使更多的人接受健康教育。

(3)预防接种。主要是针对乡镇和社区内常住的儿童、易发传染病以及体质较弱且易受病毒入侵的重点人群进行预防接种,做好预防接种记录,对接种后的人群进行接种后留观,针对接种后有异常反应的人群做好应急处置。

(4)儿童保健。主要针对乡镇和社区内居住的儿童,进行新生儿家庭访

---

① 冯显威,陈曼莉. 现代公共卫生的概念特征及发展方向研究[J]. 医学与哲学,2005
(8):11-13.

视、新生儿满月、婴幼儿及学龄前儿童的健康管理。增进健康要从儿童抓起,做好儿童的健康管理,才有利于儿童的茁壮成长以及家庭的和谐。

(5)孕产妇保健。主要是针对乡镇和社区内居住的孕妇和产妇,进行孕早期、中期、晚期健康管理以及产后访视和产后 42 天健康检查。孕妇是孕育下一代的伟大人群,有效针对孕、产妇进行健康管理,有利于预防产后抑郁症等疾病,对孕妇和胎儿的健康都有促进作用。

(6)老年人保健。主要是针对乡镇及社区内居住的 65 岁以上的老年人进行健康状况的评估、体格检查、各项疾病的辅助检查以及健康指导。由于老年人的各项机能老化,易出现各类疾病,所以,对老年人进行健康管理是十分必要的。

(7)慢性病患者的健康管理。主要是针对乡镇及社区内居住的慢性病患者或有患慢性病风险的人群进行服务。服务内容是对其慢性病早期检查发现进而对慢性病的发生进行随访评估和分类干预,最后定期进行健康体检。

(8)严重精神障碍患者管理。服务对象是辖区内诊断明确、在家居住的严重精神障碍患者。服务项目和内容:①患者信息管理;②随访评估和分类干预;③健康体检。

(9)结核病患者健康管理。服务对象是辖区内肺结核病可疑者及诊断明确的患者。服务项目和内容:①可疑者推介转诊;②患者随访管理。

(10)中医药健康管理。服务对象是辖区内 65 岁及以上常住居民和 0～36 个月儿童。服务项目和内容:①老年人中医体质辨证和中医药健康指导;②儿童中医药健康指导。

(11)传染病和公共卫生突发事件报告和处理。主要是针对乡镇和社区内常住居民,对流行性传染病以及公共卫生突发事件的监测和预警,对危害乡镇以及社区内的居民身心健康安全的风险因素进行评估,对突发的传染病及公共卫生事件进行登记,做好应急处置和相关信息的报告。

(12)卫生监督协管。服务对象是辖区内居民。服务项目和内容:①食品安全信息报告;②职业卫生咨询指导;③饮用水卫生安全巡查;④学校卫生服务;⑤非法行医和非法采供血信息报告。

四、公共卫生的法治建设

前几年我国发生了"苏丹红""三聚氰胺""地沟油"等公共卫生事件,还有 2020 年初新冠肺炎疫情暴发。这些公共卫生事件严重侵害公众生命健康,影响经济发展和社会稳定。因此,如何运用法治来保障公共卫生和民生安全,对于构建人人享有健康权利的和谐社会具有十分重要的意义。

(一)我国有关公共卫生方面的立法体系

随着我国社会的发展以及民众认知水平的提高,党和政府提出了立法的重要性,提出了依法治国的重要理念。党和政府针对公共卫生界也正不断制定和修改法律法规以及政策,经过不断修订,基本形成了一整套规范的公共卫生法制体系。

(1)公共卫生法制建设的参考基础来源于宪法。宪法中的"国家建立健全同经济发展水平相适应的社会保障制度"和"国家尊重和保障人权",正与公共卫生改善民众生活的自然和社会环境、促进民众身心健康、实现全民健康的目的相吻合。而且为促进公共卫生事业、建立基本医疗卫生服务提供了法制依据。

(2)在宪法的基础上我国不断修订了针对公共卫生安全方面的法律法规。全国人大常委会修订了《食品安全法》《传染病防治法》等基本法律法规,为我国食品安全、传染病的防治等方面提供了法治保障;国务院也制定了《艾滋病防治条例》和《突发公共卫生事件应急条例》等行政法规,为公共卫生事件的防控提供了法律指导。我国公共卫生界的法律法规,随着国家和民众对公共卫生事业的重视程度制定的越来越多,地方性法规和政策也紧随国家的脚步制定数量逐渐增多。

(3)我国民事法律中涉及公共卫生问题的条款也有很多,针对医疗损害和环境污染的方面进行了责任认定,对损害医疗条件以及恶意污染环境的行为加大赔偿处罚力度,为公共卫生事业的发展提供了法制保障。

(4)刑法修正案针对有关公共卫生方面的犯罪加大了处罚力度,更大程度上保障了公共卫生事业的发展。刑法中针对盗窃、抢劫、投放危险物质这种对民众健康安全造成严重威胁的危险行为,做出明确的刑事处罚规定;针对生产、销售假药和不符合标准的医用器材这种将民众健康安全置之度外、只为牟取暴利的行为也进行了明确的处罚规定;针对逃避动植物检疫以及生产、销售有毒、有害食品造成严重食品安全问题的行为,也增加了对其严重情节的处罚规定。由此可以看出,党和政府针对公共卫生问题出台了各种法规来促进公共卫生事业的发展,促进民众健康,实现人人健康。

(二)从"立法中心主义"向"善治中心主义"的法治转型

总体而言,我国公共卫生安全法律体系已经达到了较为完备的状态。虽然我国针对公共卫生法制建设已经形成一套规范的体系,但公共卫生事件仍然时有发生。出现这一情况的根本原因是我们总认为立法可以解决公共卫生问题,忽略了法律的具体执行情况的问题。因此,要解决我国公共卫生问题,必须将以立法为重点转向以善治为重点,严格执行法律法规,一经发现任何公共卫生违法犯罪行为,绝不姑息,将解决公共卫生问题的重心转向法律的严格实施。

(1)要摆脱"立法万能"的思维模式。目前,只要在我们的生活中出现危害严重的公共卫生事件,首先想到的就是将此类公共卫生问题加入法律,设置罪名,加大处罚的力度,想要通过加大处罚力度来杜绝此类的违法犯罪现象。但是,只有在此类违法犯罪问题真正被处罚到了,才能对其他民众造成威慑作用,进而遏制此类公共卫生违法犯罪行为。也只有将公共卫生违法犯罪行为真正处罚到了,才能表明国家对公共卫生违法事件严惩的高压态势。如果仍然只重视立法的重要性而忽视法律法规的规范实施和严格执行,还是会重蹈覆辙,造成公共卫生事件的频繁发生。

(2)在法律法规执行过程中建立公共卫生事件责任的全面追究机制。一旦发生公共卫生事件,通常都是由地方政府监管部门以及公共卫生医疗机构联合调查,共同追究违法犯罪行为。但是,在追究责任的同时,忽略了地方监管部门的渎职行为。如果地方政府监管部门监管得力,就不会发生公共卫生违法犯罪行为,所以说,地方部门的有利监管是杜绝公共卫生事件发生的关键一环。由此可见,落实公共卫生责任是预防公共卫生事件发生的关键,行政问责是预防公共卫生事件的核心,要依法查处地方监管部门的渎职、包庇行为。追查这类渎职行为有两种方式:一是查清在公共卫生事件中是否存在监督管理人员的渎职行为;二是在公共卫生事件处理中,有没有其他渎职行为。比如,监督员为减轻自己的职责或出于其他地方保护主义的目的,将应当追究的刑事责任的案件,作为一般行政违法去处理。这种处理办法就是渎职行为,应当以徇私舞弊不移交刑事案件罪处理。

(3)为避免地方监督管理人员在公共卫生事件调查中既是运动员又是

裁判员的弊端,应实行地方监督管理人员回避制度。只有将回避制度落实了,才能对监管人员的渎职行为有效追查,进而追究其违法犯罪行为。如果像以前一样,司法部门只追究食品生产经营者的刑事责任,放纵行政监管人员的渎职行为,"食品安全监督管理滥用职权罪、玩忽职守罪"就成了没有威慑力的文字形式,重蹈"滥用职权罪、玩忽职守罪"的覆辙。

由此可见,公共卫生事业的发展以及公共卫生违法犯罪行为的杜绝,光靠立法是不够的,重点在于法律的实施。无论法律规定的处罚多么严厉,无论法律制订多么严苛,如果司法实践中的法律执行不到位,法律的威慑力也会被消除,也就无法预防和遏制犯罪。党和政府提出了依法治国的理念,为了保障民众健康,要将重心从"立法"转向"善治",针对遏制公共卫生事件违法犯罪行为的发生需要加大执法力度,规范执法行为。

(三)法治在重大疫情防控中的重要价值①

依法治国是我国的基本理念,说明法治在我国的社会经济发展中起着非常重要的作用,在公共卫生突发事件的防控中,法治观念仍然具有十分重要的地位。国家和政府特别重视依法防控,为了保证民众的身心健康安全、依法推进公共卫生突发事件的应急和防控。从公共卫生事件的立法到严格执法,都体现出了法治在应急防控中的关键作用,公共卫生相关的法律法规不仅对公共卫生突发事件的预防提供了基本准则,还为其应急措施提供了方向。因此,法治在应急防控中有着至关重要的价值,有利于公共卫生突发事件的预防和控制,进而保证了民众的身心健康安全。

(1)法治不仅对常规化公共卫生事件的发生有着预防和控制作用,也对公共卫生突发事件的应急和控制有着极其重要的价值。法治,对于像食品安全、药品安全、危险物品的投放等公共卫生事件的治理有着重要价值,还对应急措施的制定上有着重要的指导效能。任何公共卫生突发事件的发生都对民众的身心健康安全、经济社会的发展以及国家的安定带来严重威胁。如果不能对其进行有效控制和预防,就会造成社会各阶层之间的矛盾,严重的话可能会影响社会的正常运转,这时就要充分发挥法治的引导和保障作

① 岳远雷. 重大疫情依法防控的公共卫生法治保障研究[J]. 医学与社会,2020,33(12):113-118.

用,对公共卫生突发事件进行有效预防和控制。公共卫生突发事件发生时,不仅是对各级政府以及社会各界组织团体的考验,也是对我国公共卫生治理能力和体系的考验,彰显出公共卫生法治在公共卫生突发事件防控中的重要价值。

(2)法治是预防和控制公共卫生突发事件最有力的武器。公共卫生法治不仅确定了相关防治部门的权力和义务,也明确了各部门在事件发生时应负的责任、防控程序及应急措施,为公共卫生突发事件的预防和控制提供了有效依据,进而能够对其进行防控,保证民众的身心健康安全以及社会的正常运转并维护了社会的稳定秩序。近几年我国不断制定了各种公共卫生相关的法律法规,形成了较为完善的公共卫生法律法规体系,基本上实现了公共卫生突发事件防控时的有法可依。在防控时,坚持依法防控,依法治理,才能有效保障防控工作的顺利进行,最大程度上确保公共卫生突发事件防控效果,进而保证民众的身心健康安全以及社会的正常运转。

(3)法治为公共卫生突发事件的防控提供了权威性的、可执行的防控指南,通过对国家公共卫生突发事件防控相关部门提前进行划分职责权限以及对民众相关权利和义务的配置,对有可能发生的突发事件提供应急措施或解决方案,尤其是在危害性较大的事件发生时,通过法治进行防控的效能就得到了体现。应急防控要有效、科学和有序,既要考虑到我国的实际情况,又要进行科学防控,而依法防控就考虑到了这几点要求,因此,法治在公共卫生突发事件的防控中起着至关重要的作用。

(4)法治能为公共卫生突发事件的防控提供有效、有序、科学的防控指南,保障民众的身心健康安全以及社会的正常运转。虽然法治没有办法消灭公共卫生突发事件带来的社会矛盾,但是,法治为解决社会矛盾提供公正和平的解决渠道,在最大程度上化解社会矛盾。正常的社会秩序是应急防控的要点,只有社会秩序稳定了,才能有效开展防控工作,所以说,想要充分发挥法治在公共卫生突发事件防控中的作用,就要有稳定的社会秩序,而国家和政府可以运用法治办法来惩治各类违法乱纪行为,保障稳定的社会秩序,进而保证公共卫生突发事件的防控工作有序进行,为保障民众健康和长寿的权利共同努力。

五、我国公共卫生体系的理论研究

(一)我国公共卫生体系的发展历程①

公共卫生体系经常被称为具有不同关系和职能的互动网络,以及为社区公众的健康和福利服务的各种组织关系。公共卫生体系是指在一定的权限内提供必要公共卫生服务的各种公共、私人和志愿组织的总体。目前,我国已形成了以国家、省、市、区、县、乡各级各类医疗卫生机构为主体,财政、社会保障、农业、教育、媒体、体育、食品药品监督管理等多领域合作,由政府主导且基本完善的公共卫生服务体系。目前的公共卫生体系需要全社会参与,政府公共卫生事业中的角色是动员者、决策者等,公共卫生服务是带有公益性的,公共卫生服务的公益性决定了政府参与的多重角色,并在公共卫生事业的发展中发挥了重要作用。

新中国成立至 20 世纪 70 年代末,针对公共卫生服务体系,我国已经建立的相对完善,基本覆盖了县城和乡镇,为乡镇和社区居民的基本医疗、传染病的预防及各类人群的保健提供了服务保障。在预防疾病、开展公共卫生运动方面取得了显著成效。20 世纪 80 年代后期,经济改革以及社会条件的改变,对公共卫生服务体系造成一定的冲击,尤其是在农村疾病预防体系方面,公共卫生服务功能逐渐弱化。2003 年"非典"过后,政府加大了对公共卫生体系建设的决心和行动力度,我国公共卫生服务体系建设明显加强。2006 年 3 月,我国成立了疾病预防控制局和卫生监督局,基本建立了公共卫生体系中的疾病预防控制体系及卫生监督体系。2009 年中共中央、国务院在《关于深化医药卫生体制改革的意见》中提出了要全面加强公共卫生服务体系的建设。我国对公共卫生体系的构成、功能定位以及今后的发展方向提出了具体的要求,从深化医药卫生体制改革以来,国家和政府明白了公共卫生的重要性,大力推行公共卫生体系的建设,国家的参与使得我国公共卫生服务能力以及公共卫生事件的应急能力不断增强,对民众的基本医疗服务水平不断提高,公共卫生服务体系的建设具有显著成效。

---

① 王坤,毛阿燕,孟月莉,等.我国公共卫生体系建设发展历程、现状、问题与策略[J].中国公共卫生,2019,35(7):801-805.

(二)关于我国公共卫生体系建设发展的策略建议

1. 建立并完善新时代公共卫生体系

针对国家提出的新时代下我国公共卫生服务体系的定位、目标以及相关机制来建立健全医院、医疗卫生机构等的健康教育,控制公共卫生事件及预防疾病和传染病的协同机制,体现出预防的重要性,将新时代下公共卫生体系的建设放在重要位置。坚持以党和政府提出的新时期公共卫生工作的方针政策为指导,根据国家的要求和标准将新时代公共卫生体系的建设纳入政府每年工作的目标要求中,充分利用社会中的各种资源,将现有的公共卫生医疗机构、公共卫生管理部门、公共卫生行政部门的功能,为民众身心健康安全起到保障作用,改善民众生活的自然环境和社会环境,各级部门齐心协力构建联系密切、功能齐全的新时代公共卫生服务体系,为民众的身心健康安全保驾护航,并提供优质的、与现代社会发展相适应的公共卫生服务。我国在新时代公共卫生服务体系的建设上可以借鉴国外发达国家的经验。国外发达国家在公共卫生服务体系的建设上一直以保障民众的身心健康安全以及促进健康教育、提高民众健康意识为标准。这与我国的公共卫生服务体系的目标相吻合,都是以促进全民健康为重要落脚点。国家和各级政府要明确自身职能,在做好自身工作的基础上,与其他部门联系密切,相互合作,从而保证公共卫生职能的有效履行。国家和政府要明确公共卫生服务体系中确切的服务工作内容,为各级公共卫生医疗和管理部门提供依据,针对不同地域提出不同的工作方向,因地制宜地提供公共卫生服务内容,有效保障各个地区民众的健康。新时代下公共卫生服务体系一定不能缺少完善的管理和评价机制,各地区、各部门之间要密切联系、相互协调,共同听从上级政府或公共卫生行政机构的安排。要建立健全公共卫生服务体系的评价机制,避免各部门发生徇私舞弊、受贿渎职等违法乱纪行为。只有各地方监管部门依法履行职能,有效监管各级公共卫生医疗服务机构,才能将公共卫生服务的效果发挥到应有的水平。

2. 建立完善的医疗和预防相结合的公共卫生服务体系

我国传统的公共卫生是以治疗疾病为中心,忽视了预防疾病的重要性,而预防疾病能够有效杜绝疾病的发生。国家和政府要充分发挥引导作用,指导民众意识到预防疾病的重要性,从中央到地方各级政府要充分发挥职能,加强健康教育宣传,将以治疗疾病为重心转向以预防疾病、康复保健为重心的公共卫生医疗服务体系。只有提高民众的健康认识,公共卫生服务才会走得更远,才能发挥出应有的职能和效果。

3. 财政投入方式由政府拨款到多渠道筹资的转变

随着我国科学技术的进步、民众价值观的转变以及认知水平的提高,对公共卫生的认识也逐渐提升到"健康"层面。随着民众对公共卫生服务的认识不断提高,民众对公共卫生服务的需求也逐步增加。公共卫生工作的重心从医院提供管理和服务,转变为居民对公共卫生健康需求和健康管理。我国针对公共卫生投入都是由国家财政拨款,新时代公共卫生服务体系逐渐调整公共卫生的财政投入方式,提高公共卫生服务的支出和投入比重。所以,我们不能忽略国家和政府在公共卫生服务中所起到的作用,同时也呼吁社会各界的成功人士或志愿者的捐赠和筹资,为公共卫生服务体系建设建立多渠道资金筹集方式。

4. 建立公共卫生服务体系的高层次人才队伍

由于以前国家和民众对公共卫生的认识不足,导致了公共卫生从业人员少、专业知识和专业技能差、学科基础背景少等问题,不利于公共卫生服务体系的建立。所以,要优化公共卫生服务体系的专业人才队伍,培养新时代公共卫生服务体系人才,加强对内科、外科以及传染病学等医学背景人才的培养,真正做到预防和治疗疾病相结合的公共卫生服务目标。公共卫生医疗服务机构需配备具有深厚医学知识功底、拥有执业医师资格的医生,有效应对各地公共卫生问题,对各地传染病的防治提供专业的措施和对策,完善公共卫生从业人员激励机制,完善相应的工资制度,体现工作价值,充分调动从业人员积极性,提高劳动效率,完善绩效考核体系。针对公共卫生服务体系的高层次、高质量人才,要完善相应的奖励机制和工资制度,提高在岗高质量人才的工作积极性和工作效率,也为吸纳高质量人才提供保障。同时加大对在岗职工的专业知识和专业技能的培训,提高公共卫生服务体系人才队伍的整体专业水平。

5. 搭上信息化时代的顺风车,增强公共卫生服务体系的信息化

随着我国科学技术的进步和治理手段的更新,以及国家和民众对公共

卫生认识的提高,信息化建设也涉及了公共卫生服务这一体系。将信息化建设引入公共卫生服务体系中,有利于加强政府对各级公共卫生医疗服务机构以及各地公共卫生医疗服务机构的联系,实现信息共享,并且有利于提高公共卫生服务机构的服务效率,提高管理水平。建立公共卫生服务体系相关信息库,将发生过的公共卫生事件的成因和预防、对传染病的判断和防治以及各年龄段人群的卫生保健和慢性病的预防等都录入信息库中,为公共卫生服务提供方便。建立全国公共卫生服务体系通用的信息管理系统,全国各地公共卫生医疗服务机构都使用统一的公共卫生服务管理系统,建立全国居民健康档案,方便对民众提供更有针对性的基本公共卫生医疗服务。

6. 完善公共卫生服务体系的立法工作,严格实施公共卫生的执法工作

没有规矩不成方圆,为了公共卫生服务工作能够有效进行,完善我国针对公共卫生相关的法律法规是至关重要的事情。虽然我国许多法律法规中都提到了与公共卫生相关的条款,但一直没有一部针对公共卫生医疗服务的专门法案,直到 2017 年 12 月 23 日,《中华人民共和国基本医疗卫生与健康促进法(草案)》首次提请十二届全国人大常委会第三十一次会议审议。这是我国公共卫生医疗服务与健康促进领域第一部完善的、综合性的法律,弥补了法制不健全的局面。但是,制定完善的公共卫生医疗服务的法律法规,不严格执行的话也是形同虚设。只有将公共卫生相关的违法犯罪行为严抓严打,才能杜绝和公共卫生有关的违法犯罪行为,才能更好地对民众进行公共卫生服务,有效促进民众的身心健康安全,实现人人健康。

第二节　公共卫生突发事件的理论研究

一、公共卫生突发事件的概念和特点

(一)公共卫生突发事件的概念

突发事件,通常是指涉及突然发生的,对公共安全、社会规则、日常生活等产生较大影响的各种危急事件的统称。另外,也需要及时调节事件、快速

做出反应。国际上将突发事件分为灾难、突发事件、复杂突发事件和危机四个层次。

公共卫生突发事件,我们通常将会对社会群体产生较大影响且突然发生的传染性疾病,以及某些不知名病毒源、群体性肠道感染和其他会对群众健康产生重大不良影响的未知情况,称为公共卫生突发事件。以上描述中发生于大众群体中、一定空间内、短时间突然发生的,由某种未知病毒源所引起的疾病,并且在此期间到医院就诊的人数呈上升趋势、大面积扩散的不知名疾病,称之为群体性不明原因疾病。发生群体性肠道感染、产生重大不良影响的传染性情况,从根本上来说也同样是在很短时间内暴发,但不同的是会出现死亡病例的情况,而且随着病情推进,死亡人数还会不断上升,比一般传染性疾病造成的影响更大,发病率也是普遍较高。它们大致包括我国《传染病防治法》中已有的 37 类传播性疾病突然发生肆虐、存在于记录中或者有针对性措施的传播性病例重新显现。近些时间暴虐的传播性疾病普遍流向还有人畜之间共同感染病例持续存在于大众社会中。我们特别要关注的是,新发突然性疾病在外部国家及地区肆虐趋势上升。新发突然性传染病从狭义上来说就是首次发现的疾病;宏观上讲也就是某些特定空间内、特定地区内产生的、重新升级的或者是由外部进入并造成传染的疾病。

《国际卫生条例》中通常将"国际关注的公共卫生突发事件"定义为:①在外部国家及地区内受到某些病毒的肆虐造成重大不良影响且传播范围较广;②要快速建立全球范围通用的、统一的应对机制。在这之中"公共卫生危害"通常是指存在对公众群体产生较大影响的情况,尤其是那些在外部国家中传播造成特大影响和直接影响的情况。

我国《突发公共卫生事件应急条例》中表明的公共卫生情况是指急速发生、对社会大众群体产生或者可能产生巨大影响的传播性病情,群体性未知病因疾病,特大肠胃感染性病毒,还有其他对群众造成特大影响的情况。

根据公共卫生突发事件的性质、危害程度、涉及范围,公共卫生突发事件可划分为特别重大(Ⅰ级)、重大(Ⅱ级)、较大(Ⅲ级)和一般(Ⅳ级)四级。

其中,特别重大公共卫生突发事件主要包括以下方面。

(1)肺鼠疫、肺炭疽在人群密集、人流量大以及经济相对发达的城市发生,并且已经传染多人,还有未发现的感染者,有向多地扩散的趋势;或者肺鼠疫、肺炭疽的感染者途经多地,导致多地(两个以上省份)出现该传染病例,并且仍在扩散。

(2)某地或某医院发现传染性极强的非典型肺炎、人群极易感染的禽流感等传染性病例,具有潜伏期且有向多地扩散的趋势。

(3)涉及多个省份的群体性不明原因疾病,并有扩散趋势。

(4)国外发生的传染病在我国出现输入型的传染病病例,出现还未发现过的新型传染病的发生,或已经消灭了的传染病再次出现且流行,并且有向多地扩散的趋势。

(5)发生烈性病菌株、毒株、致病因子等的丢失事件。

(6)我国的运输或客运交通工具在发生重大传染病的国家或地区途径或我国边疆周围发生重大传染病,并且通过各种渠道传至我国境内、且具有向多地扩散的趋势,对我国公共卫生安全造成严重威胁的事件。

(7)国务院卫生行政部门认定的其他特别重大突发公共卫生事件。

(二)公共卫生突发事件的特点

1. 成因的多元性

例如,大多数强性传播疾病。还有一些公共卫生突发事件,其公共卫生情况也与地质灾害、大自然的"惩罚"密不可分,比如地质损坏、洪水猛涝、大火灾害等。再如2008年突如其来的四川强烈性的地质损害事件,人们最关心的往往就是经历大地质损害后会不会有新的传播性疾病显现,要在自然大灾害后压制住新的病毒性疾病的肆虐是非常困难的,因此,中国政府对于此次地质事件后的情况极为关注,也正是因为国家层面如此关注、采取科学措施,才有效避免大病毒造成大面积传染的情况。还有些公共卫生突发事件其公共卫生情况也与人为事件有关联,如生态环境的毁坏、交通安全事件的发生等。群体安全情况也是构成公共卫生安全的重要组成部分。除此之外,如鼠疫、鸡瘟、肠道感染等,也都能造成巨大影响。

2. 分布的差异性

在发病时间上存在着独特的差别,一般来说,不同气温、环境,病毒肆虐的程度也会不一样。例如,SARS病毒往往活跃在冬、春季等气温不高的季节,但是,肠道性的感染则在夏季气温较高时容易发生。空间区域分布上也不尽相同,每个地区有着其独特的地理条件,所以传染性疾病的种类、发病时间、发病程度都不同。另外,不同体质的人群感染程度也会不同,与其自身免疫力也有较大关联。

3. 传播的普遍性

在全球化时代不断发展的今天,某一种流行性的疾病往往会以现代化交通工具为载体进行跨国流动,一旦发生传播,就可能成为全球范围内的灾难。值得一提的是,传染病一旦具备了三个基本流通环节和条件,即传染源、传播途径、易感人群,就可能在人们毫无察觉的情况下大面积广泛传播。

4. 危害的全面性

严重的卫生疾病事件不仅仅是对人的生命健康造成危害,更是对国家社会环境、经济乃至政治都有很大的影响。例如,2003 年 SARS 病毒在我国的肆虐,对人民生命财产和国家经济发展都带来了不可估量的损失。

5. 治理的综合性

疾病的治理需要四个方面的有机结合:一是技术层面和价值层面的结合,我们不但要有技术层面的资金投入和研发,更要有价值层面的指引和灌输,并努力将二者结合起来;二是直接的任务和间接的任务相结合,它不但是人们直接的美好愿望,还是间接的社会艰巨任务,所以也要结合起来;三是责任部门和其他相关部门结合起来,各部门之间要相互配合、协调,共同打赢预防重大疾病阻击战;四是国际、国内治理相结合,全世界各国人民应该共同肩负起治理重大疾病的责任,世界各国携手共同治理重大疾病,才能应对全球性重大疾病。另外,在预防、治理公共卫生疾病时,还要注意解决一些更深层次的问题,如社会体制、政治环境、社会机制的问题,工作效率问题,人群素质问题。所以,要通过综合性的治理来解决公共卫生事件。

6. 重大疾病事件传播不断产生

比如,1985 年以来艾滋病的发病率不断提高,并且人群逐渐走向年轻化,严重威胁人们的生命健康;2003 年"非典"疫情暴发引发社会性灾难。近年来,人禽流感疫情使人们"谈禽色变";以及曾经发生的人感染猪链球菌病、手足口病等,都严重威胁着人们的生命健康。

7. 种类的丰富性

引起公共卫生事件的因素纷繁复杂,如生物因素、自然灾害以及各种人为因素等。

8. 食源性疾病和食物中毒问题相对突出

比如:2020 年 10 月,广东省卫健委公布一起一般级别突发公共卫生事件,为珠海报告的一起沙门氏菌食物中毒,发病 48 例①;2021 年 11 月 23 日,河南封丘某中学学生吃了学校提供的午餐后,30 余名学生发生食源性疾病②;等等。这些令人痛心疾首的事件都属于食源性疾病和食物中毒引起的公共卫生突发事件,值得食品安全部门高度重视。

9. 公共卫生事件频繁发生

公共卫生事件的频繁发生,暴露了相关监管部门所存在的一些漏洞。相关部门要加强对公共卫生事件的管控,加大人民对公共卫生防范知识的普及度。

10. 公共卫生事件危害的严重性

公共卫生事件不但影响每个人的生命健康,还影响社会的稳定及国家经济的发展。

二、国家公共卫生突发事件应急管理体系的研究

(一)国外公共卫生事件应急管理的基本经验及启示

着力解决公共卫生突发事件、保障人民生命健康权,从健康领域出发,促进社会和谐和保障国家长治久安,公共卫生应急管理体系的完善应用迫在眉睫。

(1)公共卫生安全不是小事,其影响不可忽视,应将其纳入国家发展战略。政府不仅要高度重视公共卫生突发事件的风险防范,而且要对引起公共卫生突发事件危险因素的甄别和评判能够快速采取措施;绝不放过任何危害公共卫生安全的蛛丝马迹,哪怕仅有一两起不明原因的传染病都要迅

---

① 中国食品安全网. 再次发生! 造成 48 人食物中毒,严重时可致死的沙门氏菌感染该如何预防?［EB/OL］(2020-11-17). https://m.thepaper.cn/baijiahao_10040270.

② 民主与法制网. 河南封丘 30 余名学生食源性疾病事件引关注［EB/OL］. http://www.mzyfz.com/html/2204/2021-12-20/content-1546327.html.

速诊断鉴别;如果可能产生严重后果,即使是极少数病例也要紧急启动联动机制,将防疫、运输和外交等相关部门调动起来,严加管理处置,共同防范风险。

(2)在体系构建上,公共卫生应急有关条例规章和法律法规政策都已趋于成熟。除已有总纲领性公共卫生应急规章法规,还有专为公共卫生应急的独立法规,以及相应的应急评价体系标准、核心领导思想和发展方向等,都在其他国家内有所体现。他们已经趋于完善,有明确的阶层递进,所以有相当坚实的规章制度为其提供保障。

(3)充分发挥基层服务部门的作用,应急管理组织由较为成熟的实施体系。从中发挥出桥梁的作用,经国家总应急体系机构与卫生方面的应急体系机构相联系,凝聚为一体,也让其他实施机构与卫生服务相关体系连接在一起,引导地方卫生应急部门向国家方向整合融入。如疾病控制中心等专业研究机构已成为卫生管理强有力的技术支撑,一些基层医疗卫生机构被赋予公共卫生突发事件预警、组织处置等行政职能。基层医疗卫生机构在公共卫生突发事件的预防、监测预警、应急措施等方面发挥了极其重要的作用。

(4)尽快建立灵敏的监测预警系统。各国致力于建立反应灵敏的全球传染病监测网络,做到以最快的速度了解疫情信息。在传染病监测预警系统中对信息的收集能力与预警的准确性决定了系统的灵敏度,而预警的准确性很大程度取决于专家组的能力。例如,很多国家已经实现了疾病预防控制中心和卫生机构建立起密切的联系机制。发现任何新病原体或不明原因疑似感染的传染病例,必须尽快向当地疾病预防控制中心报告。疾控中心应及时组织专家咨询和研究,并提交解决方案,指导当地卫生机构的疾病防控工作。

(5)统一指挥,分级响应。世界范围内都推行一体多层的决策指挥体系机构,并对其非常重视。对于影响较小的事件由低一级的服务部门去解决;影响较大的事件由卫生行政相关机构牵头,带动起其他相关部门积极响应处理;对于确实处理难度大的事件则是由政府领导出面,紧急召集应急指挥部去协调管理,且应急指挥领导由卫生行政和综合应急的相关负责人去任职。

(6)明确公共卫生应急服务部门的职能,提供适当的财政保障。各国明确卫生应急管理体系面向公共卫生服务的职能定位,不断加大对卫生应急体系的投入,疾病预防控制中心享受国家资助,工作人员是国家公职人员,公共卫生机构有许多高学历的专业人员,他们的工资福利待遇都很好,还有完善的激励政策。

(7)提高应急机构的专业能力,吸纳群众意见。公共卫生突发事件从另一角度来说,不仅肩负着行政职责,也具备相当强硬的技术性,各国都非常重视不同机构和专家组在应急处置中的作用。同时,公共卫生突发事件中应急处理与公众的支持合作密不可分,各国都把公众参与公共卫生突发事件看得十分重要。

(二)健全我国公共卫生应急管理体系的策略

1.积极建立与公共卫生突发事件相关法规制度保障

我们必须用法治应急去进一步影响公共卫生应急相关治理。用事实说话,提供完善的保障体系对公共卫生应急管理机制和规章制度走向成熟提供依据,努力提高应急管理的规范程度、法规完善度以及程序化水平,加强公共卫生应急的法治力度。

(1)完善公共卫生应急相关的政策法规体系。加紧出台《公共卫生法》,与将要出台的《生物安全法》、应该修正的《突发事件应对法》,共同形成公共卫生、国家安全、应急管理三点一线的法规支撑保障。

(2)建议对《突发事件应对法》《传染病防治法》《野生动物保护法》等有关法制规章进行修订整理,加强这些法制规章之间内容和意义的连接、处理具体工作中的实用性。比如,当解决处理重大或特大突发事件时要考虑或落实好局部管理措施,在一定程度上可以制约公民某些行为权力的款项。

(3)全方位增强和补充与公共卫生应急相关的详细规章、应急方案、评估体系。修正处理《公共卫生突发事件应急条例》等相关规章法规;完善处理公共卫生风险信息的上报与宣传,监测与预警、紧急处理与救援等有关措施。

(4)保证法制文件实施的质量。补充完成公共卫生应急工作的履行条约和监管措施,提高各单位的工作能力和责任意识,制定网格化工作体系,补充完善追责条例。

2. 补充完备国家总领型应急管理方案,完善应急管理体制

各项应急管理工作只有在应急管理体制内运行,才能实现应急管理的系统化、流程化、标准化,应急管理体制是应急管理工作开展的基石。体制完善的过程中必须要协调好政府管理与社会管理、行政管理与专业管理之间的关系。

(1)全方位补充完善好国家应急处理机制。建议国家成立中央应急管理委员会,统筹管理调节各级各类自然灾害、重特大事件和突发公共卫生事件的机动处置工作,应急管理机构作为中央应急委员会派出机关。这样,公共卫生应急管理工作就在中央领导下,公共卫生应急处理可以归之于国家公共安全和紧急处理体系之列,融合应急管理机构和卫生健康管理机构在行使职责权利上的"统"与"分",使之形成较为通顺的工作协调关系。

(2)在公共卫生突发事件的应急处理方面,要采取政府管理和自身管理互相分离的管理办法。要始终坚持应急管理办公室作为系统领导部门,履行综合应急管理的本职工作与责任,包含了应急预案的修订与实施、物资与资金等后勤保障、组建与调动专业应急队伍、监督工作及人员的临时调动调整等工作。国家疾病预防控制中心(CDC)有权独立于管理系统并采取应急响应措施,如果监测出传染病的病情,按规定报告预警和处置,不需要征求各级行政主管部门和政府的意见,疾病预防控制中心有权指挥当地医疗机构,对各执行机构行使执法和监督权,控制突发疾病的蔓延。

(3)重建疾病预防控制中心系统。把国家疾病控制中心系统改造成一个高效、权威的疾病预防控制管理部门和疾病预防控制专业研究的复合机构,同时实现国家、省、市疾病控制中心的全面整合。经历突发安全事件的影响后,让地方疾病控制中心应急部门落实垂直处理方法后,对现有处理方法整合升级,提升系统的工作效力。除此之外,县一级的医疗部门可以建立起与当地疾病控制的协调关联,不需要上级疾病控制中心介入,形成各级疾控中心良性的工作介入系统,避免医疗资源的浪费。

3. 加强突发公共卫生事件风险化解的工作机制建设

加强风险化解能力,必须完善突发公共卫生事件应急工作机制,自事件的预警信息判断、发布,到应急处置工作的制度规定、灾后恢复等方面,必须层层落实、排除隐患,才能在危险来临时从容化解一切事件可能带来的风险。

(1)提高突发公共卫生事件预警能力,实现信息报告制度的精简化。监测预警系统对突发共卫生事件相关敏感信息搜集与分析处理的能力在很大程度上决定了事件未来发展的趋势,分析研判多渠道来源的敏感信息,发现可能存在较大风险的事件时,及时向政府内部相关部门发布应急预警信息与启动应急相应机制,在确认风险存在后及时向公众告知事件信息以及个人预防措施。

(2)补充完备公共卫生应急要求的全面医疗救援保障体系。医疗物资与医务工作者是处理突发公共卫生事件的中流砥柱,建立高效的应急医疗救援保障体系,确保危机来临时医疗系统能快速针对不同类型的卫生事件进行反应,包括医疗物资与医务工作者的临时动员、跨区域调动等。根据突发事件发展的不同程度,汇集政府储备资源,必要时征用或购买社会资源,确保在应急反应初期救援工作不受物资短缺的限制。

(3)全面构造一个具有高质量的层级领导机制。遵循清晰引领、层次递进、畅通无误、高质量执行的原则,补充完备层级紧密配合的紧急处理体系。如果出现影响较小的公共卫生事件时,要激活当地疾控部门的紧急预警;如果出现影响较大且疾病控制机构执行有难度的公共卫生事件时,需要卫生部门参与应急管理;如果发生最坏的卫生事件且影响非常巨大,处理难度指数高的情况下,公共卫生处置的相关协调控制体系也将被激活;如果发生特别严重的公共卫生突发事件时且情况严重到足以要求政府迅速做出反应,国家应急指挥部也将启动。

4. 增强突发公共卫生情况紧急救助能力

要建立一套在公共卫生突发事件应急管理期间,能够迅速整合专家与医疗物资,将工作中心调整至紧急救助病患上,提高对病患紧急安置与救助效率,逐步完善中西医结合、线上线下结合的公共卫生突发事件应急救助体系。

(1)完善突发公共卫生事件分级标准,根据不同级别的事件制定相应的应急预案,并根据事件的不同类型确立好人员临时调动、物资分配、人员培训、评价体系等一系列工作机制,严格规定各单位在危机来临时及时上报上级部门,组织专家组根据突发公共卫生事件分级标准进行研讨,确定事件等级后迅速做出反应。

（2）实行疾病防控中心与相关医疗机构之间深度协作的机制，让临床医生既能参与公众的预防保健工作，又能让公共卫生医师参加临床实践的双向交流常态化。

（3）重视基层公共卫生的作用。乡镇乃至社区的基层公共卫生管理工作是公共卫生网格化管理的基本组成单位，在应急管理期间，良好的基层公共卫生工作的开展是精准落实顶层指令的必要条件。加大乡镇与城市医疗之间的沟通，定期指派优秀技术骨干至城市先进医疗机构或卫生部门学习技术与管理经验，有效提高基层公共卫生管理水平。

5. 全面提高解决公共卫生突发情况下的紧急援助能力

秉持统一管理、合理调度、高效高质量工作理念，全方位提高构建对重大公共卫生事件相应的保障物资配备能力的策略，贯彻落实好后勤保障。

（1）突出公共卫生专业人才的重要作用。公共卫生专业人才的数量与质量很大程度上决定了整个系统或单个部门应急保障能力的强弱；增加人才引进预算，加强在职员工应急能力培训，合理调度员工以满足应急体系中不同岗位的需要。

（2）加强特大突发公共卫生事件应急物资管理。在应急物资的储备与管理时，应当将国家储备、社会储备、现有生产能力储备充分结合，考虑市场流通、应急物资自然损耗等客观因素，从宏观层面动态分析三者综合储备情况，根据预测的特大突发公共卫生事件应急处置的物资需求情况对三者进行有效调整。政府应急物资储备需充足，可与社会储备中部分企业、组织签订战时应急物资征用合同；充分鼓励家庭配备必要应急物资；及时了解当前应急物资生产能力储备，为可能出现的特大突发公共卫生事件进行规划和部署。

（3）将现代科技充分应用于公共卫生领域。突发公共卫生事件时期需要处理大量信息，将大数据技术充分应用于公共卫生应急，可实现各地区、各单位之间跨地域、即时高效的信息共享。搭建全民卫生信息共享平台，依托互联网实现健康教育科普路径拓展，在应急期间及时向民众分享突发公共卫生事件的规模、发展程度、预防措施等信息，综合提高卫生服务水平。

（4）加大建设公共卫生事业投入，完善公共卫生应急资金保障机制。按照"养兵千日、用兵一时"的需求，尽量加大公共卫生设备设施和能力建设的投入力度,以便在突发事件发生时,确保应急资金的配备和保障。加快建立相关紧急物资筹备实施体系,确定好相关救助部门不受经济等条件制约,秉持以人民的生命健康安全至上的工作理念,在此基础上补充好异地就诊应急结算机制。建立医疗保险资金连续性保障机制,确保医疗服务质量,医疗机构在提供急救医疗服务的同时,可以为不同的基层医疗保险业务连续性提供资金。

6. 加强公共卫生应急机制建设,鼓励群众发挥聪明才智

(1)充分发挥群众在社区公共卫生管理中的作用。提高对群众在突发公共卫生事件中能动性的认识,落实党的群众路线,加强对群众综合应急处置能力的培训,实现在应急期间群众能自觉配合并理解政府的卫生管理工作。组建应急服务志愿队,以社区为单位定期接受周边公立医院的培训,在应急管理期间实现社区应急服务志愿队的网格化管理,发挥志愿队来源于群众的优势、以便加强政府与群众的联系。

(2)加强公共卫生安全的科学普及教育,提高人民健康素养。依托传统媒体、新媒体平台等渠道,有效宣传公共卫生安全知识,加强公共卫生法制教育,结合宣传手段、提高科普教育内容的吸引力,全面提高群众的卫生意识、应急意识;对网络中出现的不实言论进行辟谣,抓住突发公共卫生事件在社会中有较高热度的时机,及时对群众进行相关科普教育,逐步提高广大群众的科学意识,树立不轻信谣言、不传播谣言、相信科学、相信政府的自觉意识,进一步加强人民群众的公共卫生安全意识培养。

三、大数据时代下公共卫生突发事件的预警创新

习近平总书记指出:"要把增强早期监测预警能力作为健全公共卫生体系当务之急""健全多渠道监测预警机制"。[①] 虽然国家和政府意识到公共卫生突发事件监测预警的重要性,但是,我国目前的公共卫生突发事件的监测和预警制度还不够完善,依然存在瞒报、漏报的现象,因此,完善监测预警机制有利于对公共卫生突发事件的相关信息掌握,针对可能发生的情况做好

---

① 习近平. 构建起强大的公共卫生体系 为维护人民健康提供有力保障[J]. 求是, 2020,18(9):20.

充分准备,进而做到有效应对。

随着我国科学技术的进步和社会的发展以及信息化时代的到来,根据目前先进的网络数据处理技术,应尽快建立完善基于大数据下的公共卫生突发事件的监测预警系统。在先进网络技术的基础上,广泛收集数据,为监测预警工作助力,保证公共卫生突发事件的有效防控。

(一)大数据有利于提高公共卫生突发事件监测预警的精准性

网络大数据库的发展提高了信息的处理能力,使其能够在大量的、来源广泛的数据中搜集到有关公共卫生突发事件的信息,并获取事件的因果关系。利用先进的大数据技术能够全面搜集公共卫生突发事件的蛛丝马迹,不同于传统的信息搜集,避免了漏报、瞒报现象的出现,使公共卫生突发事件的监测预警更加精准。

1. 公共卫生突发事件信息来源的多元化

随着科学技术的进步和社会的发展,互联网技术也在迅速发展,网络数据的来源范围越来越广,信息类型越来越多,信息的采集也越来越自动化,为公共卫生突发事件的搜集提供了可靠的信息来源。目前我国各级医疗卫生服务机构、疾病预防和控制中心都保留有相关公共卫生突发事件的基本信息、预防措施及应急措施等信息数据。各级医院、社区公共卫生基本服务中心也保留有公共卫生突发事件相关的资料、传染病症状及相关药品使用不良反应等的信息数据。随着科技的进步,许多互联网企业也有先进的信息搜集渠道以及地理数据信息,社交软件公司也保留着民众在互联网发布的相关信息。在通过大数据可以搜集到的这些信息中,不管是什么形式的信息,信息总量都在不断增加。与以往传统的信息调查统计不同,现今可以直接运用先进的网络技术对有关数据信息进行处理。

2. 大数据对公共卫生突发事件相关信息的全方位挖掘

公共卫生突发事件的发生是可以进行有效预测和报警的,而大数据能否准确预测取决于对公共卫生突发事件相关信息的挖掘。公共卫生突发事件的相关信息库中包含有大量的信息数据,还需对其发生的条件信息进行挖掘,将挖掘到的条件信息与信息库中的事实信息进行比对,挖掘其可能存在的关系。公共卫生突发事件的监测、预警和防控是一个科学、系统、有序的工程,对各个方面的信息搜集是十分重要的,因此,要加强对医院、公安、疾病防控中心等相关部门的数据信息搜集和对其存在的关联进行分析,对比分析实时数据和历史数据,以提高大数据对公共卫生突发事件监测预警的准确性,做到及时有效防控。

3. 及时推送公共卫生突发事件预警信息

在对公共卫生突发事件发生进行有效预警后,将预警信息及时有效地发布给应急防控部门和公众,这对公共卫生突发事件的预防和控制是至关重要的。只有确保预警信号传递到相关部门和社会公众,才能体现出公共卫生突发事件监测预警的意义。在信息化时代快速发展的今天,可以依托先进的网络技术手段来筛选和识别公众的需求,通过各种渠道和媒介向民众推送具有针对性的信息,在最大限度上将公共卫生突发事件预警信息准确发送到社会中,做到信息的准确性和传播的广泛性。首先,利用电视、广播等官方媒体对相关信息进行推送。在公共卫生突发事件发生时,将该事件的基本信息、判断标准、自我预防措施以及国家和政府对此类事件的防控措施安排适时发布,让民众对该公共卫生突发事件进行有效了解,做好自我防护,避免造成不必要的恐慌。其次,利用短信、电话或电子邮箱向民众进行及时推送。通过先进的网络信息技术将公共卫生突发事件的最新动态、防控策略以及应急处置发送给民众,让民众知晓事件防控的具体策略及防控的进程等。最后,利用社交软件(如 QQ、微信等)对公共卫生突发事件进行推送。借助于互联网社交通讯平台对民众宣传有效预防办法等重要信息,让民众加强防护,做好自我保护,为自己和他人负责。在人口密集的区域,可以利用广播、宣传屏等传统方式对公共卫生突发事件的基本信息和预防标准传递给民众,争取让民众对公共卫生突发事件有基本了解,有效进行防控,做好自我保护,避免恐慌。

4. 以疾病控制系统为依托,构建智能化突发公共卫生监测预警系统

运用先进的信息科学技术整合资源,建立综合性、全国性的公共卫生突发事件监测控制系统和资源共享体系,整合国家及所有地区级疾病预防控制中心(Centers for Disease Control,CDC)的科研、服务、应急处理信息到一个信息共享平台,提高公共卫生风险信息的透明度以及专业信息解释的专业性和权威性。云计算、大数据等数字化技术可以在公共卫生突发事件

的监测预警、病原追踪、预防、治疗和资源配置等方面发挥支撑作用。

(二)大数据有利于公共卫生突发事件的快速监测预警

随着科学技术及网络信息的快速发展,一些先进的科学技术手段被广泛运用于公共卫生突发事件的监测预警及应急处置,这提高了监测和应急处置效率。公共卫生突发事件预警的源头、条件及危害程度,都可以利用大数据进行处理,加快了预警速度。

1. 公共卫生突发事件预警源头的自动化监测

公共卫生突发事件不会凭空发生,都是有可追溯的源头,因此,对突发事件的有效防控离不开对其源头的监测,以便在最大程度上将其消灭在萌芽阶段,有效应对公共卫生突发事件。大数据对事件预警源头的监测,需要对各级公共卫生医疗服务机构、疾病防控中心等部门信息库进行大量信息搜集以及敏感信息抓取,为事件预警源头的监测提供大量原始素材。正是因为网络信息传播越来越发达以及先进设备的使用,进而有利于公共卫生突发事件预警监测信息的自动化采集,将现实中和网络上的相关信息都记录保存下来,以便筛查。每当公共卫生突发事件发生时,对其有关的异常症状及药品名称等敏感词汇的搜索量增加,可以从个人的网络浏览痕迹以及信息发布来回顾应急处置的第一现场。

2. 公共卫生突发事件预警条件的智能化预测

公共卫生突发事件从萌芽到发生,必然有一定的发展条件,或多或少都会通过不同的方式向周围传达一定的信息,所以,对公共卫生突发事件传播信息的捕捉是将事件扼杀在萌芽阶段或及时做好应对准备的关键环节。在当今网络信息化极为发达的时代,我们可以通过先进的技术手段来搜集与公共卫生突发事件相关的大量信息,然后对这些信息进行加工处理,再提取出对公共卫生突发事件相关的、有价值的条件信息,快速完成对其起因、扩散趋势及危害后果进行最大限度的准确预测。

3. 对公共卫生突发事件的危害程度进行即时化预警

在对公共卫生突发事件的源头和条件准确预警的基础上,只有根据预测的事件起因、扩散趋势及危机后果等因素,及时准确地对公共卫生突发事件进行危害程度的预警预报,才能科学有效地应对,最大程度上减少危机事件带来的损失。通过对公共卫生突发事件的源头和致灾因子预警,再根据信息库对比以及公共卫生界权威专家的判定,最后对其危害程度进行预报,让相关部门和民众知晓该事件的严重程度,提高对该事件的重视。

(三)大数据支持动态预警

大数据平台在动态预警中不仅可以感知到当前的危险因素,还可以对未来可能存在的风险因素进行预测。大数据通过对各类风险因素之间的联系进行分析后将危险因素精准归类,准确呈现出事态发展的动态轨迹,针对不同地区的风险状况发出不同级别的预警信号。

在利用大数据对突发公共卫生事件进行监测时,预警系统会将来源于各级卫生部门、疾病预防控制中心、医院等不同单位的大量关键信息进行筛选、整理、分析,当突发事件表现出的致灾特征数据达到了系统设定的安全阈值时,预警系统会自动发出警告信号。不可否认,在产生巨大影响的公共卫生突发事件暴发早期,预警信息可能不容易引起注意,人们也容易对其产生误解。当这种情况发生时,归类的作用就会体现出来,系统会把预警程度类似的情况汇到一起加以整合,进一步测算预估风险值。当遇到未曾出现过的病毒或其他致灾因子造成的突发公共卫生突发事件,预警系统的灵敏度会下降,因为没有相应数据源作为支持。在这种情况下,要对其因展开分析,预判可能发生情况。与此同时,要发布警示原因、时间范围、影响程度、影响广度、注意点及应对措施等。

在公共卫生突发事件整治处理的同时,务必迅速预判推理出相应事件的归属类、影响程度、范围和可能产生的后果,然后在职能部门和网络上公示出与其有关的一切信息,如相关患病数量、死亡数量、痊愈数量,还有捐赠情况等;凭借大数据及相关专家的参与,对事件中的确诊情况、疑似情况及密切接触者等高危人群的流动性进行及时分析探究;密切注意公共卫生突发事件的发展趋势,灵活调整好影响程度分级并实时更新,对其将来可能产生的影响也要做好提前规划与恢复方案,做好宏观层面资源配置的调控及调度工作。

在公共卫生突发事件整治处理后续调整层级时,要依据公共卫生突发事件的变动走向,快速调整出有益讯息,如患者痊愈数量、产业恢复运转情况、急需人才情况等,以稳定民众的不安心理,振奋精神;利用多媒体介入提醒机制,可以更有效快捷地传播有益讯息及相关播报信息,控制不良舆论。在此次由新冠肺炎疫情引起的特大公共卫生突发事件中,为了能够及时避免大产业复工招人带来的巨大潜藏隐患,科技公司依托大信息平台对交通协调等方面做出强大助力。通过热力感应进一步对不同密集程度人群进行划分,并且实时更新突发情况,正确引领群众规避密集期,减少个体感染风险。

(四)大信息平台助力协同预警

在当前多媒体大背景下和大信息平台进行有效汇聚分析基础上,零零星星的讯息能够构造出"拼图",进一步把控整体发展趋势,整合公共卫生突发事件的相关信息,提高预警报告的默契程度。产生影响巨大的公共卫生突发事件时要在警示机制下制定对策,同时也要把公共卫生预判预警机制融入全方位协调大局里,融会贯通卫生、警务、车流、金融、天气、动植物等多领域多机构的风险信息,加强各机构预警信息的交流沟通。各机构工作人员务必及时对相应信息进行处理更新,共建信息共享平台,汇聚多方信息资源,同时要建构多部门协调警示系统,使之基于多领域信息整合的基础上。除此之外,要将预警信息及时发布至部门内部,根据部门成员不同的职责分工有序完成预警信息的录入、审核、分析、发布等操作,加强部门内部的协调联动,以公众需求为目标导向,为公众提供科学、便捷、严谨、时效性强的应急信息服务。[①]

四、公共卫生突发事件网络舆情的理论研究

(一)公共卫生突发事件网络舆情的生成和演变特点

1. 网络舆情的生成

一说到舆情都会想到舆情是舆论的另一种说法,认为两者差别不大,是同一种东西的不同表达,但实际上舆论和舆情还是有一定差别的。舆论指的是对社会上发生的、国家的重大决策或者境外其他地区发生的一些出乎

---

① 周芳检. 大数据时代的重大突发公共卫生事件预警创新[J]. 云南民族大学学报(哲学社会科学版),2020,37(5):114-120.

意外的、对民众影响较大的内容的传播。但是舆情与舆论在理论上并不是相同的,而舆情更偏向于民众针对发生事情的情绪传播,重点是民众对该事件的看法和情绪反应。网络作为一个小社会、小社区,民众都可以在上面表达自己的看法、宣泄自己的情绪,所以,网络也是民众舆情传播的重要场所。网络舆情也是舆情传播的一部分,只不过网络舆情是民众通过网络的传播来表达自己对某一事件的情绪和态度,一般是由于某个突发的违背常理或者有重大突破的事件发生引起了民众强烈的情感共鸣,并通过互联网传播越来越广。随着我国科学技术的进步,互联网行业发展越来越快以及网民数量的不断增加,导致了信息的传播速度也越来越快。在互联网这个虚拟的世界,民众可以自由地表达自己的观点和态度,而且传播方式从传统的单向传播变为了放射式传播,传播的范围扩大,进一步加快了网络舆情传播的速度。

但舆情的形成是需要条件的,分为内部条件和外部条件,两者缺一不可,只有两者都具备,才能形成网络舆情。

内部条件:有突然或紧急事件的发生、重大政策宣布等不同寻常的事件出现,并且在网络上传播。当有不同寻常的事件发生时,往往都是个人针对此事件进行记录传播,由于网络信息的传播速度极快,个人传播时又缺少对该事件理性的思考,表达观点比较片面。在网络上民众都是运用虚拟的身份,可以在网络上自由表达观点,在传播信息的时候可以轻易地将信息和观点发布在网络上,其他民众可以随时随地观看此信息,表达自己的态度和看法,一旦有与自己的意见和看法一致的用户,就会形成一个团体,随着信息传播速度的加快,这个意见团体也会不断扩大。在这种团体舆情扩大到一定的规模之后,就会有官方媒体对此进行报道,又一次增加了关注和传播的人群,进而有更多的人表达自己的看法,引起更大范围的传播。

外部条件:一是网民受教育程度差异化。互联网的开放特性几乎不对外设限,个体与网络媒介接触越来越频繁,同时个人发表言论传播比较容易,缺乏自觉意识以及约束,主观色彩浓厚。二是网络上的民众选择性接收信息的现象严重。目前网络上可以根据自己的需要搜索自己感兴趣的信息,并且都喜欢去接受与自己有利且与自己观点相似的信息,对此产生强烈的认同感,这种信息观点通常会被无限夸大,所以,公共卫生突发事件中网络舆情的传播中通常会发布和传播与自己有利的观点,在这些观点被得到许多人肯定的时候,就会使舆情的传播更加广泛。三是用户和社交软件会选择性推送感兴趣的话题。人们在互联网选择感兴趣的话题时会受到自身喜好、经济状况等因素的影响,社交软件公司也会从自身利益并根据用户的偏好来推送相关话题,让民众在网络上找到与自己观点喜好相同的用户,以此产生认同感,加快舆情的传播。网络上的个人媒体为了追求热度和流量,利用人们的好奇心理将新闻标题故意夸大,引发更多的人去关注该事件,传播范围更加广泛。四是政治和社会因素。自从改革开放以来,我们国家的发展势头迅猛,社会发展的同时进一步激化了社会矛盾,许多社会问题难以利用舆论反馈,进而引起了舆情的产生。①

2. 网络舆情的演变特点

由于公共卫生突发事件具有突发性、波及范围广及危害性强等特点,与民众的生活、工作、学习等联系密切,所以,一旦发生公共卫生突发事件,民众对预防措施、应急手段、国家政策等与事件相关的信息有着极高的关注度。在公共卫生突发事件发生时,网络是民众发表自己观点的集中地,一般能够反映事件的热点、民众关注的焦点以及民众对公共卫生突发事件的了解程度。由此可见,在公共卫生突发事件发生时,民众对事件的看法和观点都在网络中体现出来,通过对事件的发布和评论等让民众不仅是信息的发布者也是信息的接收者,民众对公共卫生突发事件的观点和行为变化都会因为公共卫生突发事件的解决进度发生变化,同样,民众的态度也会对防控效果带来一定的影响。所以,公共卫生突发事件的网络舆情传播也会跟随公共卫生突发事件的发生、传播和消失。②

(二)公共卫生突发事件网络化治理体系的构建

在公共卫生突发事件中,网络舆情治理是十分重要的,一旦有些人在网络上散布不实言论,就会在网络和现实中产生恐慌,不利于公共卫生突发事件的治理。在网络化舆论治理的全过程中,要通过治理的主体、机制、手段

① 刘娜,丁艺璇. 突发公共卫生事件的网络舆情传播及社会治理[J]. 当代传播,2021(1):73-76.
② 陈硕,梁玉振. 突发公共卫生事件网络舆情的演变机理与媒体引导[J]. 中国广播电视学刊,2021,358(1):89-90,111.

相互协调,统一治理的方法和目标,提高网络舆论治理的效能,进而加强公共卫生突发事件的治理。

1. 公共卫生突发事件网络信息的治理主体

单一治理主体的治理能力无法应对具有可传播性与突发性的公共卫生事件,每个治理主体都具有不同的优、缺点。政府人员具有政治权威性和强制力,可以拥有大量的公共卫生专业人才、物资和资金,是防控的中坚力量,但受制于多层级、复杂的组织结构,存在体制僵化、反应迟钝及成本高等缺点。私营企业和社会组织在市场的作用下能获得更多的分散资源,但缺乏统一领导与高度利益导向性的特点使大量资源无法合理、高效地用于应急防控中。

在应对公共卫生突发事件时要创新应急措施,充分尊重国家和政府的权威领导作用,联合公共卫生医疗服务机构和医院的专家建立公共卫生突发事件领导小组,全面了解社会各界的治理能力,鼓励动员社会各界的组织团体参与到公共卫生突发事件的治理中来,可以适当地给予部分组织团体相应的权利,为治理公共卫生突发事件贡献自己的力量,保障民众的生命健康安全。充分发挥村委会、居委会和其他社会组织团体的作用,宣传信息,参与到具体的治理工作中去。通过官方媒体发布权威信息的同时,也要充分认识到自媒体的重要性,加强审核以确保应急时期其发布权威信息的真实性、科学性,引导大众舆论正能量化。在应急时期可特殊立项补贴企业转产应急所需物资,发挥相关企业的产能优势,解决治理初期应急物资短缺的难题。充分发挥政府领导与公民自我组织的力量,引导社会组织与自媒体明确目标、自我动员,使不同治理主体有序参与网络信息的治理。

2. 公共卫生突发事件网络信息的治理结构

由于公共卫生突发事件具有传染性强、波及范围广等特点,单靠一个部门或组织难以对其进行有效治理,所以,公共卫生突发事件的网络信息治理需要多方合作,在国家和政府的引导下,各级公共卫生医疗服务机构积极合作协商,共同对相关网络信息进行治理。公共卫生突发事件网络治理要求不同治理主体在议程设置、互动频率等方面与事件程度相适应,但社会和企业在参与公共卫生治理上与政府有些差异。由于公共卫生突发事件具有传播性与复杂性,应在网络范围上,建立领导小组协调下的跨部门、跨地域的公共卫生应急传播网络组织。网络信息既不同于现实的社会结构,也不同于利益为上的市场体系,网络信息的治理是在国家和政府的有效引导下,以共同的认知观念和价值观念建立的治理结构。当前我国的市场机制不成熟,社会组织力量分散,所以,公共卫生突发事件的网络信息治理不能仅通过社会和市场进行多元治理,需要国家和政府的权威领导,协同社会各界组织团体对公共卫生突发事件网络信息进行治理。公共卫生突发事件的复杂性导致了公共卫生突发事件的网络信息治理不能太着急,需要建立多元化的信息交流平台,为公共卫生突发事件网络信息治理创造有利条件。

3. 公共卫生突发事件网络信息的治理机制

要对公共卫生突发事件网络信息进行有效的治理,就要制定一套科学有效的治理机制,能够让公共卫生突发事件治理主体之间加强沟通联系、齐心协力,为防治公共卫生突发事件共同努力。

首先,建立公共卫生突发事件网络信息治理各部门间的信任机制。正是因为公共卫生突发事件是毫无预兆地发生,各部门没有任何准备,所以,治理主体部门之间需要建立短时间的合作关系,而治理主体各部门间建立信任机制能够让合作更加紧密、减少冲突,提高公共卫生突发事件网络信息治理工作的效率,保持公共卫生突发事件网络信息的稳定性。

其次,建立公共卫生突发事件网络信息治理的沟通机制。由于公共卫生突发事件的发生较为突兀,未发生公共卫生突发事件的地区对此事件了解较少,无法在第一时间制定出相应的应对措施,只有建立了公共卫生突发事件网络信息治理的沟通机制,全国各地区、各级公共卫生医疗服务机构进行信息的实时沟通,结合各地区的力量对公共卫生突发事件进行治理,实现对其有效治理,将现有资源的利用效率达到最大化。

最后,建立公共卫生突发事件网络信息治理的监督问责机制。各级政府及公共卫生医疗机构在治理公共卫生突发事件时是否能尽职尽责,是公共卫生突发事件能否被有效治理的关键,针对在公共卫生突发事件治理过程中的渎职受贿等违法乱纪行为必须追究责任并进行处罚。只有各部门都恪尽职守,才能有效治理公共卫生突发事件。

4. 公共卫生突发事件网络信息的治理过程

公共卫生突发事件的萌芽、发生、扩散、减少到消灭是一个漫长的过程,对于公共卫生突发事件的治理是需要持续进行和不断更新的过程,必须在事件发展到不同阶段制定相应的治理措施,才能将公共卫生突发事件的治理效果达到最大化。

首先是在事件发生前,充分发挥基层公共卫生医疗服务机构的作用,建立健全公共卫生突发事件的信息管理系统,将各地各级公共卫生医疗服务机构所搜集到的信息都上传到公共卫生突发事件的信息管理系统内,做到全国信息共享,对其他地区做好预警工作,在预防阶段做好充分的应对准备。

其次是在公共卫生突发事件发生后,全国或部分地区进入公共卫生突发事件的应急工作中,根据事件的严重程度来启动相应的应对措施,做好应急防控工作,在全国范围内普及该公共卫生突发事件的专业知识,及时对受灾人群进行救助,保护受灾人群,及时宣传防护知识,避免造成恐慌。

最后是公共卫生突发事件得到控制后的恢复阶段。在保证完全消除事件带来的危机影响后,通过各种福利政策来恢复经济的发展和社会的运转,最大程度上减少公共卫生突发事件对国家的影响。在公共卫生突发事件恢复阶段还应继续加大对其监测预警力度,避免公共卫生突发事件卷土重来。[①]

(三)公共卫生突发事件应对中网络舆情的媒体引导

由于民众对公共卫生突发事件了解不多,尤其是对没有出现过的公共卫生突发事件认识不足,容易轻信谣言和被舆论引导,所以,作为权威性的官方媒体要借助平台实时发布正确信息,将突发公共卫生事件的成因、预防以及国家和政府的应急策略等信息告知民众,及时遏制谣言,引导民众正确理性看待公共卫生突发事件。加强对正能量有效信息的传播,引导民众正能量的传播,提高媒体从业人员的职业素养,本着为民众负责的原则报道公共卫生突发事件,提高报道质量,做好对自媒体信息发布的把关,避免谣言的传播。

(1)公共卫生突发事件发生后,由于对事件不甚了解,难免会存在理解

---

① 孙玉栋,丁鹏程. 突发公共卫生事件的网络化治理[J]. 中国特色社会主义研究,2020 (1):26-31,37.

偏差和个别以偏概全的民众发布一些不实言论,作为权威的官方媒体就要在第一时间内辟谣并发布准确信息,对公共卫生突发事件的相关信息进行普及,加强民众对其理解,有效辨别谣言。因此,在网络发达的新媒体时代,官方媒体在事件发生时要及时发布有效信息,以简洁易懂的语言对相关知识进行普及,便于民众理解,避免对公共卫生突发事件的防控带来不利影响。

(2)公共卫生突发事件发生时要加强有效信息的传播。在事件发生时,权威官方媒体不仅要及时发布相关信息,还要加强这些信息的传播效果,最大程度上确保这些信息能够保证民众对谣言的辨别。只有公共卫生突发事件有效信息的传播效果得到保障,才能最大限度地遏制谣言的生成和传播,进而对公共卫生突发事件的防控起到促进效果。有效发挥现代信息传播渠道的畅通性,各自媒体共同加强与事件相关的有效信息传播,进而对公共卫生突发事件的防控起到积极作用。

(四)公共卫生突发事件中提升新闻舆论工作有效性的策略

1. 落实公共卫生突发事件舆论引导的机制建设

对公共卫生突发事件舆论治理的有效途径就是进行舆论引导,只有让民众获得正确的事件相关有效信息,才能保证其具有科学的认识和理解,有效做好自我防护,为国家和政府防控公共卫生突发事件缓解压力,才能确保防控效果。因此,落实公共卫生突发事件的舆论引导十分必要,而建立灵敏高效的舆论引导机制是有效进行公共卫生突发事件舆论引导的关键。这样当事件发生时国家和政府在舆论引导上无须做出特殊的安排,启动公共卫生突发事件舆论引导机制就能够有效进行舆论引导。

(1)建立健全公共卫生突发事件舆论引导的法律法规。在舆论引导中,法律法规建设起到了至关重要的作用。在舆论引导中必须做到有法可依、有法必依,一切舆论引导必须以相关的法律法规为准则,依法处罚发布不实言论者。在公共卫生突发事件舆论引导中要始终坚持以法治为准则。

(2)对公共卫生突发事件的舆论进行收集和判断。在公共卫生突发事件发生后,不管是自媒体还是权威的官方媒体,都会发布一些事件相关的信息、个人的看法和观点,所以,要对此期间发布的相关信息和观点进行收集,结合有关行政部门和卫生专家的意见和观点来对这些信息进行判断,为公共卫生突发事件的舆论引导提供对策。

(3)舆论引导各主体密切合作。在公共卫生突发事件的舆论引导中,单靠某一部门或某一团体是不够的,需要联合各政府部门、各官方媒体机构、自媒体机构以及社会各界的组织和团体,协调配合,共同努力,为公共卫生突发事件的舆论治理贡献自己的力量。在舆论引导的各个主体之间要分工明确、权责清晰,有效对相关舆论进行引导,进而促进公共卫生突发事件的防控。①

2. 权威官方媒体及时发布公共卫生突发事件的准确信息,避免民众轻信一些不实言论

在公共卫生突发事件发生时,自媒体发布的相关信息要比官方权威媒体早,这就导致了民众会先入为主的轻信该信息,进而会造成不实言论的广泛传播,甚至造成恐慌。所以说,官方权威媒体及时发布公共卫生突发事件的准确信息是十分重要且关键的,积极发布事件的起因、特点、预防措施以及应急处置等信息,做好宣传工作,用真实信息来打破谣言。引导民众辨别信息的真伪,积极做好防护措施,为舆论治理带来积极有效的影响,进而有效防控公共卫生突发事件。

3. 做好对公共卫生突发事件网络信息发布的把关工作

随着科学技术的进步,网络越来越发达,信息传播速度越来越快,在公共卫生突发事件发生后,有关事件的信息会以最快的速度在网络上进行传播,一旦有相关的不实言论在网络上传播,就会误导大部分民众,不利于后期的舆论治理及给公共卫生突发事件防控来带不利影响。要做好公共卫生突发事件网络信息发布的把关工作,可以将部分关键词设置成为敏感词汇,限制民众对相关信息和观点的发布,进而减少有关事件信息的发布和传播。做好公共卫生突发事件网络信息发布的把关工作,有效筛除不实言论和消极观点,促进对舆论的治理,进而对公共卫生突发事件的防控带来积极影响,保障民众的身心健康安全。

---

① 王晶晶,邢祥. 重大突发公共卫生事件中新闻舆论工作有效性提升策略[J]. 新闻爱好者,2020(9):22-26.

第三节 高校公共卫生突发事件的理论研究

一、高校公共卫生突发事件的定义、特征及类型

(一)高校公共卫生突发事件的定义

高校公共卫生突发事件是指在高校内突然发生的,造成或可能造成师生员工人身安全及身体健康严重损害的事件,如重大传染病疫情、群体性不明原因疾病、重大食物中毒、突发自然灾害、学生意外伤害以及其他严重影响师生和校内员工健康的公共卫生事件。

(二)高校公共卫生突发事件的特征

1. 具有严重危害性

一旦高校发生公共卫生突发事件,就会对学校的教学、科研等正常秩序造成严重破坏,给学校的正常工作和学生的学习生活带来极大的不便和损失,更对学校师生的身心健康带来极大的创伤、造成恐慌。高校师生经常与同城市的高校进行学习交流,事件的发生也会对其他高校带来一定的损害,严重的会涉及全国其他高校。若被一些人利用,做虚假宣传,客观上对学校的声誉等造成影响,加深危害的范围和程度。由此可见,在高校公共卫生突发事件的应急管理中要始终牢记严重危害性的特点,未雨绸缪,避免造成更严重的后果。

2. 社会的敏感性

高校是一个重要的科研基地和高层次人才培养基地,由于高校师生是一支知识储备量高、素质高的人群,一直以来都受到政府、大众社会和媒体的高度重视和关注,这就增加了高校公共卫生突发事件的社会影响,并与一些外部因素相互作用。因此,高校公共卫生突发事件在应急管理上应涵盖社会敏感性,在事件发生后,政府、社会和媒体应在可控范围内发挥各自的作用来应对突发事件,避免突发事件成为公共热点,导致突发事件的强化或连锁反应。

3. 主体的活跃性

学生作为高校的重要组成部分,具有积极性、敢当性和群体性,在突发事件中,如果能够得到正确的应急指导,往往能够有效地抑制危机的发生。由于高校内外公众层次的多样性,人力、财力、物力管理工作的复杂性,以及高校改革的不断发展,后勤社会化的逐步深入,招生规模逐渐扩大,高校基础管理体制本来就相对薄弱,突发公共事件逐渐增多。在应对高校公共卫生突发事件时,要充分考虑到高校学生的特点,进而建立防控体系和处置机制,实行科学化的管理。①

(三)高校公共卫生突发事件的类型

高校公共卫生突发事件的内容丰富,涉及面较广,其中常见的高校公共卫生突发事件主要包括以下几种。

1. 校园内的食品卫生安全

近年来,大学生因食物中毒引起的公共卫生突发事件时有发生,食物中毒多为食用有感染菌的食物而引起,还有食用有毒动植物引起的食物中毒和食用化学物质引起的食物中毒,其中食用细菌性食物引起的食物中毒逐渐成为高校食物中毒的主要原因。餐厅的食物如果被致病细菌污染,这些细菌就会在适当的环境中继续大量繁殖,如果不加热或加热不充分就把被污染的食物给学生食用,就会引起食物中毒。这不仅是高校食品工作人员的疏忽,还有高校管理人员监管的不到位。

2. 传染性疾病的暴发与流行

传染病是高校潜在的一种突发性公共卫生事件。高校餐厅卫生管理不到位、校园内防蚊蝇以及防尘措施不完善、食堂餐饮从业人员的素质低下和健康意识较差、一些学生有不良的卫生行为习惯、食品和水质不符合国家安全卫生标准等原因,造成大量疾病传染源,加之气候、环境不安全等客观因素的影响,都会造成传染性疾病的暴发和流行。

---

① 陈琼秋,郑天翔. 高校突发公共卫生事件应急管理机制研究——以杭州师范大学为例[J]. 开封教育学院学报,2016,36(4):277-278.

3. 学生意外伤害事故的发生

除了食品安全和传染病外,意外伤害也是严重威胁高校学生生命健康的重大公共卫生问题。大学生是一个特殊的群体,他们一般有较大的心理优势,到了大学后他们有一个比较长的适应过程。有的学生发现身边的人很优秀、自己感到压力很大,有的学生感到大学生活轻松而碌碌无为,有的学生年轻气盛因小事而与同学发生冲突等,面对社会上的诱惑和异性的情感问题,他们找不到适合的方法,也解决不了问题,就会产生一些生理或心理上的问题。另外,他们不重视日常生活中安全知识和高校安全教育的缺失,导致安全意识薄弱,造成高校学生斗殴、自杀、交通事故等意外伤害事故频发。[①]

二、高校公共卫生突发事件的综合预防措施

(一)加强大学生健康教育

高校大学生对于传染病、流行病等了解较少,尤其是对发病原因和传播途径知晓甚少,不知道什么是正确的健康卫生习惯,对自我压力的调节和抗挫折的能力有待提高。因此,高校应利用广播、宣传片以及宣传单页的方式,加大对其传染病知识的宣传教育,让学生们提高自我保护意识,在可能的情况下,应将现在健康教育课程公选课改为必修课。

(二)组织开展高发传染病疫苗的预防接种

目前许多传染病都是很常见的,尤其是病毒性感冒,传播途径简单,多发于春季。针对这些常见传染病发病的学生,大部分是因为没有按时接种疫苗,才导致了病情的暴发。这些传染病对高校大学生的身心健康安全带来了极大的威胁,所以,组织入学新生进行常见传染病的疫苗接种以及定期进行健康筛查,鼓励学生进行体育锻炼,增强自身免疫力,有效预防高校公共卫生突发事件带来的不利影响,保障高校大学生的身心健康安全。

---

① 洪涛. 高校突发公共卫生事件预警系统探析[J]. 中国成人教育,2013(16):65-67.

(三)加强学校食品卫生的规范化管理,定期检查并建立惩罚制度

学校是群体性中毒事故报告最多的地方。食品会在加工、储运过程中受到污染,加上食堂管理不善,就容易导致学生食物中毒,所以要定期组织食堂、教室和生活环境进行自测,尽快发现问题,尽早消除可能出现的安全隐患。管理好水源,防止水源中毒和腹泻。成立食堂卫生管理工作组,强化食堂安全措施,同时要充分尊重学生委员会的监督作用,鼓励学生到餐厅就餐。为防控高校公共卫生突发事件,做好学校卫生工作,确保食品和饮用水安全十分重要。

(四)强化校医院传染病的日常管理

校医院要加强建立传染病和公共卫生突发事件管理制度,出台和完善传染病病人移送、追踪实施细则及传染病报告奖惩制度,成立医院公共卫生突发事件应急指挥小组,制定医院卫生应急信息报告管理制度,明确公共卫生救护责任,落实卫生应急报告责任原则。监测各类突发事件,加强传染病的日常管理,为高校公共卫生突发事件把好关。

三、高校公共卫生突发事件的舆情应对策略

(一)增强高校危机意识,提高应急处理能力

公共卫生突发事件是突发的、不能提前预见的,但可以未雨绸缪,只要提前做好充分准备,就可以在事件发生时进行有效应对。加强对在校师生的健康教育,让其知晓公共卫生突发事件的危害性,加强对危险因素的筛查以及对公共卫生突发事件的监测和预警,提前制定科学有效的应急预案。加强公共卫生突发事件相关知识的宣传力度,树立在校师生的危机意识和提升应对危机的能力。在公共卫生突发事件发生时,对相关舆论不能盲信盲从,保持头脑清醒,理性分析判断信息的准确程度,不能随波逐流,对有关事件的评论要负责,避免造成恐慌,有利于校内公共卫生突发事件的有效防控和治理。

(二)加强校内外部门之间的密切联系,构建高校公共卫生突发事件舆情治理联防联控机制

高校公共卫生突发事件的舆情处理,不仅仅是高校的责任。由于公共卫生突发事件仅靠高校是不能完全解决的,需要校内外各部门的联合治理,共同应对。往往公共卫生突发事件发生后就会引发网络舆情,高校大学生还未进入社会,思想单纯,容易轻信一些传言。为了有效治理高校公共卫生突发事件舆情传播,需要构建高校公共卫生突发事件舆情治理联防联控机制,以高校为核心,联合高校所在区域的政府、公安部门、疾控中心和官方媒体等联合治理,对保障高校大学生的身心健康以及公共卫生突发事件的有效治理起到促进作用。高校不仅要积极发挥校内各部门的联合力量,明确分工,还要积极与当地公共卫生突发事件应急处置部门进行合作,信息共享,及时发布官方权威信息,积极配合公共卫生医疗服务部门进行健康宣传教育,加强对高校大学生的思想教育,引导高校大学生理性看待舆论。另外,高校还应积极与官方媒体和卫生专家进行沟通,有效保证媒体报道信息的准确性和权威性。

(三)实时发布权威信息,加强学校对公共卫生突发事件的舆情引导

学校领导和相关职能部门要认识公共卫生突发事件防控中舆情治理的重要性,在事件发生时,实时发布相关有效信息是避免师生产生恐慌的最有效的途径,不能任其发展,刻意回避。因此,学校应该积极对公共卫生突发事件的舆情进行治理,实时发布信息,引导师生理性看待舆论,辨伪留真。时刻关注舆情的发展走向,用权威信息去破除谣言,争取在最大程度上消除谣言带来的不良后果,有效治理校内舆情,进而促进公共卫生突发事件的防控。[①]

第四节　联防联控的理论研究

为了应对自然灾害、环境问题以及突发传染病事件,我国政府提出了联

---

① 唐娟.高校突发公共卫生事件的舆情应对[J].青年记者,2020(17):44-45.

防联控这一行政概念,这体现了我国在应急管理制度上的发展优势以及我国集中力量办大事的制度优势。联防联控对于应对非常规事件及重大风险事件具有较大优势,在政治、社会背景下的联防联控具有开放性和多元性等特点,但联防联控在民众的印象中还处于抽象的,要理解联防联控运作中的规范体系,在我国突发事件探索的背景下开展联防联控的制度多元构建,为我国应急管理体系现代化的建设产生推动作用。①

一、理解联防联控:从抽象话语到多元规范

1. 由于联防联控是从我国本土萌芽的,还处于理论制度尚不成熟、实践缺乏经验的阶段,对联防联控的运行缺乏基础理论依据,这样会对联防联控的制度效能产生不良影响

(1)目前我国对联防联控机制功能的定位还不明确,联防联控机制是用来协调各组织之间的合作关系的,还是应对紧急或重大事件的? 针对这些功能的定位还不是特别清楚,还存在各不同概念之间的混合交叉使用,对联防联控机制在应对紧急和突发事件中的功能定位还需更加清晰,这种现象不利于联防联控机制的发展。

(2)目前我们对联防联控的理解还处在抽象阶段,没有明确的定义。并且对于联防联控的具体操作内容缺少标准,像联防联控的目标以及与之相配套的各种保障机制都还未有明确的具体操作标准,有些区域还缺少对联防联控机制的设计和运用,这就导致了联防联控仅仅还在话语层面,并没有制定具体的流程,缺少规范的指导。

(3)联防联控机制运用于突发事件或者紧急事件的应对和防控中,在事件结束后,联防联控机制就终止了,相关的保障机制也消失了,这种临时性的联防联控机制仅仅运用于临时的应急管理,无法作为长期的机制存在,缺少对突发事件或者紧急事件的预防,这就导致了联防联控机制以及相应配套的保障机制等也无法长期存在和健全,不利于我国应急处置机制的发展。

(4)在联防联控机制的运行中,通过各级政府对社会各界组织团体的动

---

① 陶鹏. 论突发事件联防联控制度多元建构的理论基础[J]. 行政法学研究,2020(3):38-47.

员、共同解决突发事件或紧急事件,导致了多数人都认为联防联控的启动、运行是国家和政府来操作的,在事件的处理过程中可能会造成联防联控机制的运行与一些区域部门之间缺少针对性沟通,非政府部门的参与也缺少积极性。

2. 联防联控是我国为应对突发事件或紧急事件而提出来的,是政府结合我国实际制定出来的防控机制,它不仅包含了应急管理的重要特征,还包含了在应急领导小组的指挥下各个部门的分工和合作

联防联控机制作为我国应对突发事件与紧急事件提出的多主体、全面的跨系统联合响应机制,更加具有开放性和多样性,它的具体功能定位以及涉及部门都较为模糊,这不利于对联防联控机制的理解,使得我国联防联控的概念抽象化,没有具体的文字定义。应对突发灾害事件和紧急事件要从理论层面逐渐转向实践层面,理论与实际背景相结合,这样才能更好地去应对和解决该事件。联防联控作为我国提出并发展出来的概念和实践运用,需要摆脱抽象的话语层面的理解,要根据我国实际以及已有的相关理论,针对联防联控的概念、功能以及结构进行论述和设计。

联防联控机制是我国政府结合我国行政组成以及社会实际、为了应对突发紧急灾害事件创立的一套体系,它是具有广泛动员多个部门紧密联系、沟通联系、分工合作等特点的交织复杂的系统。联防联控机制运行时有政府、社会、家庭以及各领域专家团体等主体参与,共同发挥职能、紧密沟通,提高解决突发紧急灾害事件的能力。随着科技的发展和进步,社会变得更加错综复杂,许多突发性的紧急事件会出现在社会生活中、并且不可预见,不能即刻理解,这就增加了处理的复杂性和难度,系统性和全面性的思维模式是应对突发性紧急事件的最佳方式。在应急管理领域中,任何一门学科都不能完全胜任对风险灾害危机及其管理的研究,跨学科研究是应急管理研究前行的必由之路,需要在多学科交叉思维情境下来全方位理解联防联控多元规范体系的构成与运转。由于联防联控作为开放系统广泛串联,基于不同主体规范特性和联防联控体系完整性角度,需要将科层规范、市场规范、政治规范、科学规范、共治规范、法治规范作为联防联控机制运行的多元规范体系基础。以科层规范作为联防联控运作的核心规范,透过组织架构与功能设计形成有序应对体系,而其他规范则是联防联控所嵌壤的社会背

景中广泛运行的规范体系。它们的运作将深刻影响联防联控科层规范,总体形成以科层规范为核心的多元规范并存结构。

(1)科层规范。什穆埃尔·艾森斯塔德(Shmuel Eisenstadt)认为,"现代社会中,官僚组织是政治与经济权力拥有者面对内部(经济发展、政治需要)、外部(战争)的问题被创造出来。"作为一个理想类型,科层理性主导下的应急管理强调目标明确、分工明细、正式结构、非人格化、专业化等方面特性。科层规范是联防联控运作的重要基础,透过应急功能需要、基于部门职责进行有序分工、政策与预案制定、执行监督等,消减体系运行失序情形。

(2)市场规范。经济理性驱动下的商业体系透过自由交换来配置资源,市场规范的基础是契约,强调市场个体的自由交换和风险承担。联防联控运作过程中的企业、个人等在常态期是强调市场规范主导。本质上,市场主体是联防联控运作过程中的重要行动者,亦有可能是规制对象。

(3)政治规范。危机应对体系与政治、行政体系之间的深度互嵌,导致危机事件更具政治性。政治系统可能放大或消减危机,危机亦可造就特殊的政治领域。阿简·波恩(Ajen Boin)认为,危机发生的原因根植于社会结构与社会变迁之中。联防联控嵌入于整体政治与行政生态之中,政治与行政生态情境必将影响着联防联控机制的架构与运作,行政规则、府际关系、问责、政治沟通可以被视为重要的影响因素。

(4)科学规范。风险危机所具有的不确定性、甚至深度不确定性特点需要通过科学知识予以理解和应对,透过对风险估算、建模、预测等方式来提高应对风险和危机的能力,科学规范是联防联控运作的重要组成,由专家系统的参与亦在联防联控中衍生出相应秩序和权力。

(5)共治规范。在诸多领域社会组织强调共治逻辑来弥补由市场或政府失灵带来的缺陷,以社会组织为代表的社会力量参与将能起到互补与补充的作用,社会组织参与应急管理领域的宏观策略分别为理念介入策略、行动介入策略、资源介入策略及技术介入策略。有效调动社会资源和社会力量参与应急管理工作的体制是联防联控机制建设的重点,联防联控广泛吸纳社会力量参与其中,进而实现政府与社会应急管理的共治导向。

(6)法治规范。道德规范是一种需要主观认同的客观法则,它具有软约束特征;而法治规范作为社会规范体系的重要构成,更具有刚性约束特征。联防联控体系下的各类主体行为及作用边界,都需要透过法治规范进行明晰。法治规范是联防联控制度化水平的重要标志,也是其能够在非常规突发事件情境下实现多元主体有序参与的法治保障。

二、联防联控运作中的规范差距及影响

基于结构主义思想的灾害研究,将灾害危机融合到社会政治、文化、经济因素为一体的分析网络来解释群体危机暴露与危机管理过程。在正常事故理论看来,灾害危机是复杂社会科技系统的必然。尼古拉斯·卢曼认为,现代社会中的各种组织之间是一种"耦合结构"(structure coupling),这让社会变得更具风险。联防联控作为多元行动者构成的复杂生态,受到利益、价值、冲突、知识等因素的影响。在现实运作中,由于各类规范自身缺陷以及不同规范之间的相互干扰,可能导致联防联控规范体系的失灵与偏差,进而导致联防联控制度基础崩溃。如此,联防联控制度基础的建立便是以规范差距的调试为前提。

(一)联防联控运行中的科层规范差距

(1)目前我国联防联控机制还没有明确的功能标准,对联防联控机制的组织界定还不清晰,对联防联控机制的发展和完善产生不利影响。虽然联防联控机制在我国的环境治理以及突发事件的治理中被广泛应用,但说到联防联控机制的操作标准、保障制度等方面,还没有系统的设定标准,这对联防联控机制的规范应用不利,会造成联防联控部门的合作不密切、沟通不顺畅,在突发事件或紧急事件的应急治理中缺乏联动能力。

(2)目前我国联防联控部门的分工缺少灵活性。在突发事件或者紧急事件发生时,临时设立的紧急事件防控领导小组会注重各个部门的应急需要功能,但在应对突发事件或紧急事件时所需要的职能与各个部门平时的职能分工有所不同,难免造成在突发事件中的防控功能不足,所以说,要增加联防联控分工的灵活性,对各个部门的功能进行快速转换,以能够更加适应对突发事件或紧急事件的处理。在突发事件或紧急事件发生后,如果仅保持各个部门平时的工作职能,对突发事件的适应性不强,就会造成对事件的防控不到位或者加大防控难度。

(3)联防联控中部门组织应对突发事件或者紧急事件时,通常会根据自

身的专业知识以及部门处理应急管理的经验来应对突发事件或紧急事件，但对于突发事件的应对原理是一套复杂的、具有多学科背景的知识体系，不能忽略对突发事件的应对原理，需要在遵循应急原理的基础上，再通过经验应对突发事件。

(4)联防联控在运用中没有明确的功能定位，联防联控作为应对突发事件或紧急事件的重要防控机制，需要清晰地对其具体功能、运作方式及责任分工等做出明确规定，形成一套系统明确的机制。

(二)联防联控运作中的政治规范差距

(1)多数人认为联防联控机制的运行是政府部门的工作，从而导致突发事件的防控风险放大，在突发事件演变到一定的严重程度时，就会引起政府部门的集中关注。在危机出现时，为了联防联控工作能够有效顺利开展，政府部门会优先介入，从而保证防控工作需要的各种物资供应以及行施的权威性。坦率地说，政府的介入使得联合防控工作的进行更加顺畅，但在政府运作联防联控机制的同时，会导致其他非政府部门参与突发事件防控的积极性下降。它们认为突发事件的防控是政府部门的工作，这不利于各部门之间的联合防控。

(2)联防联控机制有"重控制、轻预防"的倾向。在突发事件来临时，我国通过政府引导来联合各个部门进行控制，却忽视了突发事件预防的重要性，如果能够对突发事件有较强的预防，避免或者减少突发事件的发生，对社会发展以及民众身心健康都是有益的，即使有突发事件发生，也会有足够的紧急措施去应对。

(3)联防联控运作中各部门的危机解释表达不清楚，联系不够密切，沟通能力不强。在突发事件的应对中，危机的解释是否清晰对各个部门防控工作的准备是十分重要的，防控信息的表达不清晰，沟通不密切，都会造成防控工作进行的不顺利，无法在第一时间做好突发事件的防控准备，降低突发事件的防控效果。

(4)突发事件的联防联控中会有政治部门的参与，各级政府官员来执行会出现争功和逃避责任等官僚行为。有些政府官员在执行联防联控机制时，为了自身发展存在形式主义作风，导致联防联控机制难以发挥应有的作用。

(三)联防联控运作中的科学规范差距

(1)科学规范的自主性变弱。在联防联控机制运行时,专家团体会通过运用科学理论来理性分析,客观性地对突发性紧急事件进行预测和评估风险,但这并不能主导联防联控机制的运行方向。对于突发性紧急事件的预测与社会安定、政治方向、经济发展以及宗教文化等都有关联,导致科学理性很难有自主性。

(2)科学知识的局限性导致专业权威性不足。现今社会下,虽然社会风险是可以被预测、估算和可掌控的,并且能够形成较为清晰的风险走向图,但我们的知识是有限的,有很多影响结果难以判断的不确定风险仅靠现有的知识是无法预见和估量的,尤其是多元主体导致的模糊风险情境。所以说,突发紧急事件作为一种非常规情形,具有很强的突发性、破坏性及超出现有知识能力的不确定性,我们目前的知识并不能够预见、掌控和解决所有问题,科学知识的局限性势必影响专家的权威性。

(3)科学专业术语与社会公众风险沟通存在障碍。联防联控机制运行中风险评估专家更加注重使用科学规范的专业术语,在与公众进行风险沟通过程中,可能会产生公众对专家的意见存在一定的认识难度和误解,使得公众与专家存在风险感知上的矛盾。总的来说,联防联控工作有大量专家参与,事件越严重,专家系统发挥的作用就越大,但也要考虑科学专业术语的使用会导致社会各阶层对风险理解产生偏差的问题,这不利于联防联控的有效运作。

(四)联防联控机制运行的市场规范差距

(1)公共服务范围内严重市场化会导致联防联控原本职能发挥不出来。公共服务范围的严重私有化、市场化,最终会将商业性社会服务引入公共卫生服务范围,经济利益至上的商业性社会服务使得公共服务原有的社会风险预防职能不能正常发挥,引起社会风险规章体系出现纰漏,这与联防联控机制主张的防范原则完全不同。与此同时,公共物资储备欠缺、危急事件统筹协调能力不足等也表现出联防联控职能发挥得不够理想。比如,在解决公共卫生事件过程中,一旦过度强调市场引导机制,则会出现公共卫生医疗服务商业化的态势,很难产生突发公共卫生事件联防联控所需要的社会优质服务体系,特别是在物资储备、人才引进等相关制度方面。

(2)市场个人主义损伤社会风险防范的集体责任。社会风险产生和处置的关键是社会财产和资源的逻辑分配,联防联控的市场主体行为由市场中经济理性运作模式所决定,过分的市场个人主义把大多数公共卫生服务和物资服务推向个人,并且还会强调责任落实到人。比如,在公共卫生突发事件的防范阶段,过度的市场个人主义与严重的市场化使大众社会群体出现一种"患病医疗化、防病个体化"的态势。从 2003 年 SARS 事件后,我们认真总结过去几十年的公共卫生服务状况,有很多问题值得深刻反思。因此,从防范社会风险意义上讲,削弱了社会财产和资源的逻辑分配,势必导致市场个人主义占主导地位,严重影响国家和集体力量融入公共卫生社会风险防范体系之中。

(五)联防联控机制运行的法律制约差距

(1)联防联控治理保护机制不完美。国家的法律法规是处置公共卫生突发事件时联防联控机制要遵循的治理行为规范。近年来,联防联控机制在解决有重大影响的危急事件中发挥着极其重要的作用,将多方位、多机制,中央与地方紧密配合、协调一致的运行机制,用于责任一时难以明确的多元主体的危急事件,能够更快地找到突破口、更好地处置完毕。联防联控的内在标准、基本原理、行事准则和运行操作方法要在治理法规层面进一步明确,如整体协调性没有做好、运行方法不清晰都会导致联防联控运行中法律制约差距。

(2)联防联控制度化进展缓慢与断层。发生危机灾难事件,不仅能够引发社会广泛关注,也会成为我们通常所说的焦点事件,有些与事件有关联的制度会随着焦点事件的处置过程能够更加得到修改与完善。学习永远无止境,社会学习、大众学习对了解危机意识、风险认知、逻辑判断以及道德行为都有极其重要的影响。当危机灾难事件发生时,社会大众会围绕事件的起因、社会影响以及政府应对处置的措施进行深层次的考量。联防联控机制运行多年的经验与问题逐渐被引入法律治理约束层面,并将危机灾难事件中实践学习获得的管理经验、防控措施、社会反响、机制成效等制度性规章以各种法律的形式加以巩固并发布使用。联防联控机制逐渐制度化的过程也会受到社会多种因素的干扰,如政府官员、历史文化、技术水平等因素。这也在很大程度上致使联防联控制度化进展缓慢，与社会学习之间出现断层。

三、我国对联防联控机制的应用

（一）在大气污染治理上的应用

"绿水青山就是金山银山"[①]，习近平总书记这句话道出了环境治理的重要性。随着经济的发展和社会的进步，我国重工业和制造业也在科技的不断发展过程中迈上了一个大台阶。但在经济不断发展的同时，工业生产产生许多有害气体、城乡居民在生活中燃烧的煤炭和秸秆、科技发展后汽车增多排出的尾气等都被排放到了大气中，造成了酸雨、全球变暖等环境问题。

大气污染不同于其他问题，气体是流动的，污染气体由于四处飘散而不仅仅会存在于某个地区，还会随着气流飘到其他地方，造成其他地方的大气污染。不仅如此，不同地域不同时间段的大气污染也是不一样的，这就是大气污染的空间效应和时间效应。

针对大气污染的这些特点，中共中央国务院颁发了《大气污染防治行动计划》等文件来要求地方政府联合对大气污染进行治理，不仅是各地政府环保机构，还有相应的企业、城乡居民的多方努力，以杜绝企业或"政企合谋"的偷排污染物的现象，加大宣传来提高城乡居民的环保意识等。因此，大气污染的治理和防治不只是某个地区采取措施，必须采取多个区域、特别是临近的区域联合治理的方式，才能对大气污染进行有效的防治。联防联控政策确实对空气污染的改善起到了显著促进作用。要想从根源上治理空气污染，必须坚持区域协调、联防联控的方法，各地区应该树立协同作战的思想，加强政策沟通与协调。

（二）在黄河河道管理上的应用

黄河是我国第二大河流，全长约为 5 464 千米，流经 9 个省份。黄河的扩散性虽然没有空气那么强，但作为我国第二大河流，流经地区广，黄河的

---

① 习近平. 绿水青山就是金山银山[N]. 浙江日报，2005-08-24(001).

防洪安全,水资源、水生态安全与我国的国民安全、经济发展及生态文明建设都有着密切的关系。另外,随着黄河流域部分地区社会经济不断发展,出现了侵占河道、违法采沙以及排放污染物等问题,进而导致了黄河生态环境的进一步恶化。

因此,单靠某一部门或某一地区的努力无法达到维护生态安全、保护黄河的目标。首先各省份的黄河保护机构组织行政人员要开展黄河管理事项的协同巡查工作,这就要求由被动转向主动,可以对存在的问题早发现、早处置,各省份工作人员要及时做好记录,及时分享巡查结果。其次要加强信息通报,不仅管理部门人员要及时上报信息,还要鼓励黄河附近居民发现有关问题后及时向有关部门报告,可以适当进行物质奖励。再次是要针对各类违法行为进行适当的联合执法,采取强有力的手段有效地打击违法犯罪行为。最后是可以衔接行政执法和刑事司法,黄河保护单位要积极与本级公安机关或法院相衔接,可以做到优势互补,整合执法资源,形成强有力的行政执法与司法合力。

四、联防联控中的府际合作

府际关系指的是"政府间的关系",也就是政府与政府间的关系网络,包括各种政府间的关系,中央政府与地方政府的关系、地方政府与地方政府的关系等。所以说府际合作就是指各级政府间的合作,包括中央政府与地方政府间的合作、地方政府与地方政府间的合作以及政府中各部门间的合作。由于各地区同级政府之间没有上下级关系,所以它们并没有特别密切的合作,但是随着我国工业的发展和科学技术的进步,出现了各类涉及多地域像环境污染和公共卫生突发事件等的问题,需要多个地区政府间互相合作来解决这些问题,这就要求各个地域间的府际合作要密切。但人的本性都是趋利避害,面对需要长时间投入且产出较小的合作,各地区间的府际合作并没有很强的合作意愿,需要国家或舆论的影响才能促进。

根据权衡利害的动机可以将府际合作分为"趋利型"合作和"避害型"合作。"趋利型"府际合作的动机是合作可能会带来共同利益的期待;"避害型"府际合作的动机是对不合作可能招致共同损失的回避。

在流域治理、灾害的应对、环境污染治理、公共卫生突发事件应急管理等领域,联防联控是解决问题的重要方法,而府际合作是联防联控中的重要部分,政府主导和配合在解决问题中起着决定性的作用。有研究表明,相较于"趋利型"府际合作,"避害型"府际合作会表现出被动性和时间的延滞性,而且在关键行动者、主导因素、生成模式等方面呈现出鲜明的特征,形成了基于中国治理场景的特定逻辑。首先,在流域的治理、空气环境污染的治理等领域中的"避害型"府际合作,要充分凸现出中央政府纵向权威介入的作用,可以在合作初期用恰当的方式下达任务命令,施加相应压力,也可在合作的中后期督促任务完成的进度,适当施加压力。其次,要对地方政府的合作成本与合作意愿的影响充分考虑,尤其是当合作会对地方政府财政收入减少时,这就需要中央在考虑充分的基础上通过增加恰当的任务压力来增加地方政府的合作意愿。最后地方政府合作意愿比较强烈、合作积极性较高的话,应适当控制中央权威的介入。①

五、高校公共卫生突发事件和联防联控

高校作为进行高等教育的场所,作为一个小社会,人口密集且来自全国各地,人员流动大。大学生是一个特殊的群体,他们的世界观、人生观和价值观都处在初步形成和确立的过程中,他们缺乏理性思维、心理素质较弱,特别是对突发事件的心理承受力较差。由于高校大学生一直生活在学校和家庭这种保护性较强的环境中,缺乏处事能力、解决问题的能力以及对突发事件的处理能力,对事件的危机意识较差。高校大学生在心理上和应对问题的能力上相差不大,在高校公共卫生突发事件发生后,他们对其看法、应对行为上表现出高度的一致性且从众心理强。

高校大学生对经济社会发展有着极其重要的促进作用,他们的思维活跃,具有很强的民主意识、容易冲动等特点。这些特点使得高校公共卫生突发事件的防控要有针对性。在应对高校公共卫生突发事件时,要考虑到高校独有的特点和学生的特点。由于高校人员密集,一旦发生突发事件,波及的范围广,所以要加强高校监测和预警机制建设,未雨绸缪,在高校公共卫生突发事件发生时有充分的准备去应对。尤其是2020年暴发的新型冠状病

---

① 李辉,黄雅卓,徐美宵,等."避害型"府际合作何以可能?——基于京津冀大气污染联防联控的扎根理论研究[J]. 公共管理学报,2020,17(4):53-61,109,168.

毒引起的肺炎疫情,疫情发生后快速传播,导致学校师生不能返校、不能正常的学习生活。这不仅对学校师生和工作人员的身心健康造成极大的损害,还对社会和学校造成不良影响。

由于高校学生还仍然需要家庭、学校和社会等方面的保护,一旦公共卫生突发事件发生,只有学校单方面的努力是不够的。联防联控是我国提出的用来解决自然灾害或突发问题的一种机制,这得益于我国的制度优势,早期多用于环境的治理,像大气污染的治理、黄河的治理等。在高校公共卫生突发事件的治理中,可以将联防联控运用进来,将政府、家庭、学校、社会、防疫部门以及校医院等各个方面联合起来预防控制,共同为师生的身心安全和教学活动的顺利进行出一份力。因此,高校公共卫生突发事件的联防联控对避免高校公共卫生事件的发生具有重要意义,同时也会减少高校的损失,保证师生的健康和安全。

第三章　高校公共卫生突发事件
应急处置现状分析

　　卫生问题一直是伴随着人类社会的诞生、发展而不断变化的常见问题，一直受到人们的高度重视。1954年4月，毛泽东在《中央关于各级党委必须加强对卫生工作的政治领导的指示》中指出："卫生工作是一件关系着全国人民生、老、病、死的大事，是一个大的政治问题，党必须把它管好。"由此可以看出，党和国家领导人对于公共卫生问题非常重视。公共卫生事件一旦发生，对社会的稳定和人民的身体健康所造成的危害具有不可估量的风险。新中国成立后，我国公共卫生条件不断改善，改革开放前由于社会经济等因素的制约，公共卫生跟发达国家相比有较大的差距。随着近年来经济的不断发展，我国对于公共卫生的管理也在不断完善，细化落实在不同领域、不同场所。

　　分析国家在宏观层面出台的公共卫生政策及国务院有关部委发布的学校公共卫生方面的指导文件、工作标准，把握学校公共卫生发展的方向性。对高校的公共卫生现状展开调查，方能发现高校在公共卫生应急处置方面存在的不足，以及提出改进的方法。

第一节　公共卫生事件相关政策文件分析

　　政策是国家为了实现政治目标而进行社会管理所使用的具有计划、控制等作用的手段，[①]一般具有阶级性、表述性、正误性、时效性。我国是社会

---

① 陈振明. 政策科学——公共政策分析导论(第2版)[M]. 北京:中国人民大学出版社,2003:47-54.

主义国家,卫生行业的发展很大程度上取决于国家意志,因此,以公共卫生政策变迁为基础,对公共卫生不同发展阶段及具体公共卫生应急政策展开分析,可以清晰地把握公共卫生突发事件发展的历史、现状及未来发展的方向。

一、我国公共卫生事业发展沿革

近代中国由于战乱等因素,公共卫生事业的发展举步艰难,卫生环境脏乱、民众卫生意识差、医疗水平落后,留给新中国的卫生事业基础可以说是个烂摊子。在经历了 70 余年的发展后,公共卫生事业取得了重大发展。自新中国成立后,卫生事业的发展基本可以分为四个时期。[①]

(一)新中国公共卫生发展的四个阶段

1. 探索发展期(1949—1978)

新中国成立后,天花、鼠疫等传染病在民众中仍时有发生,加之当时卫生环境恶劣、医疗条件差、个人卫生意识薄弱等,我国国民健康面临着极大威胁。由于新中国刚刚成立,百废待兴,经济条件与国民卫生基础无法支持新中国走上西方发达国家医疗发展道路,因此,我国在建国初期的医疗卫生发展一直是摸着石头过河。为了缩小差别,将社会公平体现在医疗卫生方面,新中国成立初期,我国学习苏联医疗保障制度并在城市实行,并出台了《中华人民共和国劳动保险条例》。[②] 针对新中国成立初期医疗卫生重心偏向城市的情况,毛泽东同志做出把医疗卫生工作重点放到农村去的指示。1950 年在北京举行了第一届全国卫生工作会议,会议提出四项卫生工作方针,即"面向工农兵、团结中西医、预防为主、卫生工作与群众运动相结合"。四项卫生工作方针是先进的卫生工作经验与我国国情的本土化相结合,卫生工作与群众运动运用了革命时期充分动员群众的思想,预防为主与西方国家"治疗为主"的医疗导向完全不同。这主要是因为那时我国的医疗水平、个人健康意识与西方国家差距较大,重视预防的医疗导向更能保障人民

① 李洁. 从"制度"到"生活":新中国 70 年来公共卫生政策演变[J]. 中国公共卫生,2019,35(10):1 281-1 284.

② 傅虹桥. 新中国的卫生政策变迁与国民健康改善[J]. 现代哲学,2015(5):44-50.

的身体健康,也更加符合我国国情。这一时期我国公共卫生的发展完全由
政府领导,各项卫生政策、指示都具有福利性质,卫生工作在基层主要依靠
群众运动式进行。例如,1958 年 2 月发布的《中共中央、国务院关于除四害
讲卫生的指示》要求由各级党组织书记一手抓、群众力量结合技术等。这一
方式使各项卫生工作能够自上而下全面投入完成。但在运动结束后,基层
政府及人民的热情逐渐消散,使公共卫生工作进行的效果呈现出 U 形曲线
的阶段性特征。这一时期公共卫生政策的制定系统较为封闭,完全由中国
共产党直接领导,也是由于党的群众基础稳固,因此,各类卫生运动在医疗、
经济、技术基础薄弱的年代取得了高性价比的回报。

2. 市场期(1978—2003)

1978 年随着改革开放的开始,中国即将迎来市场化的浪潮,公共事业也
发生了翻天覆地的改变。这一变化首先就表现在政策上,《关于加强医院经
济管理试点工作的通知》代表着医院逐渐转向经济化管理,增加医院收益成
为这一时期的主要目标。1985 年《关于卫生工作改革若干政策问题的报告》
中,对于医院发展的总体要求就是"只给政策不给钱",提高收益进而加快卫
生产业发展。公共卫生在上一阶段的福利性已经逐渐消失,政府在医疗卫
生方面的投入逐年减少,相比之下,个人承担医疗费用的比例逐渐提高,自
1980 后的 20 年中提高了近 40 个百分点。[1] 这一时期,政府在公共卫生事业
中的角色逐渐从全面负责转变为政策的制定者,有些公立医院逐渐改革变
为私有制。医疗卫生的私有化在快速刺激公共卫生产业发展的同时,也加
重了民众的经济负担,演化出了公共卫生事业只看经济效益、不看社会效益
的趋势,农村经济落后也导致了公共卫生事业的工作重心彻底留在城市。

3. 回归公益期(2003—2014)

2003 年 SARS 病毒的暴发成为中国公共卫生事业的一大拐点。医患矛
盾加大、个人医疗负担加重、卫生事业发展过于重视利益、农村卫生发展较
差等情况的出现,让政府意识到公共卫生不能过于依靠经济手段。"非典"
的暴发使中国医疗体系的脆弱暴露无遗,公共卫生事业的公益性与福利性

---

① 颜昌武. 新中国成立 70 年来医疗卫生政策的变迁及其内在逻辑[J]. 行政论坛,
2019,26(5):31-37.

逐渐回归。2003年针对"非典"先后出台了多项政策与指导文件，也是在这一时期首次在国家政策文件中出现"突发公共卫生事件"一词。2003年《关于建立新型农村合作医疗制度意见的通知》，标志着国家重新重视农村医疗卫生体系。2007年10月党的十七大提出要坚持公共医疗卫生的公益性。2009年《关于深化医药卫生体制改革的意见》中提出要坚持以人为本，为群众提供安全、价廉的医疗卫生服务该《意见》也标志着我国医疗改革进入深水区。从此之后，我国对于民众基础医疗保障的改革也在不断进行，政府在公共医疗卫生事业的投入不断增加，个人承担医疗费用比例逐渐下降。

4. 战略期（2015年至今）

2016年10月《"健康中国2030"规划纲要》的出台，意味着我国公共卫生事业进入战略发展时期。以往对人民健康的保障侧重于医疗方面，而健康中国战略则涵盖了卫生、体育、医疗、心理等各个方面的健康要素，将全民健康作为发展目标，普通公民日常生活与国家宏观政策的有机结合，充分体现了我国公共卫生政策制定是以人民真实生活为基础。健康战略与以往公共卫生政策不同，除强调政府职责外，也重视个人职责。这并非是政府要降低在公共卫生事件中的投入，而是要求个人应当在生活习惯、体育锻炼、心理调节等方面强化健康职责，为全社会体现良好的健康氛围努力。这一时期，随着网络信息技术的高速发展，各类网络技术广泛应用于公共医疗卫生事业的各个领域中，在各类公共卫生突发事件中，网络技术也为空间隔离防控要求提供了信息沟通保障。

（二）评价

"低水平与高正当性"足以评价我国公共卫生发展初期的状况。新中国成立初期，由于面对公共卫生事业整体的低水平以及对改善卫生环境的急迫现实需要，发动运动式卫生政策以及重预防的公共医疗卫生理念，充分利用那时我国落后的公共卫生事业中包括赤脚医生在内的所有资源，这些革命性的举措使得我国公共卫生的发展走出了区别于世界任何国家的一条新路子。人民对政治体系的信任在公共卫生方面转化为对政策的认同，民众知识文化水平普遍较低但坚定地相信中国共产党的各项卫生政策并以热情的态度积极在个人身上落实。这使得公共卫生事业以较小的成本获得极高的收益。

在改革开放后的一段时间,我国公共卫生事业在市场化的刺激下发展较快,但各种问题也随之剧增,整个公共医疗卫生事业的导向逐渐转向利益至上。当时卫生部的一项调查显示:我国近五成的群众因经济原因有病而不就诊。① 这一时期无论是人均寿命上涨幅度,还是婴儿死亡率下降趋势,都不乐观,甚至个别年份婴儿死亡率有所增加,医疗卫生的发展速度远远跟不上经济发展的速度。总体来说,自改革开放到"非典"暴发,这段时间的公共医疗卫生事业未得到预期中的改善,走了很多弯路。

自"非典"暴发后,我国公共医疗卫生迎来了翻天覆地的变化,价值导向转变为改善民生与公益性,建立了政府领导、市场调节的医疗卫生体系。历史的成功经验与惨痛教训让国家认识到了医疗私有化的危害,社会主义体制应当坚持政府领导医疗卫生事业发展。正如习近平总书记所说"坚持正确处理政府和市场的关系,在基本医疗卫生服务领域政府要有所为,在非基本医疗卫生服务领域市场要有活力"。

二、公共卫生突发事件相关政策

新中国成立初期,传染病类公共卫生事件就一直为党和政府所高度重视,但公共卫生突发事件一词直至2003年"非典"暴发后才正式出现在政府的政策文件中。我国应对公共卫生突发事件体系起步较晚,但经过不断磨炼,从新冠肺炎疫情中各国的防疫成果中可以看出我国卫生应急能力已经逐渐成熟。本书中的公共卫生突发事件相关政策主要通过"北大法宝"进行检索,以中国政府网以及各部门官方网站为补充,对地方性文件并不予以整理。

虽然公共卫生突发事件的应对体系自2003年才正式开始建设,但从其定义中不难看出,在新中国成立初期国家就开始对传染病类、中毒等突发事件展开预防、控制工作,对国务院发布或批准的政策文件进行分析(见表3-1)。例如,1952年,《政务院关于防止沥青中毒事故的指示》针对全国道路建设中出现的沥青中毒事件进行工作指示,这就是早期对突发公共卫生定义中"职

---

① 高强. 发展医疗卫生事业,为构建社会主义和谐社会做贡献[J]. 中国卫生法制,2005
(4):4-11.

业中毒"的预防与调控。1955年,由原卫生部发布、国务院批准的《传染病管理办法》是我国第一部有关卫生防疫的正式文件,内容主要是针对当时国内常见传染病的预防与控制办法。值得思考的是,在《传染病管理办法》中首次提出了传染病报告以及疑似或确诊病例隔离制度,这一方法经过不断地完善后,在60多年后的新冠肺炎疫情中仍在沿用并且成效甚好。《传染病管理办法》中明确规定了中共中央在传染病防治方面处于绝对的主导地位。直至1978年颁布了《中华人民共和国急性传染病管理条例》,随后在1991年又颁布了我国首部传染病法《中华人民共和国传染病防治法实施办法》。但在这一时期政府工作重心过多地关注公共医疗卫生市场化,卫生目标并未有较大改变,依然注重对常见传染病的预防、控制。2003年SARS病毒暴发后,各类公共卫生突发事件进入公共卫生事业的工作视野中,《突发公共卫生事件应急条例》《突发公共卫生事件应急预案》等一系列与公共卫生突发事件相关的规章制度颁布,标志着我国应急卫生工作进入新的阶段,从以往的重平时而轻战时转变为平战兼顾。[1] 在吸取了处理非典、甲型H1N1、禽流感等传染病类突发事件的经验后,政府加大了对公共卫生突发事件应急处置的经济投入与政策重视,为后续应对甲型H1N1、禽流感等传染病类公共卫生突发事件奠定了坚实基础。在从一次次传染病类突发事件中吸取经验后,国家着手建立了规模庞大的传染病网络直报系统与监测预警系统,极大地提升了国家公共卫生突发事件应急能力,降低了突发事件的风险性与危害性。在健康中国战略中,对传染病类公共卫生突发事件的应对也是"全民健康"的重要组成部分,其中规定了加强重大传染病防控等内容。2020年底全世界规模暴发的新型冠状病毒对国家安全造成了严重威胁,在采取武汉封城、全国人民居家隔离等防疫政策后,国务院先后颁布了多项有关新冠肺炎的政策文件,包含了应急防控、提高监测能力、无症状感染者复诊要求、常态化管理等要求。在应对新冠肺炎期间,我国社会主义特有的全社会动员能力很好地展现在全世界面前,在短短数月内,各级部门各项应急能力水平在实战中迅速提升,并取得良好的防疫成效。

---

① 武永超. 新中国成立以来卫生防疫政策变迁审视——基于间断均衡理论视角[J]. 经济社会体制比较,2021(2):67-76.

表 3-1　国务院发布或批准的公共卫生突发事件相关政策文件

时间	政策名称	效力级别或法规类别
1952	政务院关于防止沥青中毒事故的指示	国务院规范性文件
1955	传染病管理办法	
1978	中华人民共和国急性传染病管理条例	行政法规
1991	中华人民共和国传染病防治法实施办法	行政法规
1998	国务院办公厅转发全国爱国卫生运动委员会等部门关于剧毒急性鼠药特大中毒事件情况报告的通知	国务院规范性文件
2000	国务院办公厅关于印发国家鼠疫控制应急预案的通知	国务院规范性文件
2003/2011	突发公共卫生事件应急条例(一次修订)	传染病类行政法规
2003	国务院办公厅关于转发发展改革委、卫生部突发公共卫生事件医疗救治体系建设规划的通知(现已失效)	国务院规范性文件
2004	国务院办公厅关于成立全国防治高致病性禽流感指挥部的通知	国务院规范性文件
2004	国务院办公厅关于印发《全国高致病性禽流感应急预案》的通知	国务院规范性文件
2005/2017	重大动物疫情应急条例(一次修订)	行政法规
2006	国家突发公共卫生事件应急预案	国务院规范性文件
2008	国务院办公厅关于大力开展夏季爱国卫生运动进一步加强传染病防治工作的通知	国务院规范性文件
2009	国务院办公厅关于进一步做好甲型 H1N1 流感疫情防控工作的通知	国务院规范性文件
2013	国务院关于传染病防治工作和传染病防治法实施情况的报告	国务院规范性文件
2015	国务院办公厅关于加强传染病防治人员安全防护的意见	国务院规范性文件
2020	国务院应对新型冠状病毒感染肺炎疫情联防联控机制关于印发新冠病毒无症状感染者管理规范的通知	国务院规范性文件

（续表）

时间	政策名称	效力级别或法规类别
2020	国务院应对新型冠状病毒感染肺炎疫情联防联控机制关于做好新冠肺炎疫情常态化防控工作的指导意见	国务院规范性文件
2020	国务院应对新型冠状病毒感染肺炎疫情联防联控机制关于进一步做好当前新冠肺炎疫情防控工作的通知	国务院规范性文件
2020	《抗击新冠肺炎疫情的中国行动》白皮书	政府白皮书

三、学校体育卫生

体育与卫生是促进青少年健康的手段,体育、卫生、健康在学校教育中不可分离。我国教育事业的目标,除了系统传授学生知识与塑造学生人格品质外,还需要保障学生的健康水平。2016 年之前,保障人民卫生健康的最主要手段即是医疗保障,在"健康中国战略"提出之后,将养成良好的包含体育锻炼在内的个人健康生活习惯与医疗卫生习惯提到了保障全民健康的同等战略地位。在学校体育中,很早就将体育与卫生相结合,这是因为国家在几十年的教育事业发展中逐渐发现,体育与卫生有互相促进、协同保障学生健康水平的效果。教育部设有体育卫生与教育司,后者内设的三个处室中又包含了体育与卫生教育处。除此之外,国家对学校体育工作的重视在各部委下达的政策文件中也可见一斑。

1987 年,由国务院批准,国家教委、体委等六部委联合发布《中国学生体质、健康状况调查研究结果和加强学校体育卫生工作的意见》,其中,对全国范围的学生进行身体素质、技能及疾病检测,结果显示并不乐观,因此提出建立青少年体质监测机制以及加强学校卫生环境、卫生保健、体育卫生工作条件建设等工作要求。1990 年,国家教委、卫生部联合发布的《学校卫生工作条例》中规定了应保持运动场地与器材的良好卫生条件、运动负荷符合学生生理状况、避免学生参加有毒害风险的劳动作业、监测学生体质及传染病等内容,为完成卫生目标、出台了一系列配套体育卫生政策,如《全国学生常见病综合防治方案》《中小学生健康教育基本要求》等。改革开放后我国的体育卫生教育就将"健康第一"作为目标,也是在这一时期,体育专业人才与

卫生保健人才逐渐在各类学校中配备齐全。1995年《全民健身计划纲要》对我国学校体育教育、对于国民体育及卫生健康事业的作用提出肯定。① 在2000年教育部发布的《小学、初级中学体育与健康教学大纲》等相关学校体育卫生政策文件中,虽然在政策名义上进行了调整,但在内容上规定了中、小学生要学习体育保健卫生知识。在"非典"与新型冠状病毒的影响下,政府出台了多项针对各类学校的卫生预防政策、应急政策。自改革开放后,学校体育与学校卫生的职能界限逐渐产生,体育课程主要以提高身体素质、提高健康水平为目标,而学校卫生的职责在一次次经验教训中被划分得更为细致。在日常卫生教育,卫生环境管理,对传染病的预防、应急处置、恢复等方面的专业水平不断提升,但二者的首要目标都是保障学生的身体健康,仍具有很大的互通性。

四、高校公共卫生突发事件应急处置的政策分析

国务院及各部委单独针对高校发布的公共卫生突发事件有关政策寥寥无几,因此,以下针对包含高校在内的、与各类学校相关的政策文件进行分析。1990年,由国家教委与卫生部联合发布的《学校卫生工作条例》(以下简称《条例》)是我国学校卫生工作的基本法规,其中的四条总则之一即是学校要加强对传染病、学生常见病的预防和治疗。《条例》确定了卫生部承担监督学校卫生工作的职能,教育部承担管理学校卫生工作的职能。在《条例》发布之后,一系列有关学校卫生工作的政策文件都是对《条例》的补充或细化。② 该《条例》从1990年沿用,直至2018年教育部才启动对它的修订工作。《条例》对学校卫生工作的指导作用非常重要。

在我国,受教育是每一个社会成员的权利与应尽义务。国家对各类学校的安全问题也极为重视。在突发公共卫生方面,几十年间建立了详细、精准、完善的政策体系。在保障就餐安全与防止食物中毒方面,1996年《学生集体用餐卫生监督办法》、2005年《学校食物中毒事故行政责任追究暂行规

---

① 邹然,丁清淑.改革开放以来我国学校体育卫生政策变迁的思考[J].成都体育学院学报,2019,45(2):121-126.
② 廖文科.改革开放40年中国学校卫生法规政策体系的发展[J].中国学校卫生,2019,40(8):1 121-1 125,1 130.

定》等文件,对学生在校期间用餐的食品来源、事后追责、就餐管理等方面进行规定。在"非典"后对学生就餐秩序、食品安全等方面出台了多项政策文件,目的主要是为预防"非典"等各类病毒在学生集体就餐时传播。2006年《学校食堂从业人员上岗卫生知识培训基本要求》对食堂从业人员突发事件应急能力标准进行了规定。在传染病方面,2001年《教育部关于加强学校传染病预防工作的通知》,主要是对学校预防常见传染病在校园中流行的相关工作要求。2003年受"非典"疫情影响,出台了《关于加强学校卫生防疫与食品卫生安全工作的意见》,要求各级学校组建卫生安全工作小组,并明确其职责。2009年教育部根据国务院相关工作指南制定了《教育系统突发公共事件应急预案》,其中提出了四项工作原则,并包含了公共卫生突发事件的信息报告制度、事件分级、应急指挥小组建立等内容。2003—2020年,国务院及教育部等部门针对手足口病、甲型H1N1、禽流感等影响范围较大的传染病出台了多项规章及规范性文件,目的主要是为了保障学生身体健康、预防传染病在校园内流行。2013年《中小学校传染病预防控制工作管理规范》、2019年《普通高等学校传染病预防控制指南》,分别对中小学与高校传染病的防控工作提出了要求及工作标准。

2020年底在全球范围暴发的新型冠状病毒,是自改革开放后对我国教育工作影响最大的公共卫生突发事件。针对新冠肺炎疫情,政府制定了一系列政策,调整、完善整个社会的应急体系。而在学校方面,各部门发布了《关于印发大专院校新冠肺炎疫情防控技术方案的通知》《高等学校新冠肺炎疫情防控技术方案》《中小学校新冠肺炎疫情防控技术方案》等相关文件或技术指导方案。对比高校与中小学或幼托机构的防疫文件,可以看出,不同文件中的内容有其指导对象的特点与新冠肺炎防控技术的结合。在政策文件中,高校在应急防控方面要求与中小学有诸多不同。在开学时,由于高校学生生源地广泛且人数众多,而中小学学生一般来自本市,因此,中小学更加关注学生近14天旅居史,而高校则需要对自身所在地区疫情风险情况、学生居住地及返校途径地的风险情况进行综合考虑,采取错峰开学、信息排查、中高风险地区学生暂缓返校等措施,并制定更加严密的开学方案,在学生返校途中也有针对个人的防疫要求。在疫情常态化管理中,高校人员构成复杂,学生进出校园办事、走读、游玩的情况较多,因此,政策要求高校在疫情常态化管理中应当严格对全校师生及工作人员进出校园进行管控,采取一人一登记、体温测量、查健康码等措施,并对全校人员的近十四天旅居史进行摸查,规定每日各院系组织体温汇报工作;在应急处置方面,高校与中小学校并无较大差异,规定工作的重点都是在关注疫情变化、复课证明、处置流程与机制等方面。

第二节　高校公共卫生突发事件现状研究

在学生生命健康的保障措施方面,永远没有完美一说。对高校公共卫生突发事件现状进行调查与分析,发现问题并提出相应对策建议,以期为高校卫生应急发展提供具有参考价值的理论保障。

一、高校公共卫生突发事件应急处置现状调查

高校公共卫生突发事件应急处置能力在近年来的实战中得以提升,从学校公共卫生突发事件开始分析,并对高校医疗机构、应急能力、学生在应急管理中的表现以及认知情况开展现状研究。

(一)近年来学校公共卫生突发事件特征分析

2007 年,时任卫生部副部长王陇德在接受采访时提到,我国发生的占70%的公共卫生突发事件都是在学校中。高校公共卫生突发事件案例较少,考虑到普通中小学与高校在某些特点上具有相通性,因此,我们将统计突发事件的范围扩大到各类学校。

在学校公共卫生突发事件的类型上,国内学者在多个地区的调查结果显示,传染病类公共卫生突发事件是各类学校中最常见的,第二名就是食物中毒,而其他中毒等情况比较少见。山西省 2010—2019 年各类学校报告的公共卫生突发事件中,89%是传染病类公共卫生突发事件[①];在同一时段江苏省盐城市各类学校共报告了 84 起公共卫生突发事件,其中 98%都是传染

---

① 张夏虹,雷立健,左素俊,等. 山西省 2010—2019 年学校突发公共卫生事件流行特征分析[J]. 实用预防医学,2021,28(10):1 209-1 212.

病类突发事件①；徐州市 8 000 多例学校公共卫生突发事件中，93% 都是呼吸道类事件。在我国，学校对于校内卫生环境的管理控制比较严格。例如，食品卫生等卫生安全事件在政府与各级学校的努力下逐渐减少，而传染病类事件，尤其是呼吸道类传染病事件，由于其传播特点与扩散速度，一般被学校的监测机制所预警时，已经具有一定规模，加之学校学生回家或出校与家人或社会人士接触较多、学校的教室、食堂的人员密集度加大等原因，都加大了学校出现小规模传染病类公共卫生突发事件的可能性。禽流感、手足口病等阶段性、在社会范围影响较大的传染病，会在一定程度上影响学校的突发事件报告数，而在 2020、2021 两年内不断反复至今仍不能完全控制的新冠肺炎疫情，对全国范围内各类学校公共卫生突发事件报告数量的影响也是非常大的。

在学校公共卫生突发事件流行的时间特征上，从年份上看，报告数量较多的一般受禽流感、手足口病等在社会中影响范围较大的传染病。这也证明了学校与社会在传染病方面的连通性较强，在社会中出现传染病时学校也应当及时关注，并加强学校的疾病监测与防范。从疾病流行的月份上看，一般来说，3 月、9 月、11 月、12 月至次年 1 月是各类传染病流行的高发期；每年 10 月至次年 1 月也是普通传染病在社会中流行的高发期。例如，流行性感冒、水痘等，在学校中出现也较为普遍，而 3 月、9 月主要是因为国内高校一般在这两个月份开始寒暑期返校开学。因此，学校应当针对每年的开学时间以及季节性传染病高发期，对各类呼吸道传染病进行重点监测。

在学校公共卫生突发事件控制效果上，一般来说，首例突发病例时间与首次报告时间的差值决定了控制效率的高低，即差值越小，控制速度越快，付出的代价也越小。这主要是由传染病类突发事件的传播特点决定的。在出现首个病例未被学校监测系统所监测到时，病毒或细菌会在人员密集的教室、图书馆、食堂、寝室等地迅速传播，因此，学校公共卫生突发事件监测系统的敏感性在很大程度上决定了应急防控的效果及难易程度。

家长对各类传染病的认知也会影响学校传染病事件发生率。例如，水痘、流感疫苗等需个人承担、自费接种的二类疫苗，部分家长，尤其是农村家

---

① 卢小敏,孙中友,张学艳,等.2010—2019 年盐城市学校突发公共卫生事件流行特征分析[J].现代预防医学,2021,48(21):3 857-3 860,3 865.

长对此不够重视,不愿意花钱或者存在侥幸心理。这会造成学生群体中此类传染病小范围的传播;大部分学生自理能力较差、认知水平较低,面对传染病类突发事件,自身不重视、加上家长对其保护措施做得不够,也会加大传染病类突发事件在学生或学校中产生风险。

(二)高校医疗机构现状调查

高校医院是校内的医疗卫生机构,主要负责保障师生身体健康。《学校卫生工作条例》规定,一所学校全体师生人数超过600人必须设立专职医生,人数不足600人也要有分管医务人员。当前国内高校除部分院校因扩招发展等原因新设立的分校外,大部分高校人数都在1万以上,部分规模较大的高校人数可达7万多。因此,对高校医院展开现状调查,是衡量高校自身医疗卫生及应急能力的必然要求。为了解高校医疗机构现状,课题组对山东省10所公立高校校医院情况展开现状调查,其中4所分布在省会城市、6所分布在地级市。

1. 校医院人员配置调查

高校医院除医疗器械外,最重要的就是医疗技术人员及其专业水平。一所高校发生公共卫生突发事件时,第一时间校外各级医院难以迅速成建制地组成应急支援队伍奔赴高校,校医院的医疗应急队伍即为高校公共卫生突发事件的第一道防线,其应急能力的首要前提就是校医院的医护人员数量。在对10所公立高校校医院人员配置情况展开调查后(表3-2)发现,校医院医务人员数量一般在30人以上。这个数量看似不少,但与规模庞大的学生群体数量对比之下,就显得较为稀缺了。可以明显看出,部分高校的医护人员数量与学生数量的比例远未达到《学校卫生工作条例》所规定的1∶600。

表3-2　高校医院医务人员配比情况

编号	学校	医务人员数量	学生人数	学生/医护
1	公立大学1	48	30 000	625
2	公立大学2	45	28 000	622
3	公立大学3	60	37 000	616
4	公立大学4	34	29 500	867

（续表）

编号	学校	医务人员数量	学生人数	学生/医护
5	公立大学 5	46	25 000	543
6	公立大学 6	39	37 000	948
7	公立大学 7	188	41 000	218
8	公立大学 8	60	34 000	566
9	公立大学 9	106	43 000	405
10	公立大学 10	89	32 000	359

2. 校医院应急能力现状调查

校医院是大部分高校校内唯一医疗机构。校医院医务人员是应对高校公共卫生突发事件的中流砥柱。在公共卫生突发事件来临时，一般会随着对其了解加深，会对高校管理层及基层员工开展多次应急培训。但在事件控制初期，校医院整体或个人的综合应急能力却在很大程度上决定了抑制突发事件扩散，甚至整个控制过程的效果，对校医院应急能力的调查结果可以从侧面反映出一所高校的应急处置能力。高校应急能力测量评价方面，引用陈琳等人构建的医院应对重大疫情应急能力评价指标体系[1]，由于高校校医院规模较小等原因，在学科设置及人员配比、医疗设备配置方面无法做到如大型医院一般全面，因此，针对高校校医院特点、以医院应急能力评价体系为基础，增删部分与高校校医院实际情况不符的条目，形成针对高校校医院应急能力的评价指标体系（表 3-3）。以该评价体系为标准，对 10 所公立学校校医院应急能力采用实地调查与访谈法展开调查研究。

表 3-3　高校校医院公共卫生突发事件应急能力评价指标体系

一级指标	二级指标	三级指标
A 预防与监测	A1 应急预案	A1.1 是否有突发公共卫生事件应急预案
		A1.2 应急预案是否常更新
		A1.3 对应急预案了解程度

---

① 陈琳，李俊南，魏丽荣，等. 基于德尔菲法的医院重大疫情应急能力评价指标体系构建研究[J]. 中国医院管理，2021，41(6)：1-4.

（续表）

一级指标	二级指标	三级指标
	A2 监测系统	A2.1 是否设有突发公共卫生事件监测系统
		A2.2 是否有专职兼职管理及维护系统
		A2.3 监测系统是否使用过
B 应急保障	B1 设备及物资	B1.1 应急专项基金
		B1.2 重症监护设备
		B1.3 应急物资储备库
	B2 科室及医务人员	B2.1 是否有发热门诊
		B2.2 是否有传染病专业医师
		B2.3 医务人员对报告系统流程了解
		B2.4 是否有应对突发公共卫生事件经历
C1 应急演练及培训	C1 应急演练	C1.1 是否组织过突发公共卫生事件应急演练
		C1.2 应急演练形式
	C2 应急培训	C2.1 开展突发公共卫生事件应急培训频率
		C2.2 是否针对社会流行传染病及时开展培训

（1）预防与监测。高校校医院对各类公共卫生突发事件的预防组织与监测系统的灵敏度，决定了公共卫生突发事件是否能出现在高校内或其扩大范围、对师生造成的危害大小。根据调查结果显示，10 所公立高校校医院都有公共卫生突发事件应急预案，应急预案的更新频率在 2020 年之前普遍较低，而 2020 全年更新的平均次数超过 2 次，这主要与新冠肺炎对全社会的超高影响所导致。在对应急预案的了解方面，应急预案在印发时发布到各科室人员手中，但 63％的医务人员预案拿到手后至今并未对应急预案进行系统学习。在校医院监测系统方面，10 所高校均建立了公共卫生突发事件监测系统并配备兼职管理及系统维护人员，但在监测系统的使用方面，仅有两所高校在新冠肺炎疫情前使用过，这可能与系统建立的时间普遍较短以及样本量原因所致。

（2）应急保障。高校面对公共卫生突发事件时，不仅要应对突发事件的过程提供物质、人力、医疗、资金、指令、机制保障外,还需要对自身的教育教学功能、维护校园稳定等方面采取保障措施,而校医院在突发公共卫生的应急过程中,最关键的即为卫生医疗能力保障,主要体现在设备物资(物力)与科室设置和医务人员的专业、应急水平两个方面(人力)。在 10 所被调查的公立高校医院中,在新冠肺炎疫情发生前均未成立应对公共卫生突发事件的专项基金,这是因为自"非典"后并未有较大影响范围的传染病,加之随着近年来对食堂卫生管理不断成熟、食物中毒事件发生概率很低,高校从未有过成立公共卫生突发事件专项基金的意识以及对突发事件的警惕性降低。在重症监护设备以及应急物资储备库方面,10 所高校情况均不乐观,设备及物资储备虽然都有配备,但其储备年份较长,甚至有少部分应急物资已经超过保质期 5 年之久。设备及物资更新不及时,对高校面对突发事件时的应急处置能力造成较大削弱。在科室设置方面,10 所高校在新冠肺炎疫情发生前均已设立发热门诊,但由于校医院占地面积等硬件设施原因,隔离留观的数量以及病房病床数量较少,无法满足在校园内的公共卫生突发事件需要。但一般传染病类事件在校园内发生后,校外大型医院也会介入医疗防控工作,因此,这种校医院的规模无法满足因出现大型传染病医疗需求的极端情况、因而也并未列入评价校医院应急能力的指标体系中。大部分被调查的校医院聘有传染病专业医生,但在应对突发事件经历上,这个比例就降低到了一半,并且多为参加校医院工作前或在校外学习、培训时经历的。73% 校医院医务人员对信息报告系统的流程表示"知道、但不能熟记于心"。在调查中发现,10 所校医院内均有信息报告系统流程说明图挂置于墙体或宣传栏。

(3)应急演练及培训。在被调查的 10 所公立高校校医院中,均组织过应急演练,但应急演练的次数与频率较少,大多都是在社会发生较大规模公共卫生突发事件时期才会开展应急演练,而平时很少进行演练。应急演练的方式上,大部分都是模拟各类应急情景进行实战演练。在应急演练的效果方面,抛开高校或校医院自身的宣传不说,在被选取访谈的校医院职工中,有 42% 的受访者表示应急演练流于形式,并未真正地让职工产生身临其境的实战体验或者未能在应急演练中学习到新的应急处置知识与技能,大多都是对以往学习模式的重复。在应急管理培训方面,大部分校医院都能保持在每年一次以上应急培训的频率,但培训形式并非全部都是线下集体培训，也有线上培训或分科室、部门的单独培训，因此，应急培训的效果难以保障，接受培训的员工中有 39％者表示在培训中开小差或故意逃避培训。

（4）综合评价。根据《学校卫生工作条例》的要求，高校医院的职能主要有监测学生身体状况、对学生开展健康及卫生教育、对传染病进行预防及治疗、改善高校整体卫生环境等。在高校医院应对公共卫生突发事件方面，其工作的重点即为对疾病的预防与治疗。在对校医院应急处置能力进行调查后，明显看出在新冠肺炎疫情前校医院对公共卫生突发事件不够重视，预案更新不及时，医务人员在自学或集体培训时出现应付差事的情况，应急演练的效果也难以达到预期。总的来说，在被调查的 10 所公立高校校医院中，应急处置能力都足以应对小型的公共卫生突发事件，在突发事件来临时随着重视程度的加深、出现经验不足等问题，会促使医务人员的经验和应急知识水平迅速提高，但这也为突发事件控制初期的效果带来了不确定因素。因此，打造一支能够自信从容的、随时准备应对各类公共卫生突发事件的高校应急医疗卫生队伍，成为后疫情时代的必然要求。

（三）高校应急能力现状分析

高校应急能力是一个繁杂的系统，包含了各个职能部门的协作能力、师生应急能力、管理人员能力、应急物资储备、校医院的医疗能力、高校公共卫生突发事件监测与预警系统准确性等。前面已经对高校医院应急处置现状进行了分析，本小节将调查的范围扩大，增大到整个高校，对高校公共卫生突发事件应急能力展开现状调查与分析。

1. 调查对象及方法

（1）问卷的设计。本研究通过文献资料法，在前人编制的各类高校突发事件问卷的基础上，根据自身理解与目前高校的一些特点，自编了两份问卷：《高校公共卫生突发事件综合应对能力现状的调查问卷（A 卷）》《高校公共卫生突发事件综合应对能力现状的调查问卷（B 卷）》，并将两类问卷分别发放给不同的调查对象。其中，A 卷是针对高校的学生与教师对公共卫生突发事件的认知、态度、应急知识宣传效果、应急技能等方面进行的调查；B 卷则是针对高校管理人员，从高校的基本情况、物资储备、日常培训与演练、事件的处置效果等方面进行的调查。

(2)调查对象。本研究选取山东省内 10 所公立高校进行抽样调查,共计 500 名学生与 200 名教师,其中,每所高校 50 名学生与 20 名教师,学生从年级、专业、性别等方面分别取样,教师来自任课教师、辅导员等。管理人员共 200 名,每所高校 20 名,分别来自各高校的保卫、后勤、学生处等不同职能部门的中层及基层工作人员。

2. 高校公共卫生突发事件综合应对能力调查结果

对 A、B 卷的调查结果分析,结合对 10 所公立高校的走访调查,将高校公共卫生突发事件综合应对能力调查结果汇总如下。

(1)高校师生对公共卫生突发事件的综合认知情况如图 3-1 所示。

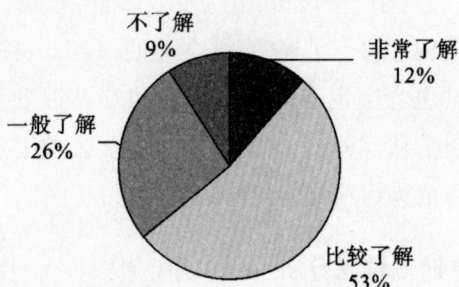

图 3-1　高校师生对公共卫生突发事件了解状况

从图 3-1 可以看出,高校师生对于公共卫生突发事件了解情况较好,有 91% 的师生知道公共卫生突发事件的概念、类型、范围等信息,其中有 12% 非常了解公共卫生突发事件的师生多为医学、公共管理等专业,这与其从事专业知识的范围有关。

而在后续调查中发现,有 43% 的师生不认为自己具有独立应对公共卫生突发事件的能力,需要他人的指导或管理。而有 21% 的学生认为自己完全不具备应对公共卫生突发事件的能力,当面对此类事件时会表现得非常恐慌。仅有 36% 的师生认为自己具备此项能力。在调查中还发现,有 53% 的师生认为公共卫生突发事件距离自己很远。即使对各类事件具有一定了解的师生,也抱有侥幸心理,认为公共卫生突发事件不会真的发生在自己身边。而有 13% 的师生则对公共卫生突发事件过于恐慌,认为公共卫生突发事件随时会发生在自己身边,这可能与新冠肺炎疫情造成的影响有关。

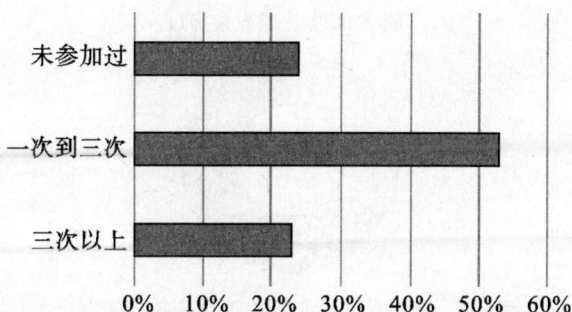

图 3-2　高校师生每年参加卫生健康教育培训频率

如图 3-2 所示,根据调查结果显示,两成以上的师生从未参加过各类卫生健康教育讲座、培训、课程,而近八成的师生参加过此类培训并且有 23% 的师生每年参加三次以上。调查中还发现,有 89% 的师生在新冠肺炎疫情期间自主检索相关卫生知识的频率有所上升,而在这一群体中有 95% 的师生表示主要是因为新冠肺炎疫情导致自身对搜集卫生信息的积极性提高。

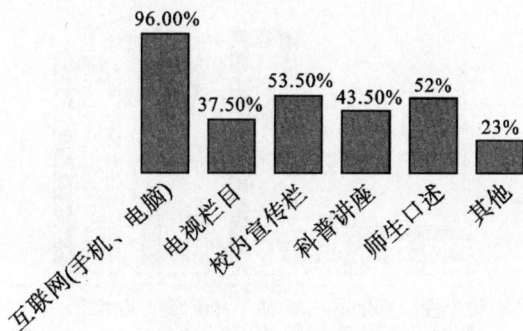

图 3-3　高校师生获取公共卫生知识的途径

从图 3-3 可以看出,高校师生在获取公共卫生知识的途径方面,96% 的师生会依靠手机或电脑在互联网上主动检索或被动推广相关知识,仅有 37.5% 的师生通过电视栏目接触相关知识。这可能与高校学生更愿意通过互联网提高知识而不是电视,以及在校期间没有条件收看电视栏目有关。这对于向高校学生推广公共卫生知识的途径来说无疑是一种启示。

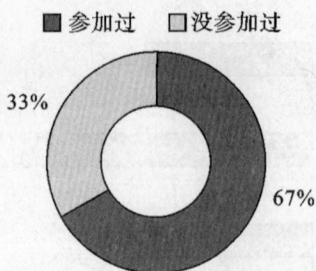

图 3-4　高校师生参加突发事件模拟演练情况

模拟演习是检验突发事件预案的有效性、组织管理体系的合理性、配合人员的协作性以及培养师生突发事件应急经验的最好方法。根据图 3-4 可知,被调查的高校师生中参加过突发事件模拟演练的人数占比 67%,没有参加过的占 33%。根据调查结果显示,有 67% 的师生参加过包括心肺复苏等自救、互救技能培训、但早已忘记技能的操作方法了,仅有 12% 的高校师生能够熟练掌握此类技能。

(2)高校师生对传染病类公共卫生突发事件的了解情况。

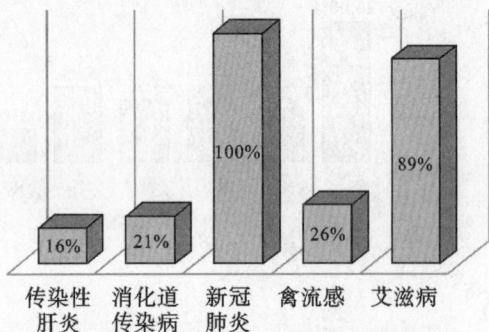

图 3-5　高校师生对五种传染病传播特点的了解情况

传染病类事件是近年来重大公共卫生突发事件中最为常见的一种。根据图 3-5 可知,被调查的全体师生都或多或少地了解新冠肺炎的相关知识,这与新冠肺炎在近两年一直无法完全退出人们的视野有关。有 89% 的师生都能掌握艾滋病的传播知识,这与近年来我国通过各种形式加强艾滋病教育密切相关。而在传染性肝炎、消化道传染病、禽流感等传染病方面,高校师生了解的比例较低。将这一现状与近年来发生的传染病类事件特点结合后不难看出,高校师生对于传染病的了解很大程度取决于该传染病在近年暴发的频率、规模或者接受相关科普知识的程度。

根据调查结果显示,如果校内发生传染病,91%的师生都会选择积极服从学校的安排;在传染病应急防护物资储备方面,受到新冠肺炎疫情的影响,96%的师生都在家中或宿舍配备了口罩,43%的师生储存了酒精,而其他防护物资储备较少。

(3)高校师生在食物中毒方面的综合认知现状。

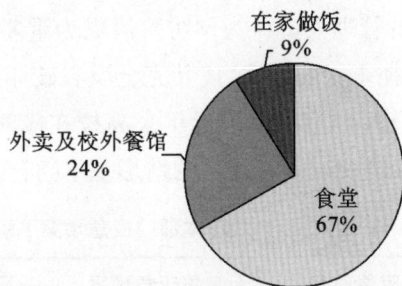

图 3-6 高校师生主要就餐方式构成

食物中毒是高校常见的公共卫生突发事件之一,主要是因为学生购买了不明来源或变质的食品、食堂卫生管理出现纰漏等所致。根据调查显示,67%的师生选择在食堂就餐,而24%的师生平日主要的就餐方式是在校外餐馆或点外卖,如图 3-6 所示。

在对师生食品安全意识的调查中发现,87%的师生在校外就餐或点外卖时会关注店铺的卫生情况、但不会关注其相关资质;在食物中毒后采取措施上,67%的师生会选择迅速就医,但只有 13%的师生能够保存可疑食物样本。

(4)管理人员应急能力及对高校应急能力评价

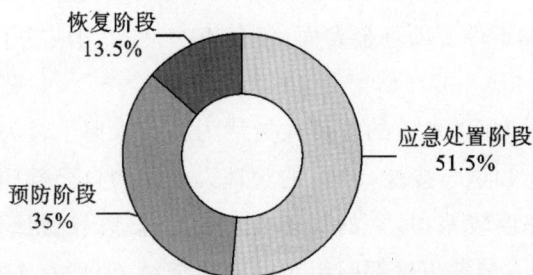

图 3-7 高校相关管理人员应对公共卫生突发事件不同阶段构成

高校中有诸多不同的职能部门,如后勤保障处、保卫处、校医院等。这些部门中的中层、基层员工是应对高校公共卫生突发事件的中流砥柱。对这些部门的管理人员开展相关调查,能够精准地反映出高校公共卫生突发事件的应急能力。

如图 3-7 所示,51.5%的高校管理人员认为,在应对公共卫生突发事件过程中,应急处置阶段是最为重要的,即应急处置工作的情况直接决定了应急管理的效果;35%的管理人员认为预防阶段更为重要,这些人员的想法大多是基于将突发事件扼杀于萌芽中,使其完全没有破坏力;仅有 13.5%的工作人员认为恢复阶段较为重要,这与近年来高校在应对公共卫生突发事件方面重视预防与处理、轻视恢复与处理的情形基本吻合。

表 3-4　管理人员对本校/本部门应急预案了解情况

X/Y	有完整应急预案	无完整应急预案	不知道	共计
A 高校	171(90%)	10	9	190
B 部门	181(95%)	2	7	190

如表 3-4 所示,在应急计划方面,90%的管理人员表示其所在高校制定了完整的公共卫生突发事件应急预案,95%的管理人员表示其部门有单独的应急预案。但其中仅有 23%的管理人员可以熟知预案中的内容;70%的部门在内部张贴了应急处置流程图,并向部门中每个人发放了应急工作指南。

在应急物资储备方面,53%的管理人员认为其所属部门的应急物资足以满足各类公共卫生突发事件需要,36%者表示自己部门应急物资会时常更新,但应急物资储备种类不充足、更新不及时的情况并不在少数。在各部门公共卫生突发事件专项基金方面,仅有 40%的部门成立了专项基金以备应急需要。

在人员情况方面,34%的管理人员认为自己掌握了较为全面的公共卫生突发事件应急知识与技能,51%的管理人员认为自己部门的同事普遍对应急知识学习态度较差,96%的管理员工参与过部门所组织的各类应急培训,90%的管理人员参与过部门组织的应急演练,但仅有 36%的员工认为在培训与演练中取得了良好的学习效果。

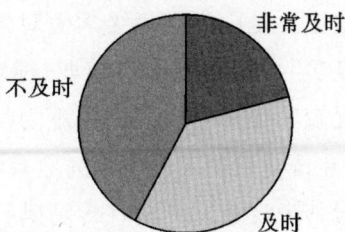

图 3-8　管理人员评价校内各部门信息沟通畅通情况

如图 3-8 所示,在协同配合方面,42%的管理人员认为高校各部门之间的信息沟通不畅、不及时。而在应急管理配合体系评价方面,67%的管理人员认为当前应急管理中各部门联动配合体系效果不佳,超过半数的员工认为在应急处置实战中存在部门配合不力的隐患。在公共卫生突发事件应急管理期间,与其他部门进行配合担心出现各种各样的问题,43%的员工表示对其他部门的具体情况并不了解。

(四)学生对应急处置工作配合现状

学生是高校应对公共卫生突发事件时保护的重点,但数量庞大的学生群体中每一个人都是性格不同的个体,在应急管理中要让几千甚至上万数量的学生服从安排、配合管理,并不是一件容易事。因此,我们对学生在应急管理工作中的配合程度及态度进行了调查。

1. 调查对象及方法

在三所公立高校中抽取 200 名学生,其中,男生 90 名,女生 110 名;大学一至四年级各 40 名,研究生 40 名。对 200 名学生展开问卷调查。

2. 大学生对高校应急管理配合度现状

被调查的三所公立高校都未曾在校内出现过确诊病例,但都有学生成为密切接触者后经多次监测确认未感染新冠病毒。三所高校在近期采取半封校隔离措施,即学生出校需跟学院报备请假,非必要不出市,非特殊情况不可出省。通过表 3-5 可以看出,89.5%的大学生能根据规定每日完成线上体温报告工作,在调查中发现大部分人能根据规定按时完成,但少部分未完成的学生表示主要是由于忘记报告或者学院、班级负责人的要求不够严格。13.5%的大学生曾经违反过学校的隔离政策,其中,大学三年级、四年级的学生违反情况较为严重,这主要是因为高年级学生对学校相关规定的遵守意识逐渐淡化,并且高年级学生很多在校外有兼职、辅导班等事宜,因此,学校管理有漏洞,出校的情况较其他低年级多。在不隐瞒个人行程等与疫情相关信息方面,200名学生中配合管理工作的比例是100%,这除了学生自身意识较强外,与媒体在新冠肺炎疫情后不断宣传隐瞒行程的严重法律后果也有一定关系。在佩戴口罩方面,被调查大学生在校内公共场所佩戴口罩的人数仅占60%,这个数据也能在一定程度上反映出国内高校学生在校内佩戴口罩的一般情况。而在性别方面,可以明显看出,女生在遵守各项应急管理规定上要比男生做得好,这可能与女生规则意识较强、男生冒险精神较强所致。

表3-5　大学生对高校应急管理配合度调查情况

指标		每日完成体温报告	不违反学校封校隔离措施	不隐瞒个人行程等信息	校内公共场合佩戴口罩
年级	一年级	39	40	40	24
	二年级	40	39	40	26
	三年级	37	30	40	19
	四年级	28	25	40	22
	研究生	35	39	40	30
性别	男	78	68	90	32
	女	101	105	110	89
总人数/比例		179/89.5%	173/86.5%	200/100%	121/60.5%

3. 大学生对高校应急防控规定的态度调查

大学生对于高校应急防控规定的态度,可以很大程度地反映出学生群体中存在不稳定因素、未来学生群体遵守规定情况的趋势、管理规定设置的合理性等。由表3-6可见,49%的大学生认为高校各项疫情防控规定是形式主义的体现,这与另一项数据——46.5%的大学生不认为疫情会波及其所在学校不谋而合。大学生由于其认知不成熟,对公共卫生突发事件来临前存在侥幸心理,这为学校应急管理工作的安排部署提高了难度。近年来公共卫生突发事件应急演练举办的频率逐渐提高,应急演练是模拟各类应急情景中最好的方式,可以提高学生相似情况的经验,但在演练形式上,并未有较大创新,尤其是在应急知识、技能学习方面,有64%的大学生认为应急演练很无趣,并不能提起他们的兴趣。除了应急演练自身的形式、内容问题外,与很多大学生未曾认识到应急演练的重要性与严肃性也有关系。53%的大学生认为每日完成体温报告等规定任务是一件很烦琐的事情,过度占用了自己的私人时间。在大学生对高校应急防控规定态度的年级分布上,可以看出,研究生群体对防控管理的规定更有耐心,而在性别分布上,男、女生差异不大。

表 3-6　大学生对高校应急防控规定的态度调查情况

指标		认为疫情防控规定是形式主义	认为疫情离自己很远	觉得应急演练很无趣	认为每日完成体温报告等规定任务很烦琐
年级	一年级	26	20	25	24
	二年级	31	26	26	26
	三年级	15	15	27	19
	四年级	17	20	24	22
	研究生	9	12	26	15
性别	男	50	43	67	47
	女	48	50	61	49
总人数/比例		98/49%	93/46.5%	128/64%	106/53%

二、高校公共卫生突发事件应急处置案例分析

(一)高校传染病类公共卫生突发事件案例分析

1. 事件回顾

布鲁氏菌病,也称波状热,是由布鲁氏菌引起的传染病。该种传染病可通过人类之间或动物之间相互传染,甚至可以实现从动物传染给人类。这种病毒在动物对人类的传播方式上,可以通过皮肤黏膜接触、呼吸道、吃未

熟的牛羊肉等途径造成感染,在我国每年有几万人感染此类病毒。其症状主要是发烧、出汗多、浑身乏力等,严重者会影响生育能力,潜伏期一般为 14 天左右。

2010 年冬季,东北某高校教师因实验需要从哈尔滨某农村养殖场购入 4 只没有检疫证明的山羊,教师也未对山羊进行现场检疫。在实验过程中,教师与学生均未按照严格的实验标准和自我防护标准进行操作,共对四只山羊进行了 5 次实验,实验过程共涉及 4 名教师与 110 名学生、2 名实验员。这起由实验事故造成的高校传染病公共卫生突发事件在病毒传播初期并未被察觉,直至 3 个月后,2011 年 3 月,参与实验课学习的一名学生在出现发烧、关节痛等临床症状,在校医院治疗 2 天后,也未查明病因,遂转院至校外某公立医院,此时发现该同学感染了布鲁氏菌。在随后的一段时间内相继又有多名同学确诊。最后,这起由实验事故导致校内 28 人患布鲁氏菌病,其中 27 名为学生、1 名教师。①

事件发生后,黑龙江省教育厅迅速出具了相关指导意见。明确指出,该事故是由于教师未按规定进行实验教学造成的重大实验事故,校方承担事故全部责任。该高校迅速成立应急防控小组及善后工作小组,工作小组相关负责人与感染布鲁氏菌患病的学生及家长进行了多次协商,最后确定了包括校方给予各项经济补贴、减免学费、在学生毕业时推荐工作,承担伤残鉴定及后续赔偿费用并承担全部医疗费用等条款在内的解决方案。

2. 事件分析

这一事件对高校预防和监测传染病类公共卫生事件起到了很好的警示作用。以往学校发生传染病一般都是由学生群体内滋生病菌或者学生通过与社会接触感染后回到学校、再通过与同学和老师接触进行传播。但该事件与以往学校常见的传染病类事件不同。首先,它是由实验事故引起的;其次,传染病的传播源头是山羊。这提醒高校应当扩大传染病预防与监测的范围及途径。该事件虽然没有造成人员的死亡,但其性质十分恶劣,造成的影响巨大,曾使整个高校及周边社会发生阶段性恐慌,并对感染病菌的学生及其家庭造成极大伤害。因此,为了避免该类事件的再次发生,对该事件反

---

① 叶青. 一生短暂 安全永恒[N]. 广东科技报,2011-09-10(006).

思是必要的。首先,该校四名教师在明确实验规定且自身经验丰富的情况下,由于警惕性降低,造成了实验事故的起始原因。其次,学生在实验过程中,也并没有完全根据操作规程进行实验,自身生物防护措施没有做好;在实验后也没有进行严格的消毒工作,导致布鲁氏菌由山羊传播到学生身上。总体来说,高校内各类生物、化学实验室都有可能成为公共卫生突发事件暴发的源头。在这些学科长期的发展中,早已制定了成熟、安全的实验操作规程,以避免实验出现事故或病毒、有害物质的泄露。但在这起布鲁氏菌引起的实验事故中,由于实验课程的实验品来源、对实验品管理标准管控、实验者自身操作等出现漏洞,使得病菌在整个传播过程并没有遇到强大阻力,因此,高校应当要求各类实验室严格遵守各项实验标准,提高对其监测的等级。

(二)高校食物中毒类公共卫生突发事件案例分析

1. 事件回顾

2015 年夏季,宁夏回族自治区某高校中 10 余名同学出现腹泻腹痛、无食欲、恶心呕吐、浑身无力等症状。这些症状符合食物中毒应有症状。这些同学被学校紧急送往该地区某医院。在医院进行治疗的同时,该高校中又不断有人出现相似症状并被送往医院。该医院将此次公共卫生突发事件上报县卫生局,县政府当晚迅速组织人员前往第一批出现症状的学生所属学院进行情况排查,了解到出现症状的同学午餐吃了从校内某超市购买的凉皮,初步判定该超市的凉皮是食物中毒的源头。分管负责食品安全的副县长当即提出几条工作意见:一是重点救治疑似因食物中毒患病的同学;二是要求所有中午吃过该超市凉皮的学生都要送往医院进行身体检查,排查是否还有食物中毒患病、但未出现症状的情况;三是带领相关人员查封该超市未售出的剩余凉皮;四是将疑似事件源头的凉皮送往食品检验站进行检测,确定食物中毒根源;五是对该高校食堂进行卫生突击检查。在后续的调查中发现,该超市出售的凉皮是三无产品,并没有资质审批,检测中发现凉皮的菌群数量不符合国家规定标准。在事件确认责任后,对该超市进行没收非法所得、罚款 3 000 元的行政处罚决定。①

---

① 章洋. 高校突发公共卫生事件的表征和管理问题[D]. 北京邮电大学,2018.

2.事件分析

事件的致病源头是该超市出售的凉皮。整个事件由多个环节出现问题。首先,校外小作坊在没有食品加工资质的情况下非法加工凉皮,凉皮加工过程中产生变质,小作坊在未对凉皮进行质量检查的情况下,将凉皮送往校内超市进行出售。其次,超市违规进购三无产品,在没有采取任何措施保障商品质量的情况下将凉皮出售给高校学生。再次,高校对校内超市售卖商品的过程没有起到应有的监督作用,导致超市违规将三无产品长期出售给学生。最后,学生应有的自我保护意识淡薄,在超市买到明显是三无产品的凉皮时,并未向超市、学院、学校进行举报,也没有将不明来源食品丢弃,而是直接食用。这一系列的疏忽大意导致了严重的食物中毒公共卫生突发事件的发生。在一连串环节中,任一方如遵守国家相关规定及时制止凉皮流向下一环节,该事件就不会发生。凉皮生产商的违法生产、超市的违规售卖、学院学校对食品安全监督工作的疏忽、学生食品安全意识的淡漠,最后导致恶性事件的发生。这也是高校公共卫生突发事件的共同特点——多个环节同时出现违规、失职导致了事件的必然发生。

(三)高校突发甲型 H1N1 事件分析

1.事件回顾

甲型 H1N1 早期被称为猪流感,为避免人们的误解,2009 年,世界卫生组织联合其他世界组织宣布将该种传染病称为甲型 H1N1。甲型 H1N1 的传染源可以是动物或人类,主要通过呼吸道传染,其症状与常规感冒相似。感染者多出现发烧、咳嗽、乏力、食欲不振等症状。截至 2010 年 3 月,我国境内共有 12.7 余万例甲型 H1N1 流感,死亡 800 例。[1]

2009 年 8 月末,浙江省某高校在学生军训期间接到多起学生出现感冒、咳嗽等症状的公共卫生突发事件报告,经校外疾病控制中心初步检测为甲型 H1N1 疑似病例。该高校迅速成立公共卫生突发事件应急指挥小组,启动公共卫生突发事件应急预案,迅速开展针对全校师生的排查、隔离、治疗

---

[1] 中国新闻网(2010-04-02). 中国累计报告甲流确诊病例 12.7 余万例、死亡 800 例 [EB/OL]. http://www. chinanews. com. cn/jk/jk-jkyf/news/2010/04-02/2206312. shtml.

等工作,安排辅导员专人对学生进行心理疏导。在整个事件过程中,全校党员领导干部、老师、医务人员、学生同心协力,共同对抗流感,避免了公共卫生突发事件的再次扩大。①

在这起公共卫生突发事件的应急处置过程中,该高校采取了多项措施保障应急管理的效果。①健全应急组织体系。该高校在事件发生后迅速成立应急领导小组与工作小组,结合流感传播特征及本校特点制定专门的应急工作方案,领导小组之下设立多个职能不同的应急工作小组,职能分工明确,责任清晰。完善了监督机制以及信息报告制度,要求各工作小组必须轮流安排专人 24 小时值班,确保应急管理中可以全天候地应对突发事件。②加强校内管理。在应急工作开始后,采取封校措施,教职工凭身份证明进出校园,并限定进出校园次数以及每次进出校园时都要测量体温,学生无特殊情况一律不允许出校,特别情况,需跟学院请假,学院报告学校应急工作领导小组同意后方可出校,外来人员无论任何原因不可入校。学校要求全体师生佩戴口罩,早晚各测一次体温并由班级负责人、辅导员逐级上报至学校,发现体温异常者迅速送往校医院进行隔离与初步排查。全校开展大扫除,消灭蚊虫工作,每日在教室、食堂、图书馆、宿舍等人员密集场所进行消毒,校内救护车与校医院 24 小时待命。③加强宣传与心理辅导工作。该校利用校内各类宣传媒体平台,对甲型 H1N1 相关知识及自我保护措施进行宣传,发放应急知识手册,邀请传染病专家在校内开设知识讲座,加强师生对于流感的警惕性与重视程度,降低师生对于流感的过度恐慌心理,维持校园的安全稳定。在多次排查过程中,出现很多疑似病例,无论是确诊、还是正常感冒,都需要先在校内进行单独隔离。在此过程中该高校派遣心理学老师进行心理疏导,发动师生对被隔离的学生进行问候及安稳,以降低被隔离学生的恐惧心理。④树立榜样,发挥党员先锋模范带头作用。高校的领导、老师、学生群体中,都有许多党员干部,在甲型 H1N1 疫情中该高校的党员干部带头冲锋,积极主动参与各类管理工作和支援服务,向学生群体展示了中国共产党服务人民大众的良好形象。

2.事件分析

在这次高校内部发生甲型 H1N1 的事件中,该高校对外界展现了正面

---

① 陈琼秋. 高校突发公共卫生事件应急管理机制研究[D]. 复旦大学,2012.

积极的形象。首先,高校内部出现学生患甲型 H1N1 流感时,高校周边以及浙江省内并未有大规模的甲型 H1N1 事件报告至相关部门,对大部分高校而言,也就不能直接采取封校等隔离措施。该高校中出现甲型 H1N1 病患情况太突然,且流感症状与普通感冒相似,具有一定的迷惑性,但该高校并没有麻痹大意,迅速向上级报告并将出现症状的学生送往当地疾病控制中心进行检测及后续治疗,这使得具有高传染性的甲型 H1N1 流感在传播初期就被迅速切断传播源头,避免了流感在高校内部造成较大范围的传播。其次,在后续的应急防控工作中,学校采取了一系列高标准防控措施,整个应急处置过程中的战略部署全面又细致,从各个方面防控阻断了流感病毒的传播途径,维护了学生的身心健康及校园的安全稳定。

第三节 高校公共卫生突发事件应急管理
存在的问题及对策

一、高校公共卫生突发事件应急管理存在的问题

(一)师生认知不全面

高校师生对于公共卫生突发事件的认知不够全面、准确。在对高校师生认知的现状调查中发现,基于仍未完全消失的新冠肺炎疫情的影响,大部分高校师生对公共卫生突发事件,尤其是传染病类事件有一定了解,在自主收集相关信息的频率上,较新冠肺炎疫情前也有了较大增长。但部分高校师生在经历了新冠肺炎疫情后,对公共卫生突发事件仍不能形成全面、准确的认知,有些师生认为突发事件距离自己很遥远、不会发生在自己身边,或者对传染病类事件过度恐慌,大部分师生对于传染病类事件的传播途径等方面知识了解也较少。高校学生大多是 2000 年后出生的青年,在这一时期容易盲目自信以及出现各种心理问题,因此,为应对公共卫生突发事件,如何加强师生对于各类突发事件的认知,提高学生在此时期的心理承受能力,是高校心理及健康教育不容忽视的问题。

（二）实际应急工作可能存在隐患

在高校公共卫生突发事件应急资金与物资准备方面，部分高校没有设立专项基金，应急物资种类不齐全或是更新不及时。这是高校公共卫生突发事件应急处置时存在的极大隐患。一旦突发事件暴发，第一时间应急物资供应不足，就会造成应急处置初期工作难以进行的被动局面；若在社会中发生较大范围疫情且周边地区的应急物资供应紧张，则更会对高校应急工作的开展造成不利影响。

在高校管理人员综合应急素质方面，部分人员在学校组织的公共卫生突发事件应急知识与技能学习中态度不认真，或者在学习后没有主动地定期巩固、复习，造成了对相关知识与技能的遗忘。在公共卫生突发事件初期，高校会针对事件特点对管理人员开展应急培训，但如果管理人员对应急知识了解不全面或水平参差不齐，就会对培训效果甚至事件应急处置效果造成不利影响。

公共卫生突发事件来临时，为了控制事件进一步蔓延，可能造成校内各职能部门无法正常运转或无法满足应急管理的实际需要，职能部门对公共卫生突发事件中可能出现的新问题没有较强的应对措施。例如，学生的心理稳定问题，空间隔离对后勤管理、教育教学工作带来诸多不便等问题。

（三）应急管理体系不完善

近年来，在吸取了多次公共卫生突发事件的经验与教训后，高校及校内各部门基本制定了完整的应急预案。但在调查中也发现，部分高校职工对高校的应急预案并不了解，或者部门下发应急预案后一些职工实际学习效果不佳。一所高校如果只有领导层面熟知应急预案内容而员工对此完全不了解，对应急处置期间各项任务指示的下达及完成目标会造成诸多不稳定因素。大部分高校，虽然针对部分突发事件制定了许多应急预案，但未形成完整的应急管理体制、应急管理机制、应急管理法制和应急预案的"一案三制"的应急化管理模式[1]，在实战中易造成小规模的混乱局面，难以掌握应急主动权。

---

[1]　乔乐.高职院校突发事件预防与应对能力提升研究[D].西北大学,2017.

(四)应急组织机构不健全

部分高校没有常设专门的应急机构,在公共卫生突发事件期间高校会组建应急领导与工作小组,在应急小组的建立上一般是从各部门中抽调。由于临时抽调的工作人员有本职工作,对应急工作专业化程度不高,并且在应急小组建立后需要一段时间来磨合,因此,可能延误应急处置的最佳时机。在事件结束后,应急小组成员需要回到原工作岗位。这就导致处理事件的经验与教训得不到系统总结,在下一次突发事件发生时应急小组整体经验较少,仍需要一段时间的磨合,从而进入不良循环中。

二、高校公共卫生突发事件应急能力提升策略

(一)加强公共卫生突发事件预防能力

1. 师生教育与宣传

加强高校师生对公共卫生突发事件的认知。在教育方式上,适当设立卫生与应急必修课程或每学期依托学院开展公共卫生突发事件主题教育,以班级为单位开展相关主题班会等;充分发挥校医院的专业性与能动性,开展健康卫生知识宣传讲座、公共卫生知识竞赛等活动。在宣传方式上,充分发挥校内自媒体对学生的影响力,与当前各类突发事件结合,增强推广内容的时效性与吸引力;充分利用校园内的路灯、栏杆、墙体、台阶等设施进行公共卫生知识宣传,使宣传工作铺展到校园内的每一个角落中。

2. 应急体系及功能系统的完善

完善高校内各部门的应急预案,改变以往应急预案为形式而设置的局面,加强高校、各部门之间应急预案的联系。应急预案中全面收纳各类公共卫生突发事件及其应对措施,并加强对校内管理人员的定期培训,使其深入了解、牢记应急预案的内容。提高监测与预警系统的灵敏度、准确性,建立畅通、高效的信息报告系统,建立对各类应急系统综合能力与使用者熟练度的评估指标体系,完善应急处置初期的应急功能系统。

(二)加强高校公共卫生突发事件联防联控机制构建

1. 校内各部门联防联控机制构建

在高校应急管理期间,任何部门都不能独善其身,需要与其他部门配合完成高校整体的应急管理工作。在日常管理期间,加强本部门职工对其他部门基本工作方向的了解,加强日常合作。在应急体系的建设中,所有部门接受高校应急领导小组的直接领导,但在应急预案与机制的设置上,要与其他部门的协作配合考虑在内,将不同部门之间的应急预案串联起来,以高校总体应急预案为纲,形成一个生态、灵活、高效的应急体系,建立校内各部门对应急管理的联防联控机制。

2. 加强与校外相关单位沟通

高校所拥有的责权利一般只能在高校日常管理中发挥作用,而对于解决高校周边环境、社会舆论、疫情数据信息等问题,需要借助校外单位协作配合。首先,加强与政府的沟通,为高校应急管理提供制度与法律保障,借助相关部门力量对高校周边饮食卫生环境进行依法监督,防止学生在校外就餐出现食物中毒;其次,加强与媒体沟通,高校内部发生的各类事件具有很强的社会敏感性,一旦公共卫生突发事件发生,高校全体师生需要承担极大的舆论压力,加强与主流以及当地知名媒体的沟通,避免谣言的出现,积极引导正向舆论,展现高校良好形象;最后,加强与校外医院、疾病控制中心等医疗机构的沟通,及时获取传染病类事件在校外的相关动态数据,获取疫情防控的权威知识,必要时为保障师生身体健康应主动寻求校外医疗机构的援助。

(三)建立高校应急保障机制

1. 后勤与物资保障

后勤系统承担了维持高校师生在校期间基本生活所需的职责,包括饮食、住宿、供暖、供水等。在传染病类事件应急管理期间,后勤系统由于空间隔离的要求不能以往常形式继续运转,对加强后勤系统的应急管理工作,为后勤工作探寻合理、安全、符合形式的工作模式。加强应急物资的审计、储备、运输、管理,为应急管理提供基本的物质保障。

2. 健全应急组织架构与应急队伍保障

在应急组织架构的构建上,首先要明确高校决策层兼职负责突发事件应急管理的领导,其次是组建校内应急管理部门。在此基础上,针对公共卫生突发事件特点与高校内部综合特征,组建多支具有针对性的、由不同职能部门人员构成的高校公共卫生突发事件应急队伍,负责对突发事件中出现的全新问题予以针对性的处理与解决。

3. 教育功能的保障

高校最基本的功能即为教育功能,在公共卫生突发事件期间,根据疫情防控的要求将课堂"搬到"网络上来。高校积极研发与推广线上教育平台,创新线上教学新形式,发挥图书馆资源优势提供线上教材、书籍,提高教师线上教学能力,建立线上教学师生评价体系,为保障学生的学习权利提供帮助。在长期的应急管理中,尤其是后疫情时代,高校应当在保护师生身体健康的前提下,积极鼓励与引导学生参与体育锻炼,增强身体抵抗力与促进心理健康。

第四章 高校公共卫生突发事件联防联控机制的构建

第一节 高校构建公共卫生突发事件联防联控机制的意义

一、对国家的意义

（一）高校大学生个人身心健康关系到国家的发展，为国家发展提供人才动力，为国家发展注入了优质的血液，有利于提升国家综合实力

众所周知，现在激烈的国际竞争的实质就是人才竞争，高校大学生作为最广泛、最重要的人才资源，在人才发展的工作中起到了至关重要的作用，是国家稳定发展、兴旺发达的基础动力。习近平总书记曾说："'两个一百年'奋斗目标的实现、中华民族伟大复兴中国梦的实现，归根到底靠人才、靠教育。源源不断的人才资源是我国在激烈的国际竞争中的重要潜在力量和后发优势。"①因为高校大学生的思维观念相对活跃，创新意识较强，工作能力比较突出，年轻有朝气，富有激情，是国家和民族的重要人才资源宝库。高校大学生是接受高等层次教育的重要群体，他们所具有的科学文化知识和素质水平在大众当中属于较高层次人才。因此，他们毕业后所从事的相关工作，以及今后可以从事的相关职业，都可为我国的经济社会发展带来强大的动力，可以不断增强国家的综合国力，为我国未来发展以及提高国际地位提供重要的基础保障，为实现社会主义现代化强国打下坚实的人才基础。现在不仅是国家之间的竞争，需要抢占人才的制高点，企业的发展同样需要抢占人才制高地，这是由于人才在发展当中所起到的关键作用。只要拥有

---

① 学习习近平总书记关于建设教育强国的重要论述[EB/OL]. 人民网. https://www.chinanews.com.cn/m/ll/2019-03-11/8776997.shtml.

了人才,就拥有未来发展的基础、动力和条件,这也是为什么、各个国家都非常重视高等教育的主要原因。高等教育越发达地区,其经济发展势头也就越好,这是由于人才在经济发展当中所起的作用越来越重要,尤其是科技方面的作用更是具有广阔的发展空间,支撑了经济的持续发展。

公共卫生突发事件严重影响和损害了高校大学生的身心健康,对他们的生活、学习造成一定的消极影响,进而影响了人才培养的质量,国家发展的人才动力也会削弱。由此可见,构建高校公共卫生突发事件联防联控机制能够及早预防、及时全面地控制此类事件的发生,对高校大学生的身心健康起到保障作用,对国家的发展和综合国力的提升具有重要意义。

(二)高校大学生在国家经济的发展上提供了强大的高素质劳动力,他们所学专业全面,促进了国家产业发展

高校大学生的身心健康对国家产业发展起着一定的作用,因为高校大学生属于劳动力当中素质较高的一个群体,国家想要推动社会经济发展,就必须有人来从事相应的工作。高校大学生作为未来推动经济社会发展的重要人群之一,其数量非常之多,能够为社会经济的发展提供众多的人力资源。因此,从这个角度来看,大学生群体也就为未来国家经济社会发展提供了强大的劳动力来源。这是大学生对于国家发展的重要意义所在。

公共卫生突发事件对高校大学生的身心健康产生一定危害,对其科学文化知识和专业知识的学习带来不利影响,进而导致他们对自己专业知识掌握不够扎实,国家发展的高层次劳动力受到影响。由此可见,构建高校公共卫生突发事件联防联控机制,对该类事件及时处置和预防,为高校大学生的身心健康起到保障作用,对未来国家各个产业的发展具有重要意义。

(三)高校大学生为国家的发展提供了消费的动力,有力地推动了国家经济增长

在我国的经济发展中,高校大学生属于消费群体。他们的学习开支、生活开支等包含了方方面面,在一定程度上也可以说为市场经济的发展提供源源不断的消费动力。大学生具有很强的消费能力,他们背后的家庭支撑着这些消费能力的发展。大学生们在读期间的一些消费对经济发展起到了一定作用——促进消费,刺激消费。高校扩招后,源源不断的大学生消费促

进了经济增长、促进了相关产业发展，也带动了整个经济社会的发展。

公共卫生突发事件的发生对高校大学生的心理健康产生一定消极影响。他们可能每天担惊受怕，总感觉自己会遭受此类事件的干扰，并影响正常学习和生活消费。因此，构建高校公共卫生突发事件联防联控机制，通过及时处置和预防该类事件，机制内各部门共同努力、对高校大学生进行科普教育和心理疏导，促进他们的身心健康，尽快恢复正常学习和生活。

(四)高校大学生的身心健康关系到国家传统文化的继承和发展，是继承和发展优秀传统文化的重要依托，对于国家长远发展具有重要意义

高校本身就具有文化传承、科学研究、人才培养、社会服务等方面的职能。其中，文化传承的职能是非常重要的，为什么我们国家有上下五千年的历史，就是由于有一代代文化人将传统文化继承下来，并且不断发展进步。当代大学生作为最主要的文化传播的群体之一，能够把优秀传统文化更好地传承下来，为后代所敬仰和承接。大学生只有具备健康的身体和心理，才能更好地继承和发展我国的优秀传统文化，而高校公共卫生突发事件联防联控机制的构建目的就是要对高校大学生的身心健康起到保障作用，使之更好地学习和传承优秀文化，为国家发展做出积极贡献。

总之，高校大学生的身心健康不仅关系到国家发展所需的、强大的人才动力的支持提供，还关系到充足的劳动力以及广阔的消费能力的提供，可以说是为国家经济社会发展提供了重要的基础。同时关系到国家传统文化的继承和发展，让国家不断地进步强大，而高校公共卫生突发事件联防联控机制的构建为高校大学生的身心健康保驾护航，因此，高校大学生有健康的体魄和足够的潜力去推动国家的经济社会发展，推动综合国力的提升，就是高校公共卫生突发事件联防联控机制的构建对于国家发展的重要意义所在。

二、对社会的意义

(一)高校大学生的身心健康安全有利于维护国家社会的安定团结

高校大学生作为社会主义的核心发展力量，具备较高的科学文化知识和专业知识水平及良好素质。不仅如此，高校大学生还在学校里学习军事理论,接受国防教育,这些都增强了他们的爱国情怀,并为加强他们的国防意识提供了坚实基础。高校大学生的身心健康安全关系到他们将来能不能为国家的繁荣、安定和发展贡献自己的力量。构建高校公共卫生突发事件联防联控机制,能够有效预防和控制此类事件的发生和扩散,减少对他们的危害,保障他们的身心健康安全,让他们能有健康的体魄和心理为社会的安定和团结贡献自己的力量。

(二)高校大学生的身心健康安全关系到社会和经济的快速发展

社会发展离不开高质量的人才,高校是高质量人才的"加工厂"。经过高校学习深造,大学生具备了在社会一展身手的本领。这些本领使他们未来在各行各业能得心应手、创造佳绩。但是,公共卫生突发事件会对高校大学生的身心健康安全带来一定的危害,而构建高校公共卫生突发事件联防联控机制会在很大程度上减少这些危害。这就保障了高校对高质量人才的培养,从而促进社会经济的发展。

(三)高校大学生的身心健康安全有利于提高社会风气

目前高校日常教学中会开设许多思政课。这些思政课包括"思想道德修养与法律基础、马克思主义基本原理概论、毛泽东思想和中国特色社会主义理论体系概论"等。思政课不仅促进大学生的思想道德修养,还提高他们的法律意识、爱国意识、安全意识等。大学生的思想道德觉悟提高了,整体素质也就提高了,带动社会风气也就越来越好了。当大学生遭遇公共卫生突发事件时,会对他们的身心健康安全造成消极影响,也不利于他们对思政课的学习和领悟。因此,构建高校公共卫生突发事件联防联控机制可有效保障大学生的身心健康安全,并有利于提高其思想道德修养,进而带动社会整体风气向好。

三、对家庭的意义

(一)有利于家庭和谐

高校公共卫生突发事件与家庭间的和谐有着重要关系。一方面,高校公共卫生突发事件的发生影响大学生的身心健康安全,而大学生的身心健康安全又是家庭父母担心的主要方面。大学生在校期间一旦发生此类危害其生命安全及身心健康的事件，家中父母就会为之忧心，无法专心工作和生活。另一方面，如果大学生因公共卫生突发事件而无法返校，在家待久也会和父母因为一些小事起冲突，不利于家庭和谐。

由此可见，构建高校公共卫生突发事件联防联控机制，能够保证大学生在校正常的学习和生活，从而有利于家庭和谐。

(二)有利于家庭幸福指数的上升

高校公共卫生突发事件会影响家庭的幸福指数。高校一旦发生公共卫生突发事件，就会影响大学生的正常学习。不管是身体健康，还是心理健康，乃至人身安全，都会受到影响，甚至还会危及个人生命。每个孩子都是家庭的精神支柱，都是家里的未来。每个父母都是望子成龙、望女成凤。孩子成为自己的骄傲，家庭也会更加幸福和谐。事件发生后或多或少都会对他们未来的发展带来不利的一面，有可能达不到父母的期望，有的会和父母发生矛盾，影响家庭的幸福指数。

由此可见，高校公共卫生突发事件联防联控机制的构建对大学生的未来发展有着积极影响，进而对其家庭幸福指数的提高有着有利的一面。

(三)有利于加强家庭与学校之间的沟通

高校不同于中小学，可以在自己所居住的城市上课学习，每天都能与学校的老师、领导进行沟通。高校往往是在距离家庭较远的城市，而且大学生们都已经成年，能够自行解决一些问题，所以家长和学校之间的沟通也随之减少。高校公共卫生突发事件联防联控机制能够联合家庭，信息共享，加强了家庭与学校之间的沟通交流。家长能够了解学生在校的健康、生活和学习状况，学校也能够了解学生在家的实时动态，能够更好地加强对学生的教育，更全面地加强对学生的了解，及时发现问题，找到更好的解决办法。

四、对高校的意义

(一)有利于师生的身心健康安全

高校学习生活正常进行的前提就是高校师生的身心健康安全。只有高校师生的身心健康安全得到了保障,学校才会正常运转,才能够发挥出高校应有的作用,才能为国家和社会培养出优秀的人才、为国家的发展和强大储备人才。高校公共卫生突发事件联防联控机制的构建,联合了校内外各部门,为公共卫生突发事件的发生和防控提供了最全面、最及时的应急预防机制,为高校师生的身心健康安全保驾护航。

由此可见,构建高校公共卫生突发事件联防联控机制对高校师生的身心健康安全有着极大的保障作用,进而让师生的工作和学习生活正常进行,学生的培养工作正常运转。

(二)有利于教学工作的有序进行

高校是一个培养高层次人才的地方,不仅有各学科专业知识的教学,还有其他多种资源,让学生们得到各个方面锻炼,如学习解决问题、为人处事的方法以及强身健体等。公共卫生突发事件一旦发生就会产生很大影响,学生不能正常学习生活,教学工作无法有序进行。2019 年底 2020 年初暴发的新冠肺炎疫情,使得高校大学生都无法返校,只能进行线上教学,但教学效果不如线下那样显著,而且对许多教学资源、学生都无法利用,严重干扰了正常的教学活动。构建高校公共卫生突发事件联防联控机制,能够有效控制此类事件的发生,尽量减少其带来的危害,保障高校内教学工作的有序进行。

由此可见,高校公共卫生突发事件联防联控机制的构建能够对高校教学工作的开展起到积极作用,对高校师生校内资源的利用也具有保障作用。

(三)有利于事件发生时在最短时间内得到相关信息并做出应急措施

高校是一个人员密集、人流量大的地方,一旦有公共卫生突发事件发生,就会大面积传播。如果不及时进行控制,就会发展到难以转圜的地步,所以,高校的应急处置就显得尤为重要,需要及时地对突发事件进行控制,避免造成更大的人员、财产损失。高校公共卫生突发事件联防联控机制的信息共享机制,能够让高校在第一时间感到危险的气息,及早地做好部署,充分做好应急准备,减少不必要的损失。

五、对个人的意义

高校公共卫生突发事件联防联控机制的构建能够保障高校人员的身心健康安全,提高其健康知识水平,促进师生形成有利于个人、集体以及社会的良好健康行为和工作、生活习惯;也能从根本上改善个人对待公共卫生突发事件的态度,增强社会责任感,提高自我保护能力和预防传染疾病的能力,避免产生心理问题。

(一)有利于个人身心健康安全

高校公共卫生突发事件联防联控机制的构建对个人在身体和心理两方面的健康都有保障作用。众所周知,此类事件的发生会对个人的身体健康和心理健康造成不利影响。只有对此类事件进行有效的预防和控制,才能避免其负面影响。心理健康问题是一个内在的问题,不会像身体健康问题那样容易显现出来。完善高校公共卫生突发事件联防联控机制,不仅能对此类事件有效控制,也会对个人的心理健康进行有益指导。

(二)有利于个人的正常学习生活

高校公共卫生突发事件联防联控机制的构建能够保证高校师生及其他工作人员的正常工作、生活和学习。高校公共卫生突发事件具有很强的破坏性和不确定性,像封校、延迟开学等,都会影响正常的教学秩序,并会对高校师生的正常工作、学习和生活带来不利影响。因此,构建高校公共卫生突发事件联防联控机制,有利于保护师生员工的正常工作和学习,对今后的发展有一定的积极作用。

(三)有利于开发高校大学生的潜能

高校是培养高质量人才的场所,而高等教育的目的之一就是开发高校大学生的潜能。大学生健康的身心是开发其潜能的最基本条件,能够为潜能开发提供基础。同时,健康的身心是高校大学生自信心的来源,能够帮助他们更深层次地审视自我、理解自我、认识自我,从而提高对社会环境的适应能力,提高抵抗挫折的能力,增强意志力,使得他们自身的潜能得到充分开发和挖掘。由此可见,高校大学生要有健康的体魄和健康的心理,这关系到他们的潜力能否得到全面发展,能否为国家和社会的发展贡献自己的力量。因此,高校公共卫生突发事件联防联控机制的构建能够有效预防和控制高校此类事件的发生,维护和提高大学生的身心健康水平,避免或减少其常见疾病和心理障碍的发生,并为他们的潜能的开发提供必要条件。

第二节 高校公共卫生突发事件联防联控机制构建的原则

一、以人为本原则

我们生活的社会是和谐社会,人是第一要素。社会发展变化的方式和规律不可能离开人的必然性需要,不可能与人的需求无关。所以,必须以人的需要、人的合理和谐生活、人的幸福平等自由为前提。总之,要以人为中心而不是以社会制度形式为中心来考虑、安排和设计人类社会的一切规章、制度、规划和发展等问题。

构建高校公共卫生突发事件联防联控机制也是如此。构建该机制的目的就是为了高校师生及其他工作人员的身心健康安全,所以要坚持"以人为本"这一原则,这也是人类社会和历史发展所必须遵循的根本规律。

二、及时性原则

构建高校公共卫生突发事件联防联控机制的首要出发点就是未雨绸缪、居安思危。也就是说,在事件的萌芽时期,通过及时、仔细地观察和判断来及早做好各种预防准备工作,将事件发生的苗头扼杀,做到防微杜渐。及时性原则就是要求及早地监测出各地各种异常的情况,进行安全风险分析,并将这种异常情况及时报告给相关部门,进而及时地采取有效的预防措施,最大程度上避免高校师生及其他工作人员的身心健康受到损害并维持正常的学习、工作、生活秩序。

三、高效性原则

由于高校公共卫生突发事件有很强的突发性、破坏性和不确定性，所以说机制的构建必须以高效性为重要原则。一旦高校公共卫生突发事件发生，会对师生的身心健康及正常工作、学习带来不可预估的损害。只有构建高效的联防联控机制，才能对各种事故进行准确的预估，进而制定有效合理的应急措施，对高校公共卫生突发事件进行有效预防和控制，保证高校师生的身心健康以及正常工作学习。

四、科学性原则

应对高校公共卫生突发事件有很强的科学性，在充分尊重科学、依靠科学的基础上来构建高校公共卫生突发事件联防联控机制，针对各部门进行理论知识和专业技能的培训，为应对公共卫生突发事件提供专业保障。构建高校公共卫生突发事件联防联控机制要对各个部门和领域进行科学性分配和联合，力求让联防联控机制发挥出最大的功能。

五、合作性原则

高校公共卫生突发事件的防控不仅仅是高校一个部门的责任，需要校内外各个部门和机构共同合作来进行联防联控。尤其是要与当地疾病防控中心、传染病医院以及公共卫生监督部门进行紧密合作，共同努力。因此，在构建高校公共卫生突发事件联防联控机制时要紧密加强校内外各个部门的合作。

六、预防为主性原则

由于高校公共卫生突发事件一旦发生就会对师生员工的身心健康及正常的生活、工作、学习带来不利影响，所以，应对的关键点在于预防，要从即时应急体系到风险预防体系的转变，用大概率的思维来应对小概率事件。只有做好了预防工作，才能杜绝此类事件的发生，做好充分的准备，建立完善的预防体系，做到常备不懈，以预防为主。

七、首要应急原则

鉴于高校公共卫生突发事件具有突发性、破坏性以及不确定性，在事件发生时首先就要根据学校特点制定应急预案，要先进行科学控制，避免造成更大的损失，才能让后续的工作有序进行。所以说，构建高校公共卫生突发事件联防联控机制首先要将应急联控工作做好。

八、强化组织领导性原则

构建高校公共卫生突发事件联防联控机制是联合校内外各个部门合作，共同进行预防和控制，因此，组织领导是高校公共卫生突发事件联防联控机制运行的重要部分。组织领导能够有效协调各部门间的关系，让联防联控机制能够有效运转。强化组织领导原则就是要求高校领导组织人员使得校内外各部门间合作更加紧密，有效预防和控制此类事件的发生和蔓延。

九、分级负责原则

构建高校公共卫生突发事件联防联控机制各部门不仅要合作，还要根据国家的相关法律法规和规章制度对各级部门的具体责任，对高校公共卫生突发事件以及存在的风险因素及时快速地做出反应，及时有效开展风险因素监测、报告和处理工作，才能有效应对。因此，构建高校公共卫生突发事件联防联控机制各部门要遵守分级负责原则。

十、全面性原则

全面性原则是指在构建高校公共卫生突发事件联防联控机制时、要对校内外各个领域和部门进行全面的突发事件监测和联合防控。全面评估各个领域的风险，实行全面监测，不遗漏任何问题，全面识别判断各个领域的危险因素，并做出全面的预防措施和防控对策，还要建立全面的评价体系。

第三节 事件发生前联防联控机制的构建

一、事件发生前校内各部门间的联防联控

(一)校医院

公共卫生突发事件发生前,高校大学生发病后首先是去校医院就诊,校医院是判断学生发病的第一环节,因此,校医院要时刻保持警惕,搞清楚学生的病情原因以及是否有传染性等。如果发现疑似传染病病例,要第一时间采取措施,及时联系其所在学院和宿舍楼,对密切接触者和疑似病例采取隔离手段;对疑似病例所在的宿舍教室等场所进行多次喷洒消毒工作,开窗通风,避免二次感染。

在公共卫生突发事件发生前,校医院要做好相关知识科普宣传,开设健康教育讲座、制作宣传海报、宣传手册及宣传视频等,让高校师生及工作人员对公共卫生突发事件有一个更深刻的认识、基本的判断和辨别能力,能够做到有效预防。并且,他们在第一时间做出正确的判断,可以减少不必要的损失。

高校公共卫生突发事件发生前,校医院要做好所需要的相关医疗物资的储备,制定严格的、医疗防护物资的储存和申领制度,保证事件发生后有足够的医疗物资去应对突发的公共卫生事件。

(二)学生公寓

学生公寓是高校大学生生活休息的地方,也是人群聚集的场所。一旦发生公共卫生突发事件,就会造成大面积的传播,危及大学生的身心健康安全。公寓管理者作为学生公寓工作人员,要加强对公寓各个角落的清扫和检查,避免传染病病毒的侵入。还要建立严格的传染病防控机制,学校领导小组应加强对学生公寓的防控评价,有效预防公共卫生事件的发生。学生公寓做好知识普及,让学生随时随地都可以获取相关知识,减少公共卫生突发事件的发生。公寓管理者要加强对学生的健康排查,及时发现身体有异

常的学生,并送往正规专科医院就诊。

(三)学院

每个学院的老师是高校大学生除了同学之外最亲近的人,要及时和学生沟通交流,时刻关注他们的身体和精神状况,以及时发现学生的异常情况,进行下一步的应对措施。应在学院宣传栏上宣传相关知识、预防措施和解决方法,做好预防工作,保证学生在公共卫生突发事件发生时能够从容应对。开设健康教育课程,对学生进行健康教育,让他们在了解相关知识的基础上,知晓健康的重要性,要保持健康的饮食以及生活作息方式。及时组织体育运动,提高学生免疫力,在公共卫生突发事件来临时有强健的身体去应对。

(四)餐厅

餐厅是大学生进行健康饮食的场所,食品安全是重中之重。要加强对食材的把控,做到干净卫生,避免造成食物中毒等公共卫生突发事件。餐厅作为饮食场所,更容易滋生细菌,所以,要定期做好对公共区域的消毒工作。学校公共卫生突发事件领导小组应制定严格的食品卫生标准及消毒标准,建立完善的评价体系,加强对每个窗口的卫生检查,以避免个别工作人员以次充好、消毒不到位等情况发生,给大学生的身心健康安全带来危害。

(五)教学楼

教学楼是高校师生有序进行教育学习的场所。教学楼人员密集,一旦发生公共卫生突发事件,就会造成大面积的扩散,造成不可预估的严重后果。教学楼内要经常开窗通风,保持教室内的新鲜空气的流通。每天早中晚对教室内、走廊里进行消毒处理,避免传染病病毒的传播。一旦发现疑似传染病的病例,应及时与校医院的专业医生联系,确定病毒的类型及是否具有强烈传染性;对教室内乃至整个教学楼内的接触者及时进行隔离,避免更大范围的扩散。在教学楼走廊内悬挂相关知识的宣传横幅,对校内师生及其他工作人员进行相关知识的科普宣传,有效预防公共卫生突发事件发生。

(六)校内安保部门

高校门卫应加强控制校门口的人员进出,对其进行健康筛查及询问旅居史,确保进入校园内人员的身体健康、进出目的明确且没有恶意。一旦发现有疑似传染病或病毒携带者,要及时采取措施,禁止其进入校园,避免对高校师生的身心健康及财产安全带来威胁。校内巡逻保安要每天定点轮换值守,确保校外人员不得通过不当手段进入校园,对校内安全造成安全威胁。高校突发公共卫生领导小组要针对校内安保制定明确的安保标准、奖惩制度及严格的评价标准,督促校内安保人员加强校内安保,确保校内师生员工的身心健康安全。

(七)校内各部门的联防联控机制

构建以高校领导小组为核心、校内各部门相互协调合作的高校公共卫生突发事件联防联控机制。校内各部门由行政领导带领,在各司其职的前提下,互相配合,互相反馈,各部门之间消息互通,信息共享,做好事件发生前的预防工作。只要加强各个部门联合预防,就能够有效应对高校公共卫生突发事件的发生和蔓延。

1. 高校领导小组应督导校医院及校内管理部门做好公共卫生突发事件的监测和预警

虽然高校公共卫生突发事件具有很强的不确定性和破坏性,但只要在事件发生前进行有效的监测和预警,并且采取必要的措施,就可能将公共卫生突发事件终止在萌芽时期。校医院对各类卫生事件的认识较深,专业性强,结合校外医院及传染病医院的信息共享,能准确判断出事件的类型,以最快的速度采取针对性的措施。校内管理部门与外界联系密切,能够获取其他高校及校外区域的相关信息,对校内事件的发生进行有效预警。所以,高校公共卫生突发事件领导小组与校医院及校内管理部门密切联合,做好监测和预警工作,在事件发生前做好充分准备,可以最大限度上杜绝此类事件的发生。

2. 高校领导小组应督导校医院做好物资储备及公共卫生突发事件的专业知识普及

高校公共卫生突发事件发生前,预防不能松懈,应及早对各种危险因素进行捕捉。尽管不能保证完全杜绝事件的发生,但在事件发生前做好充分准备,就能在事件发生时有充足的应对措施。所以,在事件发生前校医院要储备充足的医疗医护物资,以备不时之需;同时做好专业知识的普及,除制作宣传片、宣传海报,组织健康教育讲座等形式外,寻找更新颖、更有吸引力的专业知识普及方式,让在校师生员工对突发公共卫生事件有一个更深刻的认识,能够有效辨别事件的类型并预防事件的发生,最大程度在源头上将高校公共卫生突发事件切断。

3. 高校领导小组应督导校内行政职能部门及各学院从事健康教育的教师,提高学生身心健康意识,增加体育活动,提高自身免疫力

高校公共卫生突发事件的发生对在校师生的身心健康具有极大的威胁。只有让大学生明白身心健康的重要性,增加体育锻炼,增强意志力和抵抗挫折的能力,有效提高自身抵抗力和免疫力,才能够在公共卫生突发事件发生时有强大的身心去对抗,在最大程度上减少突发事件对自己身心健康带来的伤害。要定期举办应急演练,教育大学生在危险来临时如何保持冷静、有效应对,保证自己的生命健康安全。高校公共卫生突发事件领导小组要制定严格的得力措施和评价机制,对各学院健康教育开展的情况进行评价,以提高各学院对学生进行健康教育的积极性。

4. 高校领导小组应督导校内餐厅、公寓及安保部门做好公共卫生突发事件的预防工作

餐厅、学生公寓及校门进出的人员不仅密集且复杂,易发生公共卫生突发事件,所以,要对这些场所加强预防工作。餐厅易发生食物中毒等事件,要严格把关进出餐厅的食材,提高餐厅工作人员的卫生意识;学生公寓是校内人员密集的场所,宿舍内同学间密切接触,一旦发生交叉感染,难免会波及整栋楼的人员安全,应严格做好健康筛查及学生公寓的消毒通风工作;校门作为校园安全的第一层保护屏障,更要加强安保人员的责任意识及辨别能力,将无关人员隔绝在校门之外,并做好巡逻工作,以避免意外事件发生。由此可见,做好餐厅、学生公寓及安保部门场所的预防工作尤为重要。

二、事件发生前校外各组织间的联防联控

(一)政府部门

根据政府部门发布的公共卫生突发事件预防和控制标准,认真贯彻落

实有关文件精神，必须做好高校后勤保障工作。各高校的后勤保障部门要以保障在校师生员工的身心健康安全为第一使命，充分发挥后勤保障作用，为高校的教学和科研工作的有序运行做好准备。同时要加强各部门间的沟通联系，将国家和各级政府的防控要求落实到位，全力维护校园生命健康安全。

政府要求在条件允许的情况下建立统一的突发事件预防控制体系，在事件发生时可以随时启动。这对高校具有一定的参考作用。搞好人才队伍建设，吸收和培养应对公共卫生突发事件的人才，能够在最短时间内对事件进行控制，减少不必要的损失。相关部门做好物资储备，一旦公共卫生突发事件发生，能够有足够的物资去应对。邀请公共卫生界的专家向大学生开展高校公共卫生突发事件应急知识的专门教育，增强在校大学生对突发事件的防范意识和应对能力。

(二)疾控中心

疾控中心要做好公共卫生突发事件的监测预警。利用现代先进技术对各个医院、公共卫生医疗服务机构等部门的相关信息进行广泛搜集，运用大数据对搜集到的信息进行系统科学的处理分析，对信息实时掌握，在进行科学预测后对将发生事件的危害性以及扩散趋势进行评估。这对公共卫生突发事件的防控、保护民众的生命安全和身心健康安全以及社会的发展和正常运转都有重要意义。虽然公共卫生突发事件是突然发生的，但是，在发生前还是有一些相关信息能显露出来。只要在事件发生前准确抓取有用信息，进行科学系统分析，就可以及时做出预警报告，在保障民众身心健康安全的同时也保障了高校师生员工的身心健康，维护了校园安全稳定。

(三)传染病医院

传染病医院要做到和高校校医院信息共享，做好每位进出医院人员的健康筛查，提高院内医护人员的专业知识和技能，增强对传染病的辨别能力。加强对传染病病例的排查，一旦发现传染病病例，要尽快确定该病例的传播途径路线并与当地各高校取得联系，排查校内学生是否有重合的途径路线，做好防控工作。若发现有高校大学生确诊为传染病病例，要及时和其所在的学校和学院取得联系，尽快采取措施，做好消毒以及对密切接触者的排查和隔离工作。要对密切接触者做进一步检查，确保万无一失，保证大学生的身心健康安全。

(四)客运站及铁路公安部门

随着科技的进步,客车、火车等交通工具成了出行必备的交通工具,尤其是在寒、暑假及节假日,人员密集且复杂,一旦有公共卫生突发事件发生,必然会波及大范围的人员。所以,客运站及铁路公安部门要做到有效预防,避免造成难以预估的损失。同时,客运站及铁路公安部门要做到与高校信息共享,加强对乘客的健康筛查及旅居史的排查工作。一旦发现疑似传染病病例,应及时与途经区域的高校取得联系,排查与疑似传染病病例有同列车次及同车厢的密切接触者,及时采取措施,进行隔离检测排查,努力减少损失。

(五)校外各组织间的联防联控机制

在政府部门的领导下,校外各组织间要加强沟通、信息共享,共同为高校大学生的身心健康安全保驾护航。各个组织部门联合预防,在高校公共卫生突发事件发生前就做好各种准备;各组织间形成紧密联系的网络系统,筑起保护高校师生的坚强护盾。

第四节　事件发生时联防联控机制的构建

一、事件发生时校内各部门间的联防联控

(一)校医院

1.校医院相关组织

事件发生后,校医院按照上级防控要求成立由书记、院长担任组长的疫情防控工作领导小组,负责指挥、协调、决策各项重要事项,落实校内各部门以及校外安排的防控任务。高校公共卫生突发事件发生后,校医院要成立工作小组,负责患者的医疗护理救治、医院内的感染防控、相关知识的宣传

保障以及信息的报送等工作。做好患者的救治、校医院内外的防控、防疫物资的储备及其检查管理，为事件的防控做好充分准备。事件发生后，在组长的统一领导下，各个部门相互合作，全面协调，合理调动物资。领导小组要制定统一的应急措施和防控标准，各部门间信息共享、相互反馈、各司其职，各关键部门间要每日互相汇报工作，查找问题，共同做好防控工作。

2. 校医院相关工作流程及标准

高校公共卫生突发事件发生后，校医院要按照国家卫生健康委发布的突发事件防控方案，制定并下发校医院对事件防控相关工作流程图及相关工作标准。做好对防控的分诊流程、疑似患者隔离流程等的制定，完成校内各个环境的消毒标准、校内防控标准以及校内各区域防控用品的使用标准的制定。通过工作流程图及相关工作标准的制定，确保在疫情发生时校内进行有序、合理的防控，进而保障校内师生的身心健康安全以及教学工作的有序运行。

3. 校医院相关人力资源调度

高校公共卫生突发事件发生时，需要对校内疫情防控人员进行评估、对校医院防控人力资源进行统筹分配。感染呼吸科的专业骨干以及内科专业医护人员负责感染和发热门诊，外科专业医护人员负责预防分诊工作。动员校医院全院干部职工做好校门防控、核酸检测以及校内各区域的消毒杀菌工作，做好后勤保障以及公共区域执勤等服务工作。

4. 校医院预检管理工作

高校公共卫生突发事件发生后，根据校内防控的需要，对就诊患者和校医院职工实行预检管理。在校医院预检口处要求就诊患者和院内职工填写无隐瞒病史的承诺书，最大程度上防止隐瞒病史的情况发生，切断传染源。对无隐瞒病史和体温测试正常的员工发放通行卡。

5. 健康筛查

高校公共卫生突发事件发生时，因校内人员结构复杂，健康筛查就显得尤为重要。要避免校内师生间的传播，还要关注医护人员和患者之间的传播，以及在校医院内活动的工作人员之间的传播。突发事件防控期间，校医院要对在校师生员工进行健康状况筛查，并且对他们的健康状况进行追踪监测,确保校内师生员工以及校医院内职工之间不发生病毒传播和人员感染。

6. 建立线上诊疗服务

公共卫生突发事件发生后,校内师生员工非必要不外出,要进行隔离和自我保护。校医院可以依托当今发达的互联网技术,设立线上诊疗服务,为校内师生员工解读与疫情相关的知识,开通发热自查、心理咨询等线上问诊服务。确保师生员工在疫情发生后获得及时的健康指导,避免造成心理恐慌及校医院内的人员聚集。建立线上诊疗服务可以为高校师生员工提供不出门就可以进行问诊、医学指导、相关知识的普及以及心理问题的疏导等,促进了高校公共卫生突发事件的联防联控。

7. 校内感染防控

高校公共卫生突发事件发生后,校医院要结合国家相关部门颁发的制度和标准,结合校医院内的实际情况,制定符合校内各个区域的医用防控用品使用细则及不同环境的消毒原则;对各区域制定不同的防控感染措施,按照制定的措施去执行校内感染防控的具体方案,避免不必要的医护防控资源的浪费,确保防控物品使用的最少化,同时达到使用效果的最大化。

8. 校医院防护用品的申领及使用审核

高校公共卫生突发事件发生后,为了校内师生员工的身心健康安全,医疗防控物资要科学有序使用、避免浪费,以免造成医疗防控物资的紧缺。所以,校医院要制定严格的医疗防控用品的申领和使用审核制度,对医疗防控用品的申领程序、使用的合理程度及防控是否到位等问题严格把关。

9. 成立督导组进行督导检查

高校公共卫生突发事件发生后,校内外各部门都处于紧张状态,难免会出现纰漏。这就要求成立督导组、进行各项工作的督促领导。由院长及各部门专家组成督导组,重点对校医院内的发热门诊、疑似患者留观区是否存在隐患,以便及时发现护理人员的个人防护是否存在问题、各区域的消毒工作及医疗废弃物的处理等是否存在纰漏。

10. 加强校医院的培训教育、宣传机制

公共卫生突发事件发生后,校医院要根据疫情相关知识及需要注意的事项,对科学的防控以及自我防护等知识,向校内师生员工进行信息的告知和科普宣传。校医院可以通过制作宣传片、宣传海报,印发防疫知识手册等方式对疫情相关知识进行科普宣传,让校内师生及相关医护人员都了解病毒的相关知识,避免造成不必要的恐慌及不正当的防护、造成交叉感染。加强对校医院医疗医护人员的培训,提高其专业知识和专业技能,对校内师生进行健康教育,做好自我防护及心理上的及时疏导。

(二)学生公寓

1. 学校有关宿舍防控的相关制度

(1)积极参与公共卫生突发事件防控,严格实行封闭式管理。为了做好对公共卫生突发事件的防治,需要学校师生员工积极配合、群防群治,及时发现、及时汇报,及早制定应对措施,截断传染渠道,尽快遏制突发性疾病,严格防控突发性疾病在校园的传染与扩散。进出公寓实行实名身份验证。每天更新学生住宿情况,禁止非本楼学生进入公寓,禁止同楼学生互串宿舍等。

(2)严格执行健康筛查,禁止提前进入公寓。为严格防控输入性病毒感染,学校严禁尚未进行健康筛查的学生以及尚未解除医学观察的学生进入公寓。学校公寓楼内应严格落实学校关于学生分批返校的工作安排,对回校名单以外和尚未得到同意回校的学生一律禁止进入学生公寓,对返校前曾有过突发传染性疾病高发区域居住史或旅游史的学生,须在居家观察14天期满后再返校。

(3)执行逢进必检制度,进出公寓佩戴口罩。在公共卫生突发事件结束之前,学校针对每个出入公寓楼的学生和人员都实行"逢进必检"的政策,并暂时限制访客进入公寓,对体温检测异常者(发热、干咳)必须作好检测笔录并上报,以保证早出现、早诊断、早上报、早隔离、早处置。全体师生员工需要佩戴口罩前往公寓,否则不允许进入学生公寓。

(4)寝室门窗通风消毒,寝室废弃物及时清除。开学后,每天对公寓楼的公共区域(如路面、绿地、大厅、楼梯、安全通道、卫生间、淋浴间、多功能房等)由专人进行消毒,每天进出寝室时,要开窗通气至少2次,每次30分钟以上,工作人员对宿舍开展每日消毒(每日至少一次)。为了校内学生的身心健康安全,宿舍应保持干净、整洁、卫生,并要做好预防性消毒,出公寓时带走宿舍垃圾并分类投放于公寓楼外对应的垃圾桶内。

（5）积极做好自身防护。学生在校内应尽量减少不必要的外出，减少课外活动范围，避免直接接触他人。与他人近距离接触时也要配戴口罩。不聚餐、不串宿舍、少出宿舍，日常生活中要勤洗手，多参与体育活动，不随地吐痰，不乱丢废弃物，饮食要注意营养均衡，培养良好的生活卫生习惯和健康生活方式。

（6）公寓严禁夜不归宿。在校学生不能随意外出，确有因特殊情形需要外出的，还要向学校公寓管理人员提交由所在学院的审批证明材料，在证明材料中要明确自己的去向、返回时间等。学生外出返校后及时在公寓值班室进行登记记录，并由管理员对其外套表面和携带物表面进行化学喷雾消毒。对私自出门或强行出去的，学校将视情节轻重予以纪律处分。

2. 学生管理

校园突发公共卫生事件后，学生公寓内应遵守校方所公布的校园住宿各项规章制度，在突发性传染病控制期内，所有外来人员（含家人、亲戚）不得进入宿舍，每个在校住宿学生均需要戴好口罩方可进入学生宿舍。个人卫生方面，手巾必须做到一人一巾，被褥一人一套，要定时进行清洁，并勤晒衣被。用过的口罩需要先用密闭塑料袋或保鲜袋封闭后，再投入宿舍内设置的口罩回收专用垃圾箱里。进入学生宿舍前先清洗消毒，以保证住宿环境干净、卫生，防止病毒的带入，各寝室之间不串宿，也不得邀请其他寝室的人员进入自己宿舍。严禁在校学生去学校外吃饭，严禁叫外卖，也不得将盒饭、小吃等带入学生宿舍。如身体感到任何不适，需第一时间告诉宿舍管理人员。

3. 宿舍保安、管理员

（1）宿舍保安、管理员都需要有突发性传染病检测合格的证明，方可上岗。综合学生的身体健康排查状况，逐步核对已确诊入住学生名单，全面了解学生的健康状况，并建立学校学生健康台账制度。在严格执行晨午检查机制、因传染病追溯机制的基础上，入住学生每日回来都要做好睡前体温检查，以全面掌握学生健康状况。

（2）按时进行突发性传染病健康筛查的信息采集，并严格遵守"日报表"和"零报表"管理制度。发现异常情况，第一时间汇报给值班医师。发现咳嗽、高烧等疑似病症的学生，及时予以隔离，并启动紧急预案。利用广播电台、宣传栏、电子屏等手段开展教育，尽量减少不必要的集体活动。

（3）按时进行学生宿舍和公用区域的清扫、灭菌、通风等工作。灭菌前穿戴服装（一次性帽子、医用防护口罩、护目镜、乳胶手套、长筒胶鞋等）。灭菌工作结束，将一次性口罩盖帽上涂抹消毒剂，待完全湿润后再装入垃圾箱，其余可重复使用的防护用品则用含氯消毒剂（84消毒液和水，比例为1：100）浸渍30分钟后再洗净，晾干后备用。

（4）保证双手健康。每天上班结束，及时用洗手液（或肥皂）在流动的水下清洗，或用医用酒精溶液涂抹双手1～3分钟。听从学校安排，引导学生自觉地进行体温监测和个人保护。工作人员应坚守工作岗位，不得擅自离开、脱岗。

4. 宿舍管理

（1）在公共卫生区必须配备水龙头、洗手液等个人清洁用品，保证空气自然流动。按照寝室长负责制，在每日的早晨、下午、傍晚及离开寝室时要进行室内的开窗通气，保持室内、外间长期的通风换气，以提高空气的清新程度，合理减少空气中细菌的总量与密度，以降低人与病菌直接接触的概率。

（2）楼道的门窗处于通风状态。电梯、公用厕所的地板、洗手台地面、走道、室内地板以及物品表面使用含氯消毒剂（84消毒液和水，比例为1：50）或医用酒精擦拭并消毒，作用持续时间不少于30分钟，在工作人员出入低峰时段，消毒频率一般为一日两次。

（3）在楼梯扶手、各种开关、门把手、水龙头等用品表面使用含氯消毒剂（84消毒液和水，比例为1：100）或医用乙醇擦拭并消毒，作用持续时间不少于30分钟。在人员进出低峰时段，消毒频率一般为一日二次。

（4）及时处理生活废弃物。对生活废弃物，使用含氯灭菌药剂（1：100）喷涂或浇洒至表面充分湿润，然后扎紧塑胶袋口，再按规定进行垃圾化处理。每日定量回收，经集中灭菌后清运，日产日清。所有废弃物的回收桶、清运点、运送车、垃圾站都必须随时灭菌和每日终末灭菌。

（5）学校公共卫生突发事件出现后要在学生公寓楼周边增加生活垃圾投放点。另外，增加专门收集生活垃圾口罩的垃圾箱，同时规定生活废弃物的分类标准，并在垃圾箱上张贴明显标志，以指导学生按规定位置放置，以避免二次感染。对废旧的口罩也要做好每天一清扫，并对废旧口罩的消毒清运情况进行记录，以备后续检查。对通过卫生检测的废弃口罩可作为干垃圾，将口罩密封、经消毒液灭菌后，投放专门的垃圾箱统一清运。对可疑感染者和体温异常者戴过的口罩、经灭菌密封后，当作医学垃圾统一进行无害化处置。

（6）学生宿舍内每日要做好通风灭菌。杀菌时要注意消毒药剂和水分的合理配比，针对学生宿舍内公共区域和死角做好灭菌工作，即每日早间出寝室之前对学生宿舍内的各公用区域做好消毒药剂的喷洒工作，不能遗漏任何一个角落。灭菌工作必须在寝室无人的前提下完成，以免引发呼吸道和皮肤黏膜的伤害，进寝室时要门窗透气。严格按照校内发放的防控要求和注意事项进行，正确使用防控物资，避免造成不必要的健康损伤和物资浪费。

（7）校内每所公寓均须设有隔离室，并配有水龙头、洗手液、体温计、纸巾以及酒精消毒喷雾等防控物资。隔离室内要经常开窗通风换气，每天两次对隔离室内的家具、地面及各种用品进行消毒。随手关门，避免每个房间内部的空气相互对流。张贴明显的隔离室标志，避免其他人误入。

（二）教学楼

1. 保持通风透气

每日对教室做好通风换气，对所有物品表面以及地板等做好消毒，以保证学校室内外的环境卫生洁净。放学后由各班值日学生清理、擦拭干净并做好消毒剂摆放，同时学校安排专门巡查学生并做好检查记录。根据学生突发性传染病防治领导小组制订的有关卫生消毒规定，布置具体的清洁灭菌时间、用具配发与使用方法。学生在进入教室后，应当开启全部窗户通气，由各学院负责人安排学生专门负责进行晨检、午检、晚检和课堂通气工作，原则上课堂要保证长时间通气。

2. 保持消毒清洁

班主任组织学生干部排班，每周安排班级开展值日卫生工作，每日开展早中晚三次消毒工作。消毒清洁时可采用有效含氯量的灭菌药剂，用含氯灭菌药剂涂抹、擦洗。每天实行大范围清扫消毒，对卫生环境死角实行全面清洁、灭菌,避免藏污纳垢。一旦发现班内有疑似病例,校医院将及时安排专业消毒人员进行彻底的灭菌。对出现感染的班级要加大消毒次数,以避免二重感染。必要时可请疾控中心人员进行专业消毒或在其引导下进行,消毒完毕后要通风换气,提高室内空气质量。

3. 出入教室的行为和过程规范

(1)出入教学楼和教室过程。在教学楼范围内,学生全程必须正确佩戴口罩,上台阶时靠右走,与前后同学保持一米以上的间距(具体可参考地上的红线)。在行进期间不说话、也不聚集。教室大门一直保持畅通,每次一个同学可以进出教室,并且保持一米间距,快进快出。

(2)教室门开锁、窗户窗帘开关过程。教室门在上课前由班长组织人员打开,在开锁后立即用免洗灭菌洗手液擦拭。进行早中晚清洁灭菌工作时,值日生都要用消毒液或浸透过的手巾、免洗医用酒精等对教室的锁头和钥匙进行擦洗。窗户和窗帘的开关则由班主任指派人员担任(可选择坐在窗户窗帘边上的学生),当完成开关动作后,立即用免洗的消毒洗手液擦洗。

(3)灯和风扇的开关过程。灯和风扇的开关工作由班长指派人员担任(可安排坐在开关旁边的同学),完成开关操作后,立即用免洗的消毒洗手液擦洗。开关面板在每日的早中晚清洁消毒时要用消毒后水浸透过的干毛巾擦洗,而不要直接用酒精喷洒。

(4)一体机和投影仪的开关过程。一体机和投影装置均由班主任指定专人负责开关,其他同学不得随意触碰。完成开关动作后,为防止病毒感染,应立即用免洗的消毒洗手液擦洗双手。公共卫生突发事件发生期间,老师要使用触碰笔而不是直接用手指触碰一体机屏幕,每个老师可以自带翻页笔进行幻灯片放映。在上班之前,每个老师自行用酒精溶液对触碰笔和翻页笔进行消毒。在每日的早中晚清洗消毒时,值日生也要用消毒水浸透过的毛巾,对一体机开关按键和碰触笔进行擦洗,避免交叉感染。

4. 上课时间

公共卫生突发事件发生期间,在室内授课教师必须全程正确佩戴口罩。与学生之间避免面对面的沟通(教师尽可能侧向讲课),分组合作教学模式暂停。学生必须单人单桌,并尽可能与前后左右四侧的墙面拉开一定距离。上户外体育课的教学条件符合时,为防止因跑步时造成的窒息或休克,在校学生可不戴口罩。在跑步前取下口罩并妥善保存,在跑步时尽可能和其他同学保持一定的间距。学生上体育课完毕后,待自主呼吸顺畅均匀、经清洁洗手消毒后及时戴回口罩。

公共卫生突发事件发生期内,原则上停止在实验室授课,改由上课教师携带试验仪器在课堂做示范试验,并放映试验操作录像。若学生确实必须到试验室上课时,则必须及时向教研部报备,与学生之间尽可能拉开距离,且每上完一堂实验课、都要由总务处组织清洁工对室内设备实行一次性全方位灭菌,并至少间隔两节课(90 分钟)后方能继续使用该试验室。

5. 课间休息

课间休息时间应全程规范佩戴口罩(硬性规范上、下午放学时各换发一个口罩),在规定区域内进行活动(原则上课间在本班课堂或班级左右回廊进行活动),不集聚、不扎堆、不串班、不喧闹、少谈话,由班级负责人进行控制课间纪律。可做适当的轻度体育运动,轻微体育锻炼后应多喝温开水,并进行清洁洗手消毒工作,注意个人卫生,防止共用个人物品。用自带的免冲洗洗手液摩擦消毒双手后,再用纸巾或垫付手指打开和关掉水龙头。上卫生间时,应自觉排队,与人保持约一米间距,便前便后都要及时进行冲洗。

6. 课外活动

停止所有的重大集体活动,各级部各班级不参加、不开展大规模的室内聚会和各年级、校级集体活动。体育课尽量布置在室外场所开展,并保持相应的距离。

(四)餐厅

1. 工作人员健康筛查及管理

(1)学校应安排专人对食堂员工及其家庭成员的休假行程、体质健康状况、家庭住址、接触史等信息进行全面摸排,并建立工作台账,尤其是对从中高风险地区等重点疫区返校工作的情况要进行规范记录,以备检查。进行有关餐厅人员食品安全和防疫知识培训工作,并负责实施考核。

(2)食堂人员要注意自身健康,经常清洗消毒,穿上清洁的工作衣帽,不留长指甲、不涂抹化妆品、不佩戴首饰。餐厅员工在实施食物加热处理作业时应当佩戴口罩、身着工作服、手套等个人防护用品。

（3）加强对物流配送员工工作的卫生监督、清洗消毒及物流设备的清洁消毒。物流员工配送时要穿戴符合要求的口罩、手套等，做好防护。

（4）对返校回岗的食堂人员，学校要采取工作微信群、电话联系及举行视频会议等多种形式，宣传开学前疫病防治工作要求，并进行疫病预防常识教学和作业标准化训练。

2. 食堂工作人员返校返岗要求

从外地回来工作的学校食堂职工，必须在收到学校有关通知书后方可回校工作。返回后应当立即进行自我居家隔离，并在家医学观察 14 天后方能回到工作岗位。外地职工返回学校尚未落实家庭医学观察 14 天制度的学校食堂职工，一律禁止来校上班。在取消家庭医学观察后，职工必须提交由卫健部门或所辖村（社区）等有关单位提供的未接触诊断、怀疑为突发性传染病的证明和有效身体健康证明，才能回校上岗。

3. 设施设备清洁，消毒和环境清洁

（1）全方位检查学校食堂设施及设备（包含供电线路），对存在故障及隐患的，学校要及时安排技术人员进行检测修理及更新，以保证学校开学后的各类设施及设备都能正常运行。入校后维修人员需要先做好体温监测和身份核对记录，体温正常并穿戴好一次性口罩和手套，方可踏入学校。

（2）对食物仓库、烹调间、备餐间、留样间、餐具饮具灭菌间、食堂等所有场所实行全方位清洁，以保证环境清洁卫生。餐厅的重要区域和各种餐具、工具、容器、所有餐桌椅等要做好全部清洁、灭菌。准备医用灭菌酒精、84 消毒液等消毒杀菌物资，以确保灭菌设施、清洁装置数量齐全。

4. 食品原料采购

（1）加强对供应商进行监管，明晰双方权责与义务。建立原料供应管理清单，除原使用的原料外，严禁购进源头不详的禽类牲畜或海产品等，严禁购进食用野生动物，严禁在高校餐厅、厨房养殖和屠宰禽类。

（2）完善商品原材料检验流程，严格规范商品及原材料的入库渠道，认真抓好索证索票、原料查验、工作台账登记、按规定存放等管理工作。要求供应商的原材料运送车应符合有关气温、相对湿度和隔离功能，车体和运送容器定期清洁、灭菌。

（3）积极选用具备法定资质的供货商（有效保护期内的营运证照、食品

流通许可证或食品经营许可证），积极选用已在国家生鲜食品安全监测检验体系和生产流通环节食品卫生安全监管体系注册的供货商，并实行定点供应。

（4）购买预包装食物应当向供货商索要流通生产环节食品安全监管信息系统开具的凭证，如供货商没法开出凭证，应当索要食品制造许可、检验合格证据和载明食物的名称、型号、总量、制造批次、保质期、供应者姓名及其联络方法、进货时间等内容的供应单据。新鲜食物应索要新鲜食品安全监管信息系统开具的《生鲜食品上市凭证》，肉类、家禽及其制品还须索要动物检测合格证明文件。

（5）食堂的各类原料采购须继续执行平台采购，并做到所有原料都走网络平台，以保证食品的原料供应安全。继续坚持所有原料入库检查，保证原料品质安全。食品加工各个环节严格按照标准化工艺流程运行，送货员工进操作间时，必须全过程着统一标准制服、佩戴口罩，做好自身防护。

5. 餐厅通风措施

餐厅食堂因人员密集地段，应适当增加室内空气流动，以尽量将室外的清新空气导入室内。合理打开部分外窗，使餐厅内产生较好的自然通风效应，以增强室内外空气流动。在楼梯间或密闭区（无外窗不通气区），应定时启动灭火排烟设备（动用后要回复到消防系统正常状态），以保证各区域内的空气流通和空气质量。

6. 师生就餐保障措施

由于餐厅用餐时间较为集中、人员较为密集，为了阻断突发性传染病的传播渠道，应对餐厅实行封闭管理，非就餐时间不开放。结合学校制定的防控标准和实际情况，采取各个年级错时就餐，保障在校师生的用餐安全。

实行错时错峰就餐制度，合理安排在校学生的就餐时间和就餐区域，结合在校就餐的人数和实际的餐厅座位分布做好就餐安排。对餐厅内的就餐座位进行改造，对餐厅座位实施中间隔断措施，就餐时实施交叉就座，每人间隔一个座位，避免面对面就餐，少交谈。

（五）校内各部门疫情联防联控机制的构建

高校要形成以各主要部门负责人组成的疫情防控领导小组牵头，其他各部门配合防控的疫情联防联控机制。

1. 建立高校公共卫生突发事件风险评估和监测预警制度

高校公共卫生突发事件对师生员工的身心健康安全、教学工作秩序及正常生活带来了严重威胁,使得高校的应急措施及相关决策的难度不断增加。风险评估是有效杜绝公共卫生突发事件的重要环节,能够及早发现已存在的危险因素,进而对可能发生事件的种类及危险程度进行评估,有效预防事件的发生。根据学校实际情况建立高校公共卫生突发事件风险评估及监测预警制度,规范开展预防工作,及早发现、及早预防,随时做好准备。例如,新冠肺炎疫情初发时,学校要根据自身实际情况制定风险评估及监测预警制度,对新冠肺炎疫情的变化做好有效评估,对高校公共卫生突发事件的预防和控制具有重大意义。

2. 编制学校公共卫生突发事件应急预案

高校公共卫生突发事件应急预案是在公共卫生突发事件发生时有效应对以及防止疫情传播的防控指南。高校公共卫生突发事件领导小组在全面分析校内外存在的危险因素、可能发生的事件和对校内师生员工的身心健康、教学工作是否能有序进行等带来不利程度的基础上来进行评估,结合学校的应急能力、校医院的专业人才资源和医疗防控物资的储备等来制定出科学、有序、可实施的应急预案。例如,新冠肺炎疫情的应急预案可以根据国家相关部门下发的新冠肺炎疫情防控指南,根据学校实际需要,结合学校实际特点,制定适合本校的新冠肺炎疫情应急预案,有效对新冠肺炎疫情进行防控。

3. 联合校医院专家建立高校公共卫生突发事件关键防控点评价机制

高校是一个人员聚集、流动量较大的场所,有些隐蔽地方会被忽略,但如果有些关键控制点疏忽了,就会造成难以预估的损失。所以,规范开展校内关键防控点的防控评价工作,对高校公共卫生突发事件的有效防控具有重要意义。针对传染病的有效防控点是避免传染源、切断传播途径、保护易感人群,加强对校门进出人员的健康排查,对在校师生员工的旅居史和密切接触者进行健康筛查,切断传染源。增加校内师生的营养摄入,增强体育锻炼,不断提高自身素质。对人员密集场所勤消毒、勤通风,佩戴口罩做好个人防护,切断传播途径。食品安全关键防控点是原材料的选取、食品加工人员的卫生意识及剩余食材的储存等。结合学校实际、建立高校公共卫生突发事件关键防控点的评价机制,有利于督促校内各部门对关键防控点的防控工作,最大程度上避免公共卫生突发事件的发生。

4. 联合校内管理部门建立高校公共卫生突发事件信息资料库

高校内应建立公共卫生突发事件信息资料库,包括针对各类高校公共卫生突发事件相关的法律法规、发生的原因、传播的途径、国家发布的应急预案、防控要求以及经验教训等,以供校内公共卫生突发事件发生时作为参考。还应有各类事件的健康教育,包括针对各类传染病的预防措施、突发公共事件发生时的个人防控等,有针对性地向在校师生进行健康教育,包括开设课程、拍摄宣传片和发放健康教育宣传手册等。由此可见,建立高校公共卫生突发事件信息资料库对公共卫生突发事件的预防判断及制定应急措施都是十分必要的。

二、事件发生时校外各组织间的联防联控

(一)政府机构

1. 对高校公共卫生突发事件防控、后勤工作要早谋划早安排

根据国家和政府以及教育部门发布的公共卫生突发事件的相关标准指南,结合高校内的实际情况,制定出适合自身的公共卫生突发事件防控的应急管理标准,明确每个部门的工作责任分工,必须做到将校内各个角落都控制到,为高校的正常教学和科研工作做好充分地保障工作。

2. 严格校园公共场所和在校生住宿管理

在校园的进出方面,严格实行进出人员的健康筛查,做好身份验证和体温监测,避免危险人群的进入。推迟或取消人群密集性活动,在公共场所要佩戴口罩、要加强校园的公共环境卫生的整治及消毒工作。加强学生宿舍公寓的管理力度,进出公寓必须进行体温检测。在公共卫生突发事件发生时要谢绝所有访客,避免造成大范围传染。对学生公寓进行每日消毒通风,在校生必须进行每日体温填报,做好记录,一旦发生身体不适,立即与宿舍管理员及辅导员进行报告。

3. 提前准备临时隔离观察场所

在高校公共卫生突发事件发生时,要提前建立好临时隔离观察所,针对

身体不适的学生进行隔离观察，避免对其他学生造成传染。临时隔离观察场所距离不要太远，方便被隔离的学生及医生观察情况。可以利用高校医院以及校内的宾馆等地方，并在隔离场所内准备好相应的防护物资，做好隔离人员的服务工作。校医院要和专业防控机构做好沟通交流，共同做好公共卫生突发事件的处理和应对。

4. 强化餐厅食品卫生安全管理

高校餐厅是在校大学生用餐的主要场所，一旦发生食品安全问题，就会对学生的健康安全造成威胁，所以，高校餐厅的食品安全问题也是公共卫生突发事件防控的重点。餐厅食材的供货商要选择有合法资质者，确保食材的新鲜程度。加强对餐厅环境及用餐工具的消毒工作，提高餐厅工作人员的安全卫生意识。

5. 保障校园生活和公共卫生突发事件防控物资的供应

在高校公共卫生突发事件发生时，要保证校园内应对公共卫生突发事件的应急物资，尤其是保障学生公寓及食堂内的防控物资需求，这样才能让高校大学生正常地学习生活。将高校内所需的防控物资的种类、数量及品质要求等在高校防控指南中做出明确要求，必要时可以积极与政府沟通，取得资金支持。

6. 加强后勤职工及在校师生员工的公共卫生突发事件防控教育

在高校公共卫生突发事件发生时，由于高校后勤人员对公共卫生突发事件了解不全面，缺乏防控意识和防控知识，所以，要对后勤职工进行公共卫生突发事件防控教育，普及防护知识，比如，在工作时佩戴防护用具，注意个人卫生，提高防护能力。同时也要对在校师生员工进行防控教育，提高其危机意识及自我防护意识，配合学校的防控工作。政府有关部门要针对后勤职工及在校师生防控意识的提高程度以及防控知识的掌握情况进行评价，以促进高校防控工作的顺利进行。

7. 加大高校公共卫生突发事件防控工作的宣传引导力度

政府部门要联合高校加强公共卫生突发事件防控的宣传力度，在教室、餐厅等学生活动密集的区域张贴有关公共卫生突发事件防控知识和防护标准的海报，或者通过宣传屏播放宣传短片、校内公众号推送相关知识等手段来进行宣传。同时政府部门和高校要及时发布权威信息,避免造成恐慌。

8. 各地政府和高校要加强师生安全防护指导

在高校公共卫生突发事件发生时,政府部门和高校要加强在校师生应对公共卫生突发事件的防护培训,以便提高他们的危机意识及自我防护意识,不能掉以轻心,要持续做好个人防护。要求在校师生严格遵守有关防控指南,不举办人员密集的活动,养成良好的生活习惯,科学做好个人防护。做好疫苗接种前的动员工作,积极宣传疫苗的相关信息,消除在校师生的疑虑,积极配合有关部门做好在校师生的疫苗接种工作。政府要对高校疫情防控引导工作进行评价,有利于督促高校对在校师生的安全防护工作进行有效指导。

9. 各地政府和高校要严格控制组织开展大型活动

在高校公共卫生突发事件发生时,一旦有疑似传染病病例,就会大范围传播,所以控制大型聚集性活动是极其重要的。针对校内运动会、艺术节等体艺活动可延期举办或取消,针对需要人群聚集的会议、讲座等可采取线上方式举办。如有必须定期举办且线上无法进行的活动,应报当地政府公共卫生突发事件领导小组审批,并做好防护工作。

10. 各地政府和高校要进一步完善应急工作预案

高校公共卫生突发事件应急预案是应对突发事件发生时启用的处置方案,应急预案越详细、越完善,越能有效防控事件的发生和扩散。所以,各地政府和高校要将高校公共卫生突发事件应急预案进一步细化、完善,进而有利于增强防控效果。

11. 各地政府和高校要确保假期公共卫生突发事件防控体系正常运行

在高校公共卫生突发事件发生时,即使处在假期,也不能放松对其防控。保证假期内公共卫生突发事件防控体系的正常运行,严格按照当地政府制定的防控标准进行防控。针对公共卫生突发事件的扩散形式及时优化防控方案,为高校开学做好充分准备。同时,加强学校与家庭间的交流,了解学生在家的防控情况,科学系统地组织实施高校开学的各项措施,确保学生顺利返校。

(二)家庭

1. 积极配合疫情防控

学生应如实向学校报告本人及家庭成员的旅居史、健康状况和可疑接触经历等情况(如是否与省外或境外返回人员有过接触、是否与确诊病例或疑似病例密切接触、身体状况是否有异常等),积极配合学校进行健康摸排。

2. 假期每日如实填报体温

按要求每日做好体温测量,及时、全面、真实记录,如实填报给学校。如身体发现异常情况,要在第一时间上报辅导员,及时就诊隔离,积极配合做好治疗。

3. 遵守学校假期安排规则

在家自觉服从学校管理工作安排,按照学校防控要求进行日常学习、生活,佩戴口罩,适当参与运动,努力学习,保证自身健康安全。提醒所有家人按照突发事件防控的措施管理,减少外出,不聚集、不参与聚会。

4. 居家自觉努力学习,积极主动学习交流

主动学习防疫知识,向学生与亲友正确宣传。努力克服封闭在家期间见面的困难,保持积极上进的状态,遇见心理问题及时向老师和家长汇报。坚持正确舆论导向,不信谣、不造谣、不传谣。在老师的指导下,自觉制定学习计划并严格执行,树立正确目标,提高学习效率,认真完成作业。向奋战在抗疫一线的工作人员、科研人员学习。提高自控能力,完成学习任务。

(三)疾控中心

1. 疾控中心组成防控专干组

疾控中心公共卫生专业人员组成高校突发公共卫生防控专干组,立足于应对复课开学期间及学生在校期间严峻复杂的防控形势,以最大力度、最严措施,守好校园防控主阵地,扎实织密防控网,提高学校防控和应对突发事件的能力。

2. 疾控中心为高校做好资源保障管理

疾控中心对即将复课的学校进行实地走访,重点查看物资保障、人员保

障、健康监测、宣传教育、校门管理、宿舍管理、食堂管理、消毒管理、临时隔离观察点设置及应急处置等方面。同时,卫生防控专干组与各校完成工作对接。目前防控工作已转变为常态化工作,为了能够把各项防控工作真正落到实处,各专干员要点对点、一对一,每日对学校异常情况进行统计上报,并对学校提出的疫情防控相关问题进行及时解答。

3. 疾控中心因地制宜、结合实际为高校制定防控策略

疾控中心要充分发挥专业机构的指导作用,结合学校复学复课实际情况开展"一校一策"工作,积极配合教育系统不断提高学校疫情防控的科学化、精准化水平,努力形成联防联控新的合力,勠力同心实现疫情防控和复课开学"双战双赢",全力为高校复学、学生复课保驾护航,为推进健康建设、助力经济社会高质量发展,做出新的、更大的贡献。

4. 疾控中心做好健康筛查及培训工作

为保障高校顺利开学,做好高校、高风险区学生的核酸筛查工作,疾控中心要对辖区高校相关消毒工作人员进行业务培训。疾控中心相关人员对高校返校学生的健康筛查工作提出具体要求,即一定要严格按标准流程穿、脱防护服,按标准频次对地面和工作台面进行消毒,并及时对医疗垃圾进行消毒。消毒科现场要演示穿、脱防护服程序,讲解消毒剂的配制,并耐心解答消毒人员提出的问题。

5. 疾控中心认真做好应急物资准备工作

应急库房对应急物资进行清点和整理,全部物资需要重新清点核库,将应急物资按照品牌、批次、号码、种类及用途进行摆放、整理和盘点,以保证该区域内返校学生的核酸筛查工作能够顺利开展。

(四)传染病医院

在高校公共卫生突发事件发生时,传染病医院作为专业的传染病诊断治疗场所,具备传染病学专家以及专业的医护人员、设备及治疗措施。当高校内出现传染病病例或疑似病例时,应立即与传染病医院取得联系,将传染病病例或疑似病例送往传染病医院进行专业医治,做到"一人一案,一人一策",并向专业医生请教消毒预防和控制传染病的措施与方法。传染病医院要与高校内信息共享,及时获得相关疾病的专业信息,共同应对高校内公共

卫生突发事件的发生,保障高校内师生员工的身心健康安全。

(五)客运站及铁路公安部门

客运站及火车站作为人员流动量大、人员密集且复杂的场所,其路径范围广,公共卫生突发事件发生时波及范围变大,可能造成难以挽回的局面。高校大学生来自五湖四海,寒暑假及节假日出行通常会乘坐客车或火车,这就增加了被感染的概率,易造成高校内公共卫生突发事件的发生。所以,客运站及铁路公安部门在公共卫生突发事件发生时,要加强对旅客的健康筛查,必要时列车停运。一旦发现疑似病例,要及时与高校行政管理部门取得联系,排查校内是否有密切接触者,进而采取措施,避免对高校师生员工的身心健康安全造成威胁。

(六)校外各组织间联防联控机制的构建

公共卫生突发事件具有很强的传染性、不确定性以及危害性,波及范围较大,所以,公共卫生突发事件发生时,单靠某一机构或组织的控制和预防是不够的,需要各组织间的协调配合。高校作为高层次人才的培养场所,一旦发生公共卫生突发事件,不仅会对高校师生的身心健康安全带来威胁,还会阻碍高科技人才的培养进程。构建以政府为主,兼顾疾控中心、传染病医院以及铁路公安部门等的校外联防联控机制,编织出各组织间紧密联系的防控网络,加强高校公共卫生突发事件的防控,能够在高校公共卫生突发事件发生时有效协调与合作,最大程度上控制高校公共卫生突发事件发展,为高校师生身心健康安全保驾护航。

第五节　事件常态化联防联控机制的构建

一、事件常态化校内各部门间的联防联控

(一)校医院

在公共卫生突发事件常态化下,需要加强对在校师生以及其他工作人

员的健康筛查，避免有对高校师生健康安全威胁的因素存在。校医院的值班医护人员作为疑似病例的第一接触人，要认真询问和登记患者是否来自中高风险地区或有无密切接触传染病等情况，及时做好上报、留观和转诊等工作。

（1）校医院作为学校公共卫生突发事件防控工作主阵地，发现疑似病例时，要第一时间联系上级疾控或公共卫生突发事件防控指挥部门，及时掌握相关信息，获取规范化专业指导意见。对全校进行情况统计并报送高风险区人员返校情况、留校学生的健康情况等，按照公共卫生突发事件防控指挥部要求，对重点地区返校学生和不明原因发热学生进行核酸检测并及时上报等，做到"日报告、零报告"。对重点地区返校教职工的居家隔离进行跟踪报告、医学观察，指导各单位部门进行消杀规范化工作。对于不明原因发热人员、高风险区返校人员，持续跟踪留观人员的体温及其他症状变化，做到登记上报表格制式化。

（2）针对学校医院方面，要在保护好临床诊室的基础上尽可能地节约日常医疗物资的投入，坚持全天 24 小时记录好相应防护品使用情况及补充物资储备，确保学校防治前线和值班需要物资供应时不会出现欠缺，特别是学校里一些重点部门如安保室、住宿管理处、后勤保障处等要保障供应口罩、消毒液等防控物资。除此之外，学校可以组织起相关校友会、慈善企业、社会各界爱心人员，适当对学校防控物资进行援助捐献，为学校一线防控工作做出贡献。

（3）对疫情趋势未雨绸缪，沉着应对高校突发紧急情况，全面联动后勤工作，尽早计划。自始至终积极履行教育部下发的有关公告和通知，搭建与学校后勤之间的密切关联，统筹制定学校饮食、住宿、学习、商业服务等公共卫生情况下的紧急处理办法，确保各项工作顺利进行，责任到人，分工明确，做到严防死守，守好每一个岗，更好地对公共卫生事件贡献出自己的力量。

（二）学生公寓

事件常态化后，要加强对学生公寓的管理，严格排查进出公寓人员的体温是否正常。如有异常，要及时送往校医院进行隔离检测，避免大范围的传播。对楼道和宿舍的消毒工作也不能马虎。事件常态化后，很难说病毒会从哪乘虚而入，对公寓内学生的身心健康安全造成威胁，所以大意不得。

(三)各学院老师

在事件常态化后,各学院老师在时刻关注学生的身体和心理状况的前提下,积极主动与校领导联系,信息共享,了解全国各地疫情情况,及时下达通知,排查学生中是否有中高风险地区的旅居史,一经发现,及时送往校医院等进行检测隔离。学院领导还要与铁路公安部门进行沟通联系,一旦有火车乘客出现疫情传染,及时关注学生是否乘坐过该列次火车,进行排查,保证每一位同学的健康安全。

(四)安保部门

事件常态化以后,学校要进行封闭,最重要的职责是把守门岗,严格把控人员进出,避免无关人员和体温异常者进入校园。除本校的学生、老师和工作人员,其他人员禁止出入校园。学生没有请假条不能出校,确需拜访人员要严格测温,出示健康码和行程码,做好健康筛查,为校园内师生员工的身心健康安全起到保障作用。

(五)校内各部门的联防联控机制

事件常态化后,并不是指公共卫生突发事件已经结束,而是暂时控制住了疫情传播。疫情防控一旦有松懈,随时还有卷土重来的可能性。所以,校内各部门仍需对公共卫生突发事件严加防范,避免再次暴发。疫情常态化下校内各个部门统一听从学校领导小组命令,各部门之间紧密联合、信息共享,共同为防控公共卫生突发事件做好本职工作,为大学生以及老师们的身心健康发挥保障作用,确保校内教学及科研工作的有序进行。

二、事件常态化校外各组织间的联防联控

(一)政府部门

(1)在公共卫生突发事件常态化的影响下,政府部门要及时向高校及所属公共卫生突发事件防控机构实时发布公共卫生突发事件的相关信息,在严格执行防控标准的同时,也要控制舆情传播。只有保证了信息的及时性

和真实性,加强各部门间的沟通交流,才能准确高效地防控公共卫生突发事件,避免造成恐慌。

(2)在保证公共卫生突发事件信息发布真实性和权威性的基础上,加强正面宣传和政策解读。发生公共卫生突发事件的省份,要及时地积极主动上报,将事件发生的始末调查清楚,这样才能找到防控的漏洞,并且有针对性地加以改善。

(3)政府部门要联合高校加强对公共卫生突发事件的健康宣传教育,运用多样灵活的宣传方式,运用吸引力强、通俗易懂以及能够引发学生兴趣的宣传教育手段,正确引导大学生养成良好的生活卫生习惯以及坚强的心理素质,将公共卫生突发事件的防控落到实处。

(4)政府部门要帮助高校做好公共卫生突发事件防控的物资保障,全力做好相关物资运输工作,按照"非必要不阻断"原则,保障运输车辆快速便捷通行。

(5)政府部门要联合疾控中心、疫苗接种站与高校一起做好学生的疫苗接种工作,积极动员在校学生全程接种疫苗。疫苗接种后还应做好自我防护,避免公共卫生突发事件的危害。

(二)疾控中心

持续落实中高风险地区人员的健康监测和管控措施,一旦发现有确诊病例和密切接触者,及时和学校沟通,排查校内是否有密切接触者,及早进行检测。在校内安排常见传染疾病疫苗接种点,尤其是及早规范接种新冠病毒疫苗。接种新冠病毒疫苗是目前疫情防控最经济有效的手段,能够降低感染率、重症率和病死率。积极组织符合接种条件但尚未接种的人员尽快参与并完成接种。

(三)传染病医院

公共卫生突发事件常态化下,最重要的是加强对输入性传染病病例的排查。由于传染病的传染性较强,一旦得不到及时控制,就会造成大面积扩散,所以,对感染病例的排查就显得尤为重要。倘若传染病医院排查到输入性传染病病例,及时与高校取得联系,排查大学生与确诊病例是否有过密切接触。一旦发现,要及时采取有效措施,对密切接触的学生进行病毒检测及环境消毒处理,保证大学生们的身心健康安全。

(四)客运站及铁路公安部门

加强对有关确诊病例的行程轨迹排查,尤其是寒暑假及节假日等学生出行量增加的时间段,判断有没有和确诊病例在同一辆火车或同一节车厢,如有及时和学校或者学院联系,做更进一步地排查,保障学生的身心健康安全。

(五)校外各组织联防联控机制的构建

高校学生仍然需要家庭、学校和社会多方面联动保护。一旦公共卫生突发事件发生,只有学校单方面的努力是不够的。在高校公共卫生突发事件的治理中,也可以将联防联控运用进来,将政府、家庭、学校、社会、防疫部门及校医院等各方面联合起来预防控制,共同努力,共同为师生的身心健康安全和教学活动的顺利进行贡献力量。因此,联防联控对避免高校公共卫生事件的发生具有重要意义,能够减少高校的损失,保证师生的健康和安全。在政府部门的领导下,校外各组织间加强沟通,信息共享,共同为高校大学生的身心健康安全保驾护航。各个组织部门联合预防,在高校公共卫生突发事件发生前就做好充分的准备,形成紧密关联的网络系统,筑起保护高校师生的坚强护盾。

第六节　高校体育场馆疫情常态化的联防联控管理

党的十九大报告明确指出,中国特色社会主义进入新时代,我国社会主要矛盾已经转化为人民日益增长的美好生活需要和不平衡不充分的发展之间的矛盾。大众健身事业也是如此。随着近年来经济快速发展,人们的体育运动意识普遍增强,人民对于体育运动的需求日益增长,但当前体育运动场馆等相关配套设施难以满足人们的需求。为刺激体育消费和促进学生身心健康全面发展,贯彻落实中共中央、国务院《"健康中国 2030"规划纲要》和《全民健身条例》,满足人民群众的体育需要,2017 年教育部联合国家体育总局出台了《教育部 国家体育总局关于推进学校体育场馆向社会开放的实施意见》，其中明确指出公立学校应当积极创造条件，向社会开放体育场馆。此后，各地各部门积极推动各级学校体育场馆对外开放试点工作。一般来说国内高校体育场馆配套较中小学更为全面，高校体育场馆对外开放工作也不断取得新进展。

高校体育场馆的主要用途是为体育教学、体育赛事、师生课外体育活动与娱乐提供体育场地设施，也会为满足周边居民体育需要而面向社会开放。在体育场馆开放时间方面，对本校师生较社会人员要长，一般仅在晚上或周末面向社会人员开放；在收费方面，对本校师生免费开放，而对外开放时一般收取一定费用用于维护场馆运营。这符合《全民健身条例》中的规定，收费标准普遍低于校外大中型体育场馆①，体现了高校体育场馆在对外开放时具有一定的公益性质特点。

高校处在新冠肺炎疫情常态化背景下，持续受到外来疫情输入的威胁，国内高校普遍加强外来人员管控。在本地区确无疫情但存在疫情输入风险的，因外来人员入校会对校内公共卫生安全容易造成威胁，所以，在疫情常态化背景下高校体育场馆要满足校内师生体育教学、活动需要以及做好对外开放使用工作，无疑要承担更大的疫情防控压力。因此，应当重点关注高校体育场馆疫情防控管理，建立高校体育场馆的联防联控管理机制。

一、高校体育场馆与安保部门

(一)加强社会人员入校信息核验

高校体育场馆与安保部门的联动配合工作，首先体现为社会人员入校前在门卫处的信息查验。高校师生进入校内体育场馆，一般直接出示教师证、学生证即可，而校外社会人员通过电话、网站预约的方式申请进入高校体育场馆进行体育活动，在门卫处首先要对其健康码、近14天旅居史等进行核查，并测量体温，检查其申请进入体育场馆的凭证及个人证件，最后登记其姓名、电话、身份证号、车牌号等个人信息。

---

① 杨震,李艳翎.我国高校体育场馆对社会开放的困境与优化策略[J].北京体育大学学报,2013,36(1):91-96,101.

(二)加强体育场馆周边安保

新冠肺炎疫情常态化管理期间,高校外来人员流动最大的地方之一是对外开放的体育场馆,这也为校内安全保障带来一定风险。高校体育场馆对外开放时间一般选择与师生上体育课的时间错开,即校外社会人员一般允许每日 17 点后及周末、寒暑假可申请进入体育场馆。校内安保部门应在这些体育场馆对外开放的时段,增强安保措施,如安排人员值班、加强体育场馆周边巡逻频率,将对外开放时段的体育场馆周边作为安保的重点。一旦发现可疑人员或在体育场馆锻炼的校外人员有异常举动,应迅速采取有关措施,保护校园的安全稳定。

(三)构建校外人员入馆的独立通道

在传染病类公共卫生突发事件常态化管理期间,校外社会人员入校无疑增加了疫情输入的风险,应当尽可能地将校外人员入校后到体育场馆之间的路程构建出一条独立通道,做到师生生活区、教学区与社会人员入馆通道相对独立,降低暴露风险。由于人员精力有限、学校道路规划调整不现实等客观原因,无法做到安保人员全程监督或从物理空间层面开辟独立道路。在校外人员入校通道方面可以灵活创新。例如,体育场馆与保卫部门联动,规定社会人员入校锻炼唯一通行校门,合理计算校门至不同运动场馆及不同交通方式所需时间,在门卫检查入校锻炼社会人员的相关证件后,根据其交通方式及目的场馆距离,签发限时通行卡;社会人员到达体育场馆后由工作人员检查是否在规定时限内到达,出场时则由体育场馆签发、门卫检查。对于未按照规定时限到达者采取禁止此人日后预约校内体育场馆服务、扣除押金等有关处罚措施。这样就在一定程度上消除了社会人员入校后随意走动、进入教学区或生活区的可能,减少社会人员与学生的接触,降低了暴露风险。

二、高校体育场馆与政府部门

(一)积极关注相关部门发布的疫情信息

高校体育场馆应当及时关注当地卫健委、疾控中心等发布的疫情相关信息,如传染病特点、科学防控措施、中高风险地区变化等。高校体育场馆应当将近期流行传染病特点、防控措施等政府发布的信息与体育场馆的空间、人流量等自身特点结合,科学防控,从源头上降低公共卫生突发事件的发生。体育场馆应当做好入场人员信息记录并保存一段时间,一旦疫情在当地发生或周边地区疫情风险等级升高,在第一时间查阅近期入场的校外人员是否有传染风险,如有风险,要及时上报上级部门并迅速采取排查近期入场人员、闭馆及病毒消杀工作等措施。

(二)政府牵头建立区域性高校体育场馆开放工作机制

传染病类公共卫生突发事件对病毒流行区域造成的危害及影响最大。高校体育场馆对外开放工作不仅是由教育部门或体育部门负责,政府在辖区内的高校体育场馆对外开放工作中,还应当起到牵头作用,体育、教育、卫生、公安等部门多方合力,整合辖区内所有高校的体育场馆,统筹安排,建立开放工作机制。

首先,应当建立区域性统一的高校体育场馆对外开放工作制度,为其提供统一的工作标准与制度保障。其次,在社会人员预约/申请高校体育场馆服务方面,在政府服务网站中建立预约场馆服务板块,社会人员在其中可以查看周边所有高校体育场馆的服务项目、场馆面积、被预约情况等信息,卫生部门应当通过疫情防控标准对预约场馆个人的信息首先进行网络筛查,并提供防疫信息及建议等。再次,通过相关部门的协调安排,推荐居民前往距离最近的场馆,尽可能地使区域内高校体育场馆容纳人数均匀分布,降低疫情风险。在入场人员信息记录方面,政府要做好申请人员信息留存,并规定高校体育场馆严格记录外来人员信息后及时登录政府网站核对,建立良性的"校—社"体育场馆开放机制。

三、高校体育场馆与校医院

高校体育场馆与校医院的联动主要体现在校医院提供卫生防疫建议,以及当师生在体育场馆活动出现疑似症状时的应急处置工作。高校医院应当安排传染病专家,针对常见流行的传染病传播特点,在对体育场馆负责人调查访谈及对体育场馆的空间结构调研后,结合传染病传播特点与体育场馆自身特点,给予一定的卫生防疫建议。当师生在体育场馆上课或进行课余体育活动时,一旦有师生发生疑似病症,体育场馆负责人应当第一时间联系校医院及上级部门,并做好应急处置、安抚在场师生情绪、排查近期入场师生有无风险等工作。

四、高校体育场馆与各学院

高校体育场馆与二级学院的联动主要以体育学院为主。高校体育学院的体育课程一般都在校内体育场馆进行,教师则是体育学院的体育教师。在学期开始前,体育教师及时通过学院将本学期在校内各体育场馆的课程表汇总发送到体育场馆负责人手中,如有课程变化及时与负责人沟通并进行修改。体育教师手中都有上课学生名单,与学生的联系较方便,一旦体育场馆出现疫情风险变化、需要对近期入场人员进行风险排查,体育场馆负责人可以直接通过体育教师联系近期在场馆内上过课的学生,体育教师也可以主动地安抚被排查学生的情绪。

五、重大公共卫生突发事件下高校体育场馆的功能拓展

体育场馆是体育事业与体育产业发展的重要物质基础,在人们的印象中体育场馆一般具有体育、经济、娱乐等功能,但其实体育场馆在各类突发事件中也能发挥较大作用。2008 年汶川大地震后,受灾地区的体育场馆设施应急收容大量受灾群众,为其提供暂时避灾点;2014 年非洲埃博拉病毒肆虐时期,足球场馆成为治疗病人的临时安置点。体育场馆选址一般与周边人员密集场所间隔较远,场馆内面积较大且体育设施布局宽松,在突发事件中更容易被改造并用于应急工作。在新冠肺炎疫情期间,武汉市有 10 所体育场馆被征用、应急改造成方舱医院,解决了新冠肺炎疫情暴发初期大量患者的收治难题。①

高校体育场馆的选址一般独立于教学区与生活区,与人员密集区域距离稍远,场馆内部空间面积大、内部体育设施布局宽松,便于改造。高校校

---

① 方春妮,刘芳枝. 新冠肺炎疫情危机下武汉方舱医院建设与体育场馆功能拓展的研究[J]. 武汉体育学院学报,2020,54(1):5-11.

医院内病房及病床数量较少,如高校内部及周边发生重大公共卫生突发事件,校医院及校外医院容量不足以安排患者或需要被隔离者数量增加时,可将高校体育场馆迅速改造成应急避难所或者方舱医院,完成高校体育场馆在重大突发事件中的功能拓展。

高校应当积极与政府部门沟通,联合卫生部门、医疗机构、建筑公司等对校内体育场馆的坐落位置、内部空间布局、供水、排水、电力、通风等应急相关因素进行评估,确定可以用于应急改造的场馆或提出需要增加的避难设计,建立完整的突发事件体育场馆应急改造预案与合作、沟通机制。提高高校应急意识,保障每所高校应当有至少一座体育场馆具备应急避难或应急改造的潜在功能。高校体育场馆在突发事件中不仅用于应急避难或被改造成方舱医院,高校还应当联合相关部门做好高校体育场馆应急功能的深入挖掘,这需要设计者、建造者、决策者、管理者协同完成,共同推进高校体育场馆应急功能拓展,保障高校师生的生命健康安全。

第五章 高校公共卫生突发事件
保障机制的构建

第一节 概　述

美国公共卫生领域专家温斯洛(Charles-Edward A. Winslow)将公共卫生定义为通过有组织的社区为预防疾病、延长寿命、促进健康和提高效益所采取的具有科学性和艺术性的行为。[①] 这些行为包含了改善社区卫生环境、预防与治疗传染病、科学普及个人卫生知识、定期组织医护人员为公民提供预防性诊断与疾病检查、建立社会机制来保证每个人都达到足以维护健康的生活标准。[②] 以上行为的目的是使每个公民都能实现其与生俱有的健康和长寿权利。这一概念与观点的提出是在20世纪20年代,经历了百年的检验后成为公共卫生领域中被引用最多的公共卫生定义。其中提到了一个重要的举措就是"建立社会机制"来保障人们的卫生安全,高校作为主要培养全日制专、本、硕、博的教育单位,大部分学生需要在高校内连续学习生活数年,也有着一个小型社会的生活特征。

高校公共卫生安全是指为达到减少影响高校群体健康的公共卫生突发事件的可能性而采取的预见性和反应性行动。其目的是增强高校师生员工的健康,预防疾病,控制感染,为师生员工提供安全的生活方式和健康的学习与生活环境。公共卫生事件分为一般公共卫生事件和公共卫生突发事件,高校中最常见的公共卫生突发事件一般包括各类传染病、食物中毒、自然灾害及意外伤害事故等,其中,各类传染病是最普遍的事件形式。高校公共卫生安全是教学、科研工作、学术交流、师生日常活动的必要保障,也与全

---

① Winslow C E A. The untilled fields of public health[J]. Science,1920,51(1306):23-33.
② 曾光,黄建始. 公共卫生的定义和宗旨[J]. 中华医学杂志,2010(6):367-370.

体师生的个人生命安全、身心健康密切相关。因此，建立健全高校应对公共卫生突发事件的保障机制，对于高校内部、周边区域甚至全社会的公共卫生安全来说显得尤为重要。从"正常状态下高校公共卫生突发事件发生时所面临的困境"出发，探究如何建立高校公共卫生突发事件保障机制，这无疑是一个合理的思路。

一、后勤保障系统压力剧增

高校的正常运转，一般需要三个职能系统共同参与：后勤保障系统、教育系统、行政管理系统。当高校公共卫生突发事件来临时，教育系统、行政系统都可以通过网络办公来代替以往的工作方式，而后勤保障系统则要参与到应急管理的第一线，尤其是应对传染病类公共卫生突发事件，后勤保障系统要采取更多的保护措施，并且要提供物资、运输配送、水电供应、饮食保障等来满足基础生活需要。因此，一旦发生公共卫生突发事件，对于后勤保障系统而言，各方面压力肯定是直线上升。

二、职能部门无法以常规形式运转

在公共卫生突发事件来临时，无论是前文提到的三大职能系统，还是如校医院、图书馆等高校日常运转所必需的职能场所，都无法以常规形式继续运转。除了工作方式的变化外，以往部门内部人员结构，也应当进行适当的调整，从而能够有针对性地进行应急管理。由于传染病类突发事件带来的诸多不便，对应急管理人力资源进行创新性调整，组建全新职能配置的应急队伍，能更好地应对此类突发事件。

三、教育教学系统新模式

防治传染病类公共卫生突发事件对于高校日常工作的要求，首先就是采取物理空间隔离措施。教育教学工作不能停滞，又要兼顾空间隔离的防控要求。此次新冠肺炎疫情中大部分高校在2020年上半年的授课模式变为线上教学，通过微信、QQ、钉钉等网络视频软件进行授课，既满足了空间隔离要求，又能最大限度地确保教学质量不受影响。除教学过程中所必需的教学主体与客体外，知识载体——书籍也可以通过互联网的形式进行传递，以满足教师与学生的教学需要。

四、学生心理问题与内外部舆论压力成为维持校园稳定的关键因素

一旦疫情暴发,高校就要采取封校措施,学生无法出校游玩、兼职或探望亲朋,加之大学生多为心智尚未完全成熟且社会经验较少的年轻人,面对突如其来的突发事件极易在学生内部产生恐慌、抵触情绪,这对校园稳定带来了诸多不稳定因素。自 2020 年 9 月份至今,国内高校根据所在地疫情轻重变化陆续开学,总是有学生违反封校管理条例私自翻墙外出被卡住的新闻传出,或是不间断发酵的谣言在判断力较低的学生群体中肆意散布造成不必要的恐慌。高校作为国内的高等学府,出现负面新闻大多会在社会中引起反响,因此,通过一定途径调节学生的心理问题,普及公共卫生知识,成为高校不可忽视的问题。

五、学生身体素质下滑,锻炼效果得不到保障

近年来,大量调查结果显示大学生的身体素质水平逐步下滑,在应对公共卫生突发事件时,这一现象即表现为对病毒抵抗力的下降。在传染病类公共卫生突发事件威胁校园安全时,无论大学生在校或在家,由于空间隔离的疫情防控要求,他们参与运动的场地条件得不到保障、常规体育教学与运动的组织形式受到了影响,大学生对体育运动需求变得困难重重。

综合上述问题,本章将对高校公共卫生突发事件应急管理的保障机制——从高校后勤保障、应急队伍组建、教学渠道保障、丰富学生体育活动四个方面进行探讨。

第二节　高校公共卫生突发事件后勤保障机制

一、高校公共卫生突发事件后勤系统面临的挑战

高校公共卫生突发事件时,一般根据事件的轻重程度,加强人员出入管

理或全面封校管理,以保障校内师生的人身健康安全。本节主要阐述高校公共卫生突发事件时期,采取封校管理所面临的几个问题。

(一)高校内部人员构成复杂,封校管理难度大

高校的人员构成,除了老师与学生之外,还有各类行政管理人员,以及如食堂、超市、各类入驻的商业店铺等服务点的工作人员,还有每日进出校园为食堂供应食材、配料的送货车辆及人员。这些因素都加大了人员在封校时进出管理的难度。教师及各类行政人员、工作人员与学生的情况不同,后者一般在集体宿舍住宿,而前者通常要每日通勤往返于高校和家庭之间。在高校公共卫生突发事件来临时,如何协调教师与工作人员的进出管理、如何协调家庭与工作场所之间在物理空间层面上的矛盾,成为高校疫情期间封校管理面临的挑战之一。

(二)封校后应急人力、物力短缺

与教育系统、行政系统不同,近年来我国高校后勤系统逐渐偏向社会化,劳务派遣员工比例不断提升。一旦突发事件来临,高校内部的物业管理、饮食保障、物资供应的难度都会大大增加。如何加强对劳务派遣员工的管理对于高校的归属感、集体感成为后勤系统人力管理的关键点。并且,在封校管理期间应急物资或日常必需物品的运送成为棘手问题。总体来说,一旦采取封校措施,对高校后勤系统的人力、物力都是极大的考验。

(三)后勤系统工作人员缺少应急防控相关知识的学习

后勤保障系统由于其自身特点、员工工作内容单一性等问题,工作人员一般为各类技术人员,尤其是对劳务派遣员工的学历、应急知识等方面的要求较低。加之高校后勤系统日常工作任务繁重、工作空间各不相同,难以对整个后勤系统员工开展高质量的应急防控培训。在新冠肺炎疫情暴发前,大多数高校后勤员工学习应急知识的方式都是通过自学应急预案、管理条例等,学习质量完全依靠个人自觉。这为高校公共卫生突发事件来临时后勤系统的应对带来了极大风险。

(四)高校人员密集,封校后的基本学习、生活空间难以保障

根据 2020 年全国教育事业发展统计公报[①],我国高等学校在校人数平均规模为 11 982 人。部分高校(如吉林大学、郑州大学等)的全日制在校人数甚至可以达到 7 万之多。大多数规模庞大的高校学生群体,所在学校内部的宿舍公寓、食堂、图书馆、自习室等场所一般刚好能满足其日常空间需要,而在高峰期经常会出现人满为患、排长队的现象。当公共卫生突发事件来临时,必定需要采取限流、空间隔离等措施,这就使得学生学习与生活空间变得更加难以保障。

二、高校公共卫生突发事件后勤保障应急小组的成立

高校后勤保障系统的稳定决定了水电供应、热力供应、设备维护、宿舍管理等方面是否能高效、长期地运转。当公共卫生突发事件来临时,应当迅速成立后勤保障应急小组,并展开思想政治工作,力求在恶劣条件下维持后勤保障系统运转的稳定性,为高校抗击突发事件提供必要的基础物质与人力保障。

(一)成立后勤保障应急小组

在公共卫生突发事件波及高校时,应当迅速成立高校后勤保障应急领导小组和工作小组。要明确第一责任人与各小组负责人,根据上级下发的文件确定应急工作的重点与难点,明确各工作小组的工作范畴,落实"责任人"制度,及时准确、高效地完成上级布置的各项任务,并根据本地区、本校实际情况建立灵敏的应急管理和反馈体系。参照卫健委和疾病控制中心发布的《公共卫生突发事件应对指南》与本次公共卫生突发事件的暴发、扩散特点,借鉴其他高校或自身应对公共卫生突发事件的成功案例经验,制定出完善、具体的应急预案。

---

① 2020 年全国教育事业发展统计公报[EB/OL]. 中华人民共和国教育部. 2021-08-27. http://www.moe.gov.cn/jyb_xwfb/s5147/202108/t20210830_555619.html.

(二)开展动员大会,加强思想教育工作

针对高校后勤保障系统中基层员工多为劳务派遣制这一问题,如何提高基层员工对后勤系统各单位的归属感、集体荣誉感,提高其面对公共卫生突发事件时的必胜决心与信念,成为后勤保障系统在疫情期间高效精准地完成繁杂、艰巨工作的决定性因素。召开全体工作人员动员大会,使基层干部、工作人员清醒地认识到公共卫生突发事件的严峻形势与危害性,统一思想认识,加强应对突发事件的决心与毅力,积极完成上级下达的各项应急工作任务,各部门加强配合、团结一心为高校应急管理工作做好各项保障工作。

(三)加强应急防控培训

后勤服务在高校的特殊性,决定了后勤保障系统中的基层员工大多是工作内容较为单一、学历要求宽松的状况,对于应急防控知识了解较浅。针对这一普遍现象,应当在日常管理中定期开展演练,多部门协同参与、共同应对,培养基层员工的突发事件应急素养,并开展公共卫生知识宣传学习、知识竞赛,强化员工防患于未然的预防意识与公共卫生突发事件应急知识储备;在疫情暴发时紧急对基层员工开展公共卫生应急科普工作,将其纳入绩效考核标准之中,在突发事件期间针对基层员工学习能力薄弱这一现实情况,力求全面地掌握关键应急知识和技术。

三、高校公共卫生突发事件应急物资管理

高校所需物资可以简单分为两类:普通物资与应急物资。普通物资主要是满足高校各职能系统日常运转及师生生活、学习的需要;而应急物资则是为了应对包含公共卫生突发事件在内的各类突发事件所需物资。本研究主要针对高校公共卫生突发事件应急资金和物资进行讨论。由于应急物资只用在特殊时期,因此,对其管理的方式与普通物资有所不同。

(一)经费保障

经费保障是应急保障中的重点,也是物资储备的先决条件之一。国内高校在经历了 SARS、新冠肺炎病毒疫情两次大规模传染病类公共卫生突发

事件后,对突发事件的认识、预防意识与警惕性都有了较大程度的提升。高校成立公共卫生突发事件专项基金,用以应对突发事件的财政必要损耗,显得愈发重要。高校作为具备较高科研能力的教育单位,每年的教育、科研经费并非完全依靠政府拨款,完全可以通过多种途径拓宽专项经费的来源渠道,无论是校友捐赠还是科研生产所得,只要通过合法途径均可。

由于高校与普通中小学相比,具有人数众多、占地面积大、职能部门繁杂且全面、与社会交互性较强等特点,因此,仅依靠高校独立建设难以应对不确定性、波及范围程度不定的各类突发事件,所以,地方政府也应当参与高校应对突发事件专项基金建设。地方政府可单独成立专项救助基金,根据辖区范围内的高校突发事件程度进行紧急救助,这种应对方式具备灵活性与针对性的特点。

在专项基金的使用方面,制定严格的使用规则,坚守"应急使用"的原则,非大范围、大程度的突发公共卫生事件不可调用。在基金调用的过程中,应当采取灵活使用的方法,用以应对突发事件不可预测的特点。

(二)应急物资的审计模式创新

审计工作在应急管理中的应用,主要是针对资金与物资进行审计。在新冠肺炎疫情暴发初期,我国审计署下发了《审计署关于做好新型冠状病毒感染肺炎疫情防控财政资金和捐赠款物审计监督工作的通知》[①],其中明确规定了将做好疫情防控财政资金和捐赠款物审计监督作为重大政治责任。虽然没有对高校公共卫生突发事件审计工作的明确政策文件要求,但高校在公共卫生突发事件时期的审计目标着重突出资金与物资,突发事件中政府审计的优秀案例对高校也具有一定参考价值。高校在突发事件时期的审计过程具有物资、资金规模相对较小,校园环境相对封闭、便于管理等优势,应当创新高校内部的审计模式,将更快、更高效地为保障师生身体健康提供物资保障作为首要目标。

高校日常物资一般采取立项采购的方式,而公共卫生突发事件应急物

---

① 审计署关于做好新型冠状病毒感染肺炎疫情防控财政资金和捐赠款物审计监督工作的通知[EB/OL]. 2020-02-27. 中国政府网 http://www.gov.cn/zhengce/zhengceku/2020-03/24/content_5494813.htm.

资的来源一般是使用专项基金采购或来自校外捐赠。高校为社会输送了大量人才,当母校受到突发事件带来的安全威胁时,很多工作于社会各行业中的校友会力所能及地为母校做一份贡献,如捐赠口罩、消毒液、防护服等可以直接应用到疫情防控中的物资,缓解母校燃眉之急。疫情中出现很多如物资使用进程慢、物资使用不公开透明等负面新闻,因此,可使用非常规审计的审计方式。

非常规审计主要应用于高校面临公共卫生突发事件威胁的特殊时期,以打破常规的审计方式,致力于高校应急管理模式。首先在审计工作中,要将传统立项审计模式精简,建立一套特殊时期高效、快捷、准确的审计流程。审计人员从物资的采购开始全程跟踪,后期贮存、使用可借助互联网进行跟踪。尽可能精简层层审批程序、减少文书等书面资料,大胆改革,应急管理中的审计不能被各类规章的条条框框约束而影响办事效率。其次,在审计方式上,应当借助发达的计算机技术,将以往书面审计方式迅速调整为网络审计统计方式。根据疫情防控的需要本着"非必要不见面"的原则,提高效率的同时又节省了纸质资源,并保障了审计工作部门自身的安全。最后,在提高审计效率的同时,也要保障最基本的监督、检查工作细致度,避免出现审计失误等负面问题。

(三)建立应急物资储备机制

俗话说"兵马未动,粮草先行"。高校作为全方位培养人才的教育单位,应当为公共卫生突发事件储备足够的物资用以应急。建立长效的高校应急物资储备机制,功在当下,利在后来。

1. 建立应急物资储备目录

应急物资储备一般先由高校出资,从地方企业、商场等进行集中采购,采购的规模较大,因此,在应急物资的储备与采购中,首先就是要建立应急物资储备目录。储备目录中条目可借鉴政府或其他高校,结合高校自身的医疗能力、人员构成、地理位置等特点,要求详细全面,标准是在储备目录中构建足以满足应对各类突发公共卫生事件以及事件的预防、控制、处置、恢复四个阶段之所需。

2. 制定科学储备标准

无论是应急物资储备的条目还是储备量,都应当遵循科学原则。制定储备标准的思路是依据高校自身特点及突发事件地域性特点进行相应调整。例如：①借鉴以往国内高校发生过的、处理较大范围公共卫生事件的经验，对事件进行分类、分析，有针对性储备。②考察周边化工厂、实验室、养殖场等可能成为公共卫生突发事件发源地的危险场所，根据类别、数量、危险程度进行风险性评估，并根据防治手段调整相应储备标准。③结合高校自身的人员数量、学生群体特征、地理位置、校区面积及结构等因素，分析突发事件来临时（如人流走向、瞬时流量、避险场所等）风险因素制定标准。④充分考虑财政预算、应急物资价格浮动等现实因素，在预防期逐步完成物资的采购。

3. 常态化供应应急物资

应急物资中有许多与日常物资重合的部分，如口罩、消毒水或各种医疗、监测设备等。以往的经验与教训告诉我们，一旦社会范围发生大规模公共卫生突发事件，诸多应急物资将会变得极其紧缺。高校无法改变公共卫生突发事件期间应急物资生产问题，也不能在应急物资短缺时哄抢物资，因此，应当在突发事件发生前就采取常态化供应应急物资的措施，避免再次疫情期间口罩成为"千金难求"抢手货的局面。应当及时评估高校自身所处环境，可借助各类应急物资储备模型代入计算自身所需储备量。对于日常与应急物资重合的部分一般消耗也比较大，仓库内临近保质期的应急物资要先拿出来使用，避免浪费。当社会的应急物资生产能力较强、供给关系稳定时，应当加大采购量与储备量，协调好储备与使用的关系。校医院或各单位进门检测处的仪器设备应当及时更新，如体温枪等，避免突发事件来临时检测仪器设备出现损坏的不利情况。

4. 分类、分站管理应急物资

分析高校内部建筑分布结构、各场所人流量、各主要职能部门地理位置等空间因素，将应急物资进行分类，建立物资储备分站，利用分析结果合理安排各储备分站的储备量，不能将物资全部储备在一个储备站。例如，靠近食堂的储备站应当多储备口罩、消毒水及应对食物中毒的基础药物等物资；靠近各校门及进出口的储备站应当加大防护服、酒精、红外线体温枪、警戒线等应急物资的储备量。建立多个应急物资储备点，既满足了特殊时期灵活调度的需要，提高了应急物资在校内紧急调度的效率，同时又可以减少物资运输、分发、领取时的人员数量,降低疫情期间人员聚集造成的风险以及哄抢物资等混乱情况出现的可能性,最大程度保障高校应急管理时期的稳定性。除应急物资储备外,对某些日常物资也应当及时记录,如保洁工作常用的手套、水壶,物业部门及后勤部门常用的口罩、防毒面罩等。对这些具有日常使用价值并且在突发事件期间可直接使用的应急物资,应当加以重视,每月对其储备量与消耗量进行盘点记录。

第三节　应急队伍的组建与人力资源的整合

高校经过了 2003 年 SARS 病毒疫情及各类公共卫生突发事件的考验后,应对突发事件的经验逐渐成熟。当高校大规模暴发公共卫生事件时,一般都会迅速成立应急处置领导小组与工作组,党委书记和校长为第一责任人,明确各部门的责任与职责,集中精力应对迫在眉睫的公共卫生突发事件。

除成立学校应急事件处置领导小组外,面对风险高、危害大的公共卫生突发事件,还应当对组建某些特殊职责的队伍及动员部分群体加以关注,如发挥党组织带头作用,组建医疗卫生队伍、应急知识宣传队伍、高校学生心理辅导队伍等。这些群体或组织在公共卫生突发事件发生前大多隶属于不同职能部门或学院,但在特殊时期,要根据人员职能的不同进行整合、重组,将有利于发挥各自最大的优势,起到"1+1>2"的作用。

一、党组织动员

2020 年 1 月 27 日,新冠肺炎疫情暴发初期,习近平总书记做出重要指示,其中强调"在当前防控新型冠状病毒感染肺炎的严峻斗争中,各级党组织与党员干部必须牢记人民利益高于一切""让党旗在防控疫情斗争第一线高高飘扬"。[①] 高校各院系的党组织承担着培养、管理师生党员和服务、凝聚群众的重任,在疫情中党组织必然起到中流砥柱的作用。

---

① 习近平做出重要指示,要求各级党组织和广大党员干部团结带领广大人民群众,坚决贯彻落实党中央决策部署,紧密依靠人民群众,坚决打赢疫情防控阻击战[EB/OL]. 新华网. http://www.xinhuanet.com/politics/2020-01/27/c_1125506107.htm.

高校党组织历经磨炼,已经锻炼成为一只坚不可摧的先锋队伍,是党在高校培养的一支生力军。当高校公共卫生突发事件来临时,党组织始终站在疫情第一线,坚决服从中国共产党的领导和统一指挥,坚决完成党组织下达的各项疫情防控任务。高校党组织在突发事件中,面对最艰巨、也是最危险的任务,在如何发挥党组织的先进优势与党员的先锋模范作用上,可从以下两方面进行分析。

(一)突发事件期间党组织的应对策略

高校党组织在日常工作中,早已形成了快速响应的良好反应机制,时刻为完成艰巨任务做准备,足以应对突如其来的各类公共卫生突发事件。由于公共卫生突发事件的不可预测性,高校党组织可以成立临时党支部,特殊时期每个党支部都是一个坚强的"战斗堡垒",坚守在疫情防控工作"主阵地",稳扎稳打,不急不躁,攻克抗疫工作中的一道道艰难险阻。只有时刻都保持党组织强大的领导力,才能凝聚基层党员及群众,才能为疫情斗争提供最坚定的信念与思想保障,也才能在党员及人民群众心中充分展现党的领导地位,担负起领导、组织职责,时刻强化组织能力与发挥政治功能,为疫情的应急管理工作尽职尽责。同时也要结合实际工作,明确各院系党组织责任人,坚决对"瞒报""漏报"事件采取零容忍态度,把疫情防控工作做得更加深入细致。

(二)发挥党员先锋模范作用

截至2021年,中国共产党党员数量为9 514.8万名。[①] 在新型冠状病毒疫情防控期间,每一个社区、村庄、单位等都有共产党员在为人民服务,都能随时随处看到他们义务服务的身影。疫情无情人有情,仅是一次疫情的考验,便能看出共产党员在日常生活中是如何服务于人民的,在危难来临之际是如何坚守在疫情第一线的。我们的党员同志有着极高的思想觉悟和群众基础,他们在高校里也是这样。高校每年组织党员进行义务支援服务活动,学生党员们在日常生活中也会热心帮助家庭困难的同学。因此,当高校发

---

① 中国共产党在百年伟大历程中不断发展壮大　始终保持旺盛生机与活力[EB/OL].
　新华网. http://www.xinhuanet.com/2021-06/30/c_1127611679.htm.

生公共卫生事件时,应当积极发挥师生党员的先锋模范作用,为群众树立标杆。教师队伍中的党员,应当积极主动坚守在疫情第一线,力所能及地承担各项工作,坚决完成党组织安排的各项任务。学生党员们在保障自身安全的前提下,应当积极主动地配合学校做好各项防控工作,主动为院系承担部分工作。如果疫情发生在假期,师生均在家庭居住地时,师生党员们应当积极配合当地疫情防控要求,认真做好支援家乡的疫情防控工作,展现党员的先进形象和高校为人师表的光辉形象。

二、应急医疗卫生队伍建设

高校应急医疗队伍一般设在校医院,是校内非营利性医疗机构,保障师生身体健康是其职责所在。《高等学校医疗保健机构工作规程》中明确规定,高校医院主要担负着全校教职工与学生常见病防治、实施医务监督、预防免疫、传染病监控、开展健康教育讲座等工作,最终目的是为了维护师生的身体健康,使高校教育教学工作能正常进行、国家的教育方针顺利推进。但由于经济限制、职能设置、服务对象范围等原因,国内大部分高校校医院的医疗设备水平及医疗能力相对较弱,专业医务人员的数量较少。因此,校医院自身的医疗能力无法满足独立应对高校突发公共卫生事件。尽管如此,高校要以校医院的物资条件和医疗专业人员为依托,打造一只"少而精"的应急医疗队伍。这样,高校可以有效地应对各类公共卫生突发事件。

(一)应急医疗队伍建设

应急医疗队伍建设,首先要突出"应急"二字。依托校医院人力物力资源建立的应急医疗队伍成员,平时在自己本职岗位工作即可。当各类公共卫生突发事件发生时,才将应急医疗队伍中的不同机构、不同岗位的医疗成员调离原本岗位,根据突发事件的不同类型特点,协调所需医疗人才专业比例,进行紧急集合与培训,形成一支有针对性的、应对各类突发事件的应急医疗队伍。

高校对校医院建设不够重视,导致校医院的医疗设备落后、医疗队伍整体专业性不强、医务工作者缺乏等问题。公共卫生突发事件在近年来鲜有发生,部分高校对各类突发事件的警惕性逐渐降低,校医院医务人员很少进行公共卫生突发事件培训或演练,一般只是从书面文件上进行简单学习,导致校医院对突发事件的预警与监测机制逐渐减弱。正是由于经验不足以及应急演练的缺失,一旦高校公共卫生突发事件发生,校医院极易出现工作忙乱的状况,这显然是不利于保障师生身心健康的。因此,在高校应急医疗队伍的建设方面,应当从以下几方面入手。

1. 建立应急医疗队伍机制

公共卫生突发事件的种类繁多,学校内发生的最为频繁的突发事件,按照比例排序,主要是传染病、食物中毒等。而传染病类公共卫生突发事件中比例最高的则是呼吸道类传染病、肠道传染病等。在应急医疗队伍的组建上,应当明确不同领域医疗专业人员的职能所在,根据突发事件的类型不同,组建不同专业人员比例的应急医疗队伍。以突发事件具体类型相关专业人员作支撑,其他医疗专业人员则为辅助,监测和应对可能出现的并发症或其他突发情况。例如,高校发生呼吸道感染病症时,呼吸科为应急医疗队伍的主力,带领和协调其他部门成员共同对确诊病例进行监测及化验工作,确定病症具体类型后对医疗队伍的专业构成进行相应调整。开展前期病情控制、医疗介入以及隔离、宣传相关防治知识等措施,做到不同类型的高校突发公共卫生事件都能有针对性地进行防治控制。

2. 岗前培训

在高校常发的公共卫生突发事件中,无论是传染病类还是食物中毒等,病症的临床表现、诊断标准、后续治疗方案等基本相同,差异的出现只是由于病症程度不同。因此,对于医疗队伍专业医务人员开展突发事件岗前培训,使其从日常繁杂忙碌的工作中脱离出来,集中精力学习当前公共卫生突发事件的病因来源、临床表现、诊断方法等病症相关知识信息。及时发放预诊、问诊流程图与诊断标准图,发放隔离防护服、口罩、防毒面罩等防护装备并确保人人掌握正确的佩戴方法,做好医务人员自身防护。

3. 应急医疗科普知识宣传与应急演练

在公共卫生知识事件中,缺乏实战医疗经验是前期应急管理最大的难题,医疗专业人员在不断出现错误与总结经验中成长,这似乎成为近年来应对突发事件的规律。为了避免应急管理中人员出现混乱情况,对医疗系统人员(包含校医院及医学类高校的相关专业工作人员)定期开展应急演练,可以增强医疗人员自信心,最大限度地增加应对公共卫生突发事件的经验。定期开展应急医疗科普知识,包括相关知识考核、沙龙讲座、观看相关视频等措施,增强医疗人员的应急处置能力。

(二)应急医疗人才储备保障

高校医院的医疗能力主要取决于医疗队伍的整体素质与医疗设备、检查仪器等,医疗设备等物质条件受学校经济条件影响较大,如何提高医疗队伍整体素质,为应急医疗队伍提供后备人员保障,成为校医院应急医疗队伍良性循环发展的关键。高校医院医务人员的招聘,其学历及专业水平与一般综合医院存在一定差距,他们在工作中接触的病例较一般医院少得多,因此医疗经验也相对缺乏。在医疗队伍整体专业素质较为薄弱的情况下,应当首先对校医院的业务骨干着重进行专业培养,将其送往医疗水平更高的医院进修学习。当他们回归校医院本职岗位时,学到手的经验可以带动整个科室的共同发展。在财政预算充足的情况下,应当尽可能地引进相关专业高素质人才。在日常工作中,加强对校医院所有医护专业人员应急医疗能力的培养,不断学习和完善应急医疗队伍建设的应急预案。当医务人员在公共卫生突发事件来临时,能快速地为应急医疗人员转变角色做好后备保障。

(三)应急卫生智慧库

公共卫生突发事件时,校医院在提供应急医疗服务的同时,也应当充分利用自身优势,为师生提供各类与突发事件有关的卫生知识、防治手段、自我保护措施等信息,并提供线上线下的咨询服务,为各院系、职能部门的应急工作提供医疗建议与监督。整合校医院应急专业骨干人才,通过校内宣传平台即时发布有关信息。除此之外,还应当根据突发事件特点,利用自身优势,提供高校周边医院与医疗机构、疾病控制中心的地址等相关信息;定期与校内各类实验室沟通,做出医疗方面的风险评估并做出具有针对性的应急预案;及时对突发事件期间学校出现的负面信息进行更正辟谣,避免出现不必要的恐慌。

三、应急医疗知识宣传及科普队伍建设

当前高校大学生多为 2000 年后出生的新时代青年，对 2003 年的 SARS 疫情基本没有特别记忆。大学生虽然从小接受来自中小学、家庭、社会的健康教育与卫生教育，但对各类公共卫生突发事件的了解大多来自国内外相关影视作品或长辈的叙述，对其危害性尚未形成完整的认识。当公共卫生突发事件在高校或周边地区发生或蔓延时，心智与认识皆不甚成熟的大学生极易出现心理恐慌、不知所措的情况，这就加大了高校应急管理的难度。针对这一情况，应当及时成立公共卫生突发事件应急知识宣传及科普队伍，提高大学生对此类事件的认识与自我保护能力。

（一）整合校内宣传部门，统一目标与任务

仅仅十余年，宣传工作方式从曾经的召开会议、举办讲座、刊登报刊等模式转变为现在互联网视频会议的形式，这是全媒体时代带来的机遇。朝气蓬勃、活力十足的高校也走在时代的前列，与时俱进，在宣传方式上不断更新，引起年轻学生们的共鸣。面对突如其来的突发事件，部分大学生的自我保护意识及防控意识不强，需要高校利用各类宣传方式进行应急医疗知识宣传或紧急通知。

高校应急管理启动后，应当迅速整合校内各宣传媒介，包括隶属于学校、学院的新媒体平台中所有宣传账号、公众号等，统一其工作目标——为应急管理服务，形成仅在应急期间运行的应急宣传系统，由学校党委领导。同时整合各院系学生中的优秀宣传、编辑人员，及时发布校内及周边甚至全省、全国范围内的疫情发展状况、自我保护措施、中高风险地区提示、防控管理要求以及紧急通知等，做好信息公开工作，保障全体师生员工的知情权。禁止学生私自在公共媒体平台和软件发布自己编写的疫情发展状况，有疑问应当及时向学院沟通、反馈并确定道听途说来的信息的真伪性，防止产生谣言、导致在学生群体内引起恐慌。这样既确保了信息来源的权威性，又展现了高校积极的正面形象。在校内各院系、班级的工作群内做好信息发布与反馈信息处理、上报工作。对于粉丝量较高、运营情况良好的校内学生个人账号应当主动与其沟通，借助其在学生群体中的影响力，配合应急管理工

作顺利地进行并展开正面宣传。

(二)多渠道开展应急防控知识科普工作

应急医疗科普不仅要在应急管理期间紧急运转,每个学期中高校也应当定期举行,应当采用高校师生喜闻乐见的科普方式,提高应急防控知识科普内容的趣味性、主题的新颖度。开展各类公共卫生突发事件预防专家讲座,开展应急知识比赛,定期开展应急演练。在校园内的各个角落,如路灯杆、楼梯台阶、电梯等,开展卫生宣传,使卫生健康知识融入大学生的学习生活中;在操场、礼堂等场所举办免费观影会,放映各类公共卫生突发事件相关电影,让学生生动地了解公共卫生突发事件的危害性;增加应急医疗宣传的艺术性,举办各类应急主题的艺术活动、比赛、游戏、绘画,设立校园应急医疗科普日等。应急管理期间的科普工作,主要依托高校全媒体的应急宣传系统。

(三)应急舆情引导队伍设置

当代大学生是互联网的"忠实粉丝",在享受互联网带来的乐趣外,也会接触到一些虚假信息。常常看到大学生刷单被骗、遭遇网络诈骗等新闻,说明社会经验较少且人格尚不成熟的大学生对互联网中的各类信息辨别能力较弱。在公共卫生突发事件时期大学生内心多少都会有恐慌、焦虑等负面情绪,在这些不良情绪影响下,面对繁杂信息想要辨别真伪会变得更加困难,学生群体中容易出现谣言散布的情况,造成不良影响。为了应对这一难题,应当成立专业的应急舆情引导队伍。

1. 应急舆情引导领导小组

在公共卫生突发事件初期成立学校舆情引导小组,组长及第一责任人由高校主要领导担任,主要负责舆情引导工作的总体战略部署、舆情引导大方向的把握、应急预案编写、对舆情引导工作的监督等。当公共卫生突发事件发生与结束时,依据舆情发展情况,负责授权启动或解除应急舆情引导工作。

2. 相关领域专家的介入

应急舆情引导是一个艰巨的任务,对于维护特殊时期校园稳定意义重大。引入心理学、传播学、社会学、医学等与公共卫生突发事件相关领域的专家教授，作为应急舆情引导队伍的精锐，带领不同职能部门向学生提供相关建议、辟谣、专业讲解、疫情处置、心理疏导等工作，对实时舆情数据进行分析，确保占领舆情高地，提高应急舆情引导的权威性与科学性。

3. 学生骨干配合舆情引导工作

负面舆情言论一般在学生群体中暗处滋生、利用大学生辨别能力较弱的特点逐渐发酵。学生群体中一般设有班长、团支部书记、生活委员等职务以及部分学生党员。这些学生骨干的思想政治觉悟较高，不易受负面言论影响，且群众基础较好。因此，让学生骨干协调配合舆情引导工作，及时向老师、学院、学校舆情引导小组汇报情况，反馈学生动向，能更好地掌握学生群体中思想动向、网络行为。相对于行政人员或教师组成的舆情引导小组，接触到的情况与收集的信息会更加真实可靠。还可以挑选政治觉悟较高、人际关系较好的学生党员或干部自发形成学生群体中的骨干力量，充分收集意见并反馈至院校，使公共卫生突发事件期间校内舆情向着积极方向发展。

四、面向大学生的应急心理辅导队伍

习近平总书记提到"健康中国"包含了人们的身体健康与心理健康。大学生作为新时代青年，学习工作朝气蓬勃，正处在"世界观、人生观、价值观"易受外界影响而变化的阶段。因此，在公共卫生突发事件时期，保障大学生的身体健康，避免受疫情病毒侵害的同时，应当重点关注他们的心理健康。高校公共卫生突发事件期间，学生的心理健康会受到外界影响。一项调查结果显示，在新冠肺炎疫情初期，自身被隔离或居住地周边有确诊感染病例的学生在恐惧、逃避、求助等心理因子较普通学生严重，居住地有确诊病例学生乐观心理情况堪忧。[①] 在疫情得以控制后，部分高校对返校大学生抑郁者情况进行调查，结果显示大学生轻、中度抑郁者数量并不乐观。[②] 保障大

---

①　符国帅，莫圣开，徐玉婷，等. 新型冠状病毒肺炎早期广西高校学生心理反应分析[J]. 中国学校卫生，2020,41(9):1 307-1 310.

②　王艳，李雯宇，吕安琳. 重大公共卫生事件下在校本科生抑郁状况研究——以晋中学院为例[J]. 科教文汇(下旬刊),2021(4):174-175.

学生的心理健康是学校教育工作的基本要求,也是公共卫生突发事件期间维持校园稳定的工作需要。因此,针对大学生心理健康问题,应当在突发事件时期成立公共卫生突发事件应急辅导队伍。

(一)大学辅导员开展疏导学生心理工作

高校各院系中每个年级都设有辅导员一职,主要负责学生日常工作。《普通高等学校辅导员队伍建设规定》①明确规定了大学辅导员的职责包含协助学校开展针对学生的心理健康教育。辅导员平日与学生接触、沟通的机会很多,与学生的联系普遍较好,更容易取得他们的信任,避免学生产生心理防御机制。因此,在高校公共卫生突发事件心理辅导队伍中,开展心理工作必须以辅导员为基础,才能更好地顺利完成拓展心理辅导工作任务。

大学辅导员应当加强自身心理健康教育知识学习与应用,积极参与校内心理辅导机构举办的讲座、培训会等。在开展公共卫生培训时,应当详细了解突发事件特点与相似事件对公众心理健康造成的影响,认真分析与筛选后结合学生实际情况加以运用,做到对症下药。在对学生进行心理辅导的方式上,积极创新,做到以学生为主体。可采取线上匿名书信的方式进行心理问题反馈及疏导,或是匿名电话沟通。辅导员在日常生活中也应当做到敏感细致地观察学生心理动向,将不同地区、不同家庭情况、不同性格的学生开展有针对性的心理疏导,对家庭居住地有疫情风险或心理脆弱敏感的学生要联合学生干部、党员对其心理方面与日常生活中加以重点关注。遇到自身能力无法应对的情况应当及时上报学院、学校或有关部门,避免事件不断发展造成不良影响,尤其是要防范群体性不良情绪的滋生,做好心理健康教育、思想政治教育与舆论的正确引导等。大学辅导员也应当做好班级思想政治建设工作,班级是大学教学与行政管理实施的最小单元,也是基础工作最重要的一环,稳定好班级内的学生结构,有利于信息的传递与反馈及学生内部正向的相互影响。

---

① 《普通高等学校辅导员队伍建设规定》[EB/OL]. 2017-09-29. http://www.moe.gov.cn/srcsite/A02/s5911/moe_621/201709/t20170929_315781.html.

(二)校内外心理机构联合服务

一般高校都设有心理咨询机构,当学生有心理上的困惑、问题时,除了请求老师、辅导员的帮助外,还可以去校内专业的心理机构进行心理咨询,部分高校的心理咨询机构也会对学生进行定期心理隐患排查。当公共卫生突发事件发生时,由于应急防控要求进行空间隔离,因此,校内心理咨询机构的工作方式要转变为线上心理咨询与心理隐患排查。由于应急管理期间心理工作量急剧增长的原因,应当及时联合校外心理机构进行协同服务,在应急防控期间外聘心理专业人士全程跟踪,协助工作。部分高校设有心理学院或相关专业,在做好自我保护的同时,也可协助高校心理辅导工作的进行。面对部分学生性格较为内向、不愿意主动进行心理咨询的情况,应当与各院系的辅导员、学生家长进行联系、沟通,筛选出需要重点关注的学生。

(三)家校合作关注大学生心理问题

家校合作是全面保障大学生心理健康的必然要求,在疫情特殊时期,高校应当积极主动地与学生家庭成员保持良好沟通,建立应急家庭—学校沟通机制,建立 QQ、微信群。在学生心理出现问题时及时与家长取得联系或获取学生动向情况。若公共卫生突发事件发生在学期中,大学生尽管远离家庭,在学校里无论是老师还是同学,都比家长更了解学生的个人情况及性格特征。因此,学校要及时与家长沟通,筛选出性格较为脆弱敏感或少年时期产生过心理阴影的学生,对其进行重点心理关注、心理疏导。在学生出现心理问题时及时寻求家长的协助辅导,高校与家庭共同发力,帮助大学生走出心理误区。若在假期发生公共卫生突发事件,类似新冠肺炎疫情期间高校有少部分滞留学生,大学生大多都在居住地居家隔离,辅导员应当及时与家长取得沟通,掌握好自己工作负责范围内学生的心理动向,对出现不良情绪的学生,应当指派校内心理辅导机构对学生进行线上心理辅导,并对家长进行简单的心理辅导培训以及提醒与孩子相处时的注意事项,以确保大学生在公共卫生突发事件期间的心理健康。

第四节　构建多种教学渠道的保障机制

高校具备教学、科研、育人、服务社会等功能,其中最重要的就是育人功能。在公共卫生突发事件期间,面对面授课模式受到影响,因此,只能采取其他授课方式来保障教育教学工作的开展。视频授课的方式早已出现多年,一般是教育者录制视频资料,用光盘或电脑文件的方式读取后借助多媒体设备在学生面前播放。随着科技网络技术的不断进步,实时视频技术早已有了质的突破,人们只需要一部手机或电脑就可以在各类 App 上实现即时视频聊天。在新型冠状肺炎病毒暴发前,公立学校很少采用网络视频的方式授课,但在疫情期间,受到居家隔离政策的限制以及教育工作开展压力的影响,教育部与工信部联合引发《关于中小学延期开学期间"停课不停学"有关工作安排的通知》[①],其中提及学校延期开学的同时要做好教学保障工作,利用好网络资源及网络视频授课进行教学。国内高校在新冠肺炎疫情时期,也是采取延期开学、网络视频授课的措施来保障大学生的学习进度。因此,本节主要从三个方面对高校在疫情背景下教育教学工作开展的保障机制进行阐述,包含线上教学保障、图书馆应急服务、思想政治教育工作。

一、线上教学工作的开展

2020 年初暴发的新冠肺炎疫情,成为线上教学与高等教育相结合的契机,是我国历史上第一次大规模、长达数月之久利用互联网进行授课。线上教学对于大部分高校教师来说形式比较新颖,多数教师表示对未来网络教学模式充满信心。[②] 高校线上教学模式符合未来时代发展的趋势要求,但应用时间较短,当前应用也多是由于新冠肺炎疫情反复的原因。因此,在后疫

[①] 教育部办公厅、工业和信息化部办公厅《关于中小学延期开学期间"停课不停学"有关工作安排的通知》. 2020-02-12. http://www.gov.cn/zhengce/zhengceku/2020-02/18/content_5480345.htm.

[②] 中华人民共和国教育部. 介绍疫情期间大中小学在线教育有关情况和下一步工作考虑. 2020-05-14. http://www.moe.gov.cn/fbh/live/2020/51987/.

情时代，为开展高校线上教学工作探索保障机制是当前全球疫情下的必然趋势。

(一)线上教学工作的开展保障

线上教育模式与传统教学模式不同，除了教师与学生、教材之外，还需要网络平台作为线上教学工作开展的主要载体。在新冠肺炎疫情期间，高校教学方式主要是网络即时视频授课或学生自行观看教师提前录制好的授课视频。网络即时授课软件在疫情期间应用较多的有 QQ 视频、钉钉、ZOOM、腾讯会议等。在使用这些网络平台进行授课时，最重要的就是网络的稳定性，以及各类网络视频软件、视频播放软件的功能性与兼容性。高校应当在网络授课开始前，对各类 App 的稳定性与功能性进行测试，筛选出综合评分较高的几个 App 面向全校师生推荐，并附录上推荐 App 的详细使用说明，避免教师与学生在上课前对新软件花费大量时间进行调试。教育部可以与网络视频应用公司进行洽谈与协商，使外部网络公司为高校网络授课开发单独的接口；有能力的高校也可以自行开发系统运行流畅、操作简单易懂、应用于各类课堂的网络视频平台。

(二)教师线上授课能力的保障

线上授课模式对高校教师队伍尤其是年龄较大的老教师来说，是一项新的时代挑战。保障教师线上授课效果，首先就是要提高教师的线上授课能力。由于公共卫生突发事件暴发时并无明显征兆，无法对其预测，线上教学工作的开展也并没有很长的准备时间，因此，对于提升教师线上教学能力的策略也应当人性化。及时针对教师开展线上教学平台使用培训课程，对于年纪较大、网络操作学习较慢的老教师，应当允许其亲友辅助或暂时代替操作；传统教学模式中，教师在教室中能直接面对学生进行授课，在线上教学模式中许多教学方式都发生了改变。为了尽快提高教师对线上教学模式的适应力，应当集合各院系教师，对教师之间相互进行线上授课模拟演练；各院系及时为教师线上教学进度进行规划，完成线下到线上的完美衔接。

传统授课模式中，高校对教师的教学水平要有全面完善的评价体系，线上课程可以说是全新的教学领域，比以往的教学方式有了极大改进。因此，高校教研组应当迅速构建教师线上教学能力评价体系，对各院系教师展开能力评价。对于线上教学能力较强的教师应当发挥好标杆示范作用；对于线上教学能力较弱的教师，由于突发事件的特殊性与突然性，应当对其采取鼓励的态度，有针对性地加以专业培训。

(三)教学质量的保障

1. 课程质量的保障

线上教学所需要的教材，应当发挥学校图书馆的职能，及时联系教材出版社或获取电子版教材或关注教育部发布的线上教材，保障高校线上教学工作能够顺利开展，并关注教育部发布的特色课程。高校应当针对自身特点开设各类特色课程，帮助学生因隔离产生焦虑枯燥的心情进行专门心理辅导。

各院系针对本学院不同专业，迅速制定线上课程标准。其中，要规定学期任务、课程进展、课堂效果等内容；抽选负责人对各专业线上授课情况进行网络巡查，检查课堂纪律、教师授课质量、学生听讲情况以及对授课平台的稳定性、功能性是否能满足课堂需要等问题进行排查；对学生开展课堂质量问卷调查，建立学生意见直达学院领导的反馈机制，对课堂质量进行定期评估与抽查，保障线上教学的效果。

2. 大学生学习效果的保障

一般来说，大学生对于网络学习的适应性较强。即使这样，各院系也需要对大学生操作线上教学软件进行集中培训，避免遗漏部分学生学习进度较慢的情况，保护这部分学生的自尊心。由于线上授课时，教师无法像在教室中那样能轻易观察到学生在家里或宿舍上网课的一举一动，学生很容易抱有侥幸心理、在网课中开小差。因此，教师在授课时可以采取随机点名回答问题的方式提高学生的注意力，同时也应当寻求家长的帮助，将学生房间内其他娱乐物品暂时保管好，或让学生在客厅、父母面前上网课。教师在布置课堂作业时，应当充分考虑学生的线上课程，并合理创新作业完成与提交的方式，增加学生的学习兴趣。各院系也应当加大学生学习效果测试的频率，避免学生长时间居家、居寝，缺乏学习氛围引起学习积极性下滑的现象发生。

二、图书馆应急服务工作的开展

图书馆作为高校的教学辅助机构,承担着收集、整理、保存、传播文献以及为高校学子提供安静便捷的学习环境等作用,是高校开展教育工作的核心场所之一。当传染病类公共卫生突发事件来临时,高校图书馆一般要进入"闭馆"的状态以应对突发事件。高校图书馆在高校教育工作中有着特殊的作用及意义,这使其不同于社会的一般机构。2003 年 SARS 危机时期,由于当时互联网并未普及,图书馆的信息资源主要在纸质载体中储存,突发事件给师生的借阅服务工作造成了极大影响。如今随着时代发展,图书馆中的电子书籍覆盖率升高,在疫情来临时按照疫情防控的具体要求进行"闭馆",但不停止服务的工作局面已经变成现实。因此,图书馆的服务形式应当通过互联网转变为线上服务。调查发现,高校图书馆针对公共卫生突发事件的应急预案缺失现象较为普遍。依据《中华人民共和国突发事件应对法》以及各省下发的《公共卫生管理办法》,结合本校图书馆的实际情况,可以从两个方面制定应急预案,即图书馆应急管理和突发事件时为师生提供应急服务。

(一)高校图书馆应急管理机制

公共卫生突发事件中,传染病类突发事件的影响是最为严重的。本次新冠肺炎疫情的大面积暴发始于 2020 年 1 月,当时国内大部分高校图书馆处于寒假期间,又因临近春节,因此高校内滞留的学生数量稀少,为保障图书馆员工休假权益,大部分图书馆已采取关闭部分服务或整体闭馆的措施。随着社会大面积暴发而波及高校的公共卫生突发事件,无论是发生在寒暑期还是在学期中,图书馆作为校内人员高度密集场所,必然采取一定的措施来配合校内各单位抗击疫情,如限流或闭馆等。但由于图书馆在高校教育工作中的特殊作用,使其必须建立公共卫生突发事件的应急管理服务机制,以确保必要的服务工作能以其他形式正常进行。

在公共卫生突发事件来临时,高校图书馆内除必要的保障设施外,还要采取以下措施。一是要设立专项经费,为后续其他工作的探索与开展提供基础保障。二是要成立馆内的应急管理小组,由书记、馆长为第一责任人,副馆长、主任等逐级分工管理,明确权责,层层落实,实现馆内应急管理指挥系统的高效运转,做到馆内工作部署下达后自上而下能够严格落实展开。三是要整合馆内物资及人力资源并进行灵活调整,暂停部分职能部门及服务业务,将线上的运转模式转变为跨部门的联合应急团队,形成馆内上下联动的应急工作模式。四是形成应急管理期间的日常防控规定,每日根据馆内空间特点进行消杀、每日三次报备体温等;五是要充分发挥基层员工的能动作用,充分发挥其集体荣誉感、责任感等积极工作态度,做好意见征询和动员培训工作。六是应急管理的同时实现小型、灵活的战时特殊工作方式,可赋予管理层临时决定权,如紧急需要资金、人员调动时可先操作后报告。七是要根据馆内不同时期进行分流、限流工作。根据学期、每周、每日不同时段的不同人流制定不同的应急管理措施,参考指标应当是人流量的时间、空间、人群特征等。

(二)图书馆的应急服务预案

高效图书馆作为高校开展教育工作的重要场所,在疫情期间根据防控要求采取限流、闭馆等措施,必须通过互联网进行线上服务。当公共卫生突发事件来临时,由于教学工作的开展不能采取以往的、教师在教室与学生面对面授课的形式,加之事件来临的突发性和不可预料性,即使教学形式可以通过互联网授课的方式进行,也难以保障教材和参考书籍等学习资料在师生中的覆盖率。因此,高校图书馆在公共卫生突发事件来临时,首先要为高校教学工作的正常开展做好保障,担负起搜集、整理线上授课所需教材资源的责任。高校图书馆应当汇总各学院教授授课所需的教材,与出版社积极联系,尽可能地获取电子版教材。对于涉及版权问题的书籍、教材,应当及时整合共享资源平台,图书馆负责收集不同教材的网址、链接等信息,汇总分类后下发至各学院或借助学校官方媒体发布相关信息,最大限度地为网络课程的顺利开展提供图书资源保障。

在辅助基础教学工作顺利开展的同时,其他服务也应当做好保障。高校图书馆应当及时关注数据库商限时开放的学术资源。中国知网、超星、维普资讯、万方数据在本次疫情期间均有不同深度的限时免费开放;将已有数据库资源进行整理、推送,校内资源加强组织和利用,与教务处、二级学院、研究生院等加强合作,保障线上服务的顺利开展。不断创新服务也是图书馆应急服务工作的必然趋势,应充分发挥图书馆的优势,开展如每周阅读打卡、定期开展线上读书沙龙、针对疫情开展专题推介科普活动等。

三、高校的思想政治教育工作

2016 年 12 月,习近平总书记在全国高校思想政治工作会议上强调:"高校思想政治工作关系到高校培养什么样的人、如何培养人以及为谁培养人这个根本问题。"[①]在公共卫生突发事件来临时,高校学生缺乏社会经验与心理成熟的认知,在以互联网为代表的多信息来源渠道中常常会接收到许多虚假信息甚至消极言论,容易受到影响并产生思想上的动摇。在新冠肺炎疫情期间,教育部联合"人民网"组织了"全国大学生同上一堂疫情防控思政大课"活动,国内高校积极组织师生观看,使大学生提高了思想认识,增强了战胜疫情的信念。

(一)加强大学生爱国主义教育

爱国主义精神一直是中华民族的优良传统,是我们中国几千年来不畏困难、涅槃重生的精神动力来源。在抗击新冠肺炎疫情期间,各行各业的人们坚守岗位、无私奉献,出现基层公务员累倒在岗位上、一线医生下班后脸上留下深深的口罩印一幕幕感人情景。这些都是人民群众爱国主义的最好体现,也是大学生爱国主义教育的最好教材。这些事迹对大学生具有极大的感染力和模范引领作用。我们要将大学生的爱国教育融入心中,使其展现在日常学习行为上。

(二)培养大学生的坚定信念

大学生年龄普遍较小,很少经历过全社会众志成城、克服困难的情况,对中国共产党带领广大人民取得的巨大成就大多都是在书籍或影视资料中学到看到的。在新冠肺炎疫情期间,大学生身处社区、单位、学校都能看到党员同志不计个人得失、积极服务人民的身影。大学生亲身经历着中国共

---

① 立德树人 为民族复兴提供人才支撑——学习贯彻习近平总书记在全国高校思想政治工作会议重要讲话[EB/OL]. 央视网. http://news. cctv. com/2016/12/08/ARTIDajATUy6TXqJPWq19Fj6161208.shtml.

产党带领全国人民在抗击疫情方面取得一个又一个胜利成果。尤其是在与西方发达国家抗疫情况形成鲜明对比时,大学生们必然会达成这样的共识,即坚定共产主义信念,坚信只有中国共产党才能带领中国人民实现中华民族伟大复兴梦。

(三)结合时代特色"接地气"

高校在公共卫生突发事件期间,面对心里情绪难以稳定的大学生,应当积极做好思想政治教育工作,深入挖掘基层抗击疫情模范案例,树立校内更多的、积极参与疫情志愿服务的学生榜样,凝聚师生共同抗疫精神,将时代内涵与精神融入思想政治教育中。来自基层或身边的许多优秀案例足以使大学生能更好地将自身融入其中,与他们找到共鸣。

(四)加强科学精神教育

在新冠肺炎疫情期间,习近平总书记多次强调要科学防治,展示了党中央坚信科学指导抗疫精神;钟南山院士科学求实的大无畏精神不断鼓舞着人民的信心,各地研究所不断传来研制出新冠检测试剂捷报;全国范围内所采取的戴口罩、居家隔离、酒精消毒等各项隔离措施取得了良好成效,降低了新冠肺炎病毒感染率。这对大学生的思想政治教育工作来说无疑是一次较好的培养科学精神的机会,引导大学生求真务实、相信科学,根据事物的客观规律办事,使大学生在今后学习专业知识中能时刻得到激励。

(五)加强生命教育

在每次重大公共卫生突发事件中,都会让人们感受到生命的脆弱,在新冠肺炎疫情中也是如此。医护人员竭尽全力挽救一个个鲜活的生命,国家放缓经济运行三个月并为之采取减税补助等政策,政府全额承担新冠肺炎治疗、检测、疫苗费用。这让大学生看到了国家在突发公共卫生事件时期的第一着力点——人民的生命健康至上,一切经济损失在保障人民生命健康面前均不值一提。借此机会,我们要大力弘扬以人为本的精神,培养大学生敬畏生命、珍爱生命的价值理念,进一步引导他们的世界观、人生观、价值观朝着正确方向发展。

(六)培养职业道德意识

2020年春天,湖北省武汉市遭受着新型冠状肺炎病毒无情的肆虐,多省医护人员自发组织起来,全力支援武汉抗击疫情。为了坚持职业操守,秉承崇高的职业道德理念,各地医护人员不顾自身安危,逆行身赴险地。在2020年抗击新冠肺炎疫情和维护社会安全稳定工作中,全国公安机关共有315名民警、165名辅警因公牺牲,用鲜血和生命阐释了对党和人民的无限忠诚、对公安事业的无限热爱。[①] 2022年3月20日,山东省立医院临床医学检验部副主任、主任技师、省直支援威海核酸检测队队长白晓卉同志,用生命守护人民群众的身体健康,牺牲在疫情防控一线。她用自己42岁的年轻生命,践行了一名普通医者的忠实诺言。[②] 高校辅导员应当组织大学生好好学习在抗击新冠肺炎疫情中献出生命的优秀感人事例,并借助疫情形势对大学生开展职业道德意识专题教育。

第五节　高校大学生体育运动的保障

公共卫生突发事件期间,我们国家的第一要务就是保障人民生命安全和身心健康不受侵害。在高校发生公共卫生突发事件时,学校各职能部门要联合起来,在保障师生的生命健康和人身安全、维持教学科研等工作正常开展的同时,应当鼓励大学生能够积极参加体育运动、增强身体素质。

一、保障大学生体育运动的意义

(一)现实需要

2016年国务院发布《国务院办公厅关于强化学校体育　促进学生身心健

---

① 2020年共有480名公安民警辅警因公牺牲[EB/OL]. 中华人民共和国. 2021-01-18. https://app.mps.gov.cn/gdnps/pc/content.jsp? id=7678070.

② 最美人物 白晓卉:奋战一线 用生命守护人民健康 强国学习·山东学习平台,2022-03-23.

康全面发展的意见》强调,要使体育教学与课外活动相结合,确保学生每天锻炼一小时,坚持培养兴趣与提高技能相结合,协调好群体活动与组织竞赛的关系,为学生坚持终身体育运动,养成好的锻炼习惯奠定基础。① 习近平总书记在十九大报告中提出健康中国的发展战略。国务院于 2019 年出台《国务院关于实施健康中国行动的意见》②,其宗旨就是推动以治病为中心向以人民健康为中心转变,体现在个人方面即戒除不良嗜好、提高健康素养、加强体育运动、保持心理健康。在国务院网站中将这一政策文件归类到"卫生/体育"一栏。

政府颁发的政策文件中,体现了大学生参与体育运动的必要性。现实生活中,很多大学生也有自身的体育锻炼需要。例如,部分大学生长期坚持体育运动或产生参与锻炼的意愿,但受到疫情防控管理的影响,大学生只能在居家、居寝及封校状态下的校内操场和健身场所进行体育运动;部分学生因身体素质低下或慢性疾病缘故,每日需要根据教练或医生开出的运动处方进行锻炼;部分大学生需要为后来不定时期的体育赛事做训练计划等。体育运动对很多人来说,本身就是生活中的一部分,在自身生命安全得到保障且不会影响他人健康安全时,以相对安全的形式满足大学生的体育需要,这也是高校公共卫生突发事件背景下,尽可能保障大学生体育活动权利的一种体现。

(二)体育锻炼促进身体健康

体育锻炼促进身体健康的观念早已深入人心。无论是中国古代的五禽戏等健身养生手段,还是古希腊时期对竞技体育的崇尚,都可以看到体育锻炼对人类的重要性。我们看到在新冠肺炎疫情中以 84 岁高龄仍奋战在抗疫一线的钟南山院士,始终在向人们推广体育运动的益处。当人们看到钟老的身体素质与年龄不相符且精气神十足的风貌和工作状态时,人们生动地感受到体育锻炼的重要性。研究证明,长期有规律、适量的体育运动能够明

---

① 国务院. 国务院办公厅关于强化学校体育促进学生身心健康全面发展的意见[EB/OL]. 中国政府网. 2016-04-21. http://www.moe.gov.cn/jyb_xxgk/moe_1777/moe_1778/201605/t20160507_242349.html.

② 国务院. 国务院关于实施健康中国行动的意见[EB/OL]. 中国政府网. 2019-07-15. http://www.gov.cn/zhengce/content/2019-07/15/content_5409492.htm.

显地提升个人免疫力,体育运动可以明显增强人体的技能水平,如提高心脏射血量、降低心率、促进生长激素分泌、提高血氧结合能力、提高脂肪氧化率等,还可以降低心血管系统发病率,甚至降低死亡率。[①] 高校各类公共卫生突发事件中出现频率最高、危害性最大的就是传染病类突发事件。在高校采取各项应急措施后,师生的生命健康得以保障时,应当根据疫情发展的不同程度、师生个人或集体所处的生活环境状态,采取一定的体育引导和教学手段,保障大学生进行体育运动的自由权益。

(三)体育活动有利于学生心理健康

高校面对公共卫生突发事件时,心智尚未成熟的大学生容易产生恐慌、不安、焦虑、过分担忧等负面情绪,极大地影响了大学校园的稳定和应急管理各项措施在学生群体的落实效果。体育锻炼首先可以转移学生的注意力,将学生从公共卫生突发事件的恐惧中脱离出来。大量的研究证明,体育运动时可以产生更多的内分肽,使人心情愉悦;体育运动在改善人的精神状态和消极情绪、改善抑郁症、提高睡眠质量等方面均有一定功效。[②] 在锻炼方式的选择上,一般认为,每天从事 20～30 分钟并能长期坚持中等强度有氧运动所获得心理效益的性价比最高。[③]

二、如何保障大学生体育运动

(一)线上体育教学

对公共卫生突发事件时期,主要是针对两种情况来讨论体育教学:一是像新冠肺炎疫情一样暴发在假期,学生大多都不在高校而是在居住地实行居家隔离;二是在学期中发生传染病类公共卫生突发事件,学校采取封校并让学生在宿舍隔离的措施。这两种情况下,开展体育教学的基础都需要借助网络授课模式进行。前面对其他学科线上教学保障的网络平台选择与构建、教师线上教学能力的提升等举措有所叙述,这里不再重复。

---

① 杨文轩,陈琦.体育概论[M].北京:高等教育出版社,2013:35-36.
② 李京诚.锻炼心理学[M].北京:高等教育出版社,2017:25-69.
③ 黄希庭,张力为,毛志雄.运动心理学[M].华东师范大学出版社,2018:301-312.

体育教学在内容上与其他学科有着本质的区别，即体育教育需要自身身体的参与。因此，在公共卫生突发事件中，受限制最大的就是开展体育教学活动。体育线上教学，首先限制了群体性运动项目的组织与实施，如篮球、排球、羽毛球、足球等与他人互动性较强的运动项目。其次是对场地与器材有一定要求的运动项目也难以在线上开展，除上述的运动项目外，还有包含铅球、标枪、跳远、跑步在内的田径类项目或击剑、游泳、体操等。以上所述运动项目在学生居家、宿舍线上学习时都难以开展。因此，在体育线上教育内容的选择上，应当挑选对组织方式、场地、器械要求较少的运动项目，如健美操、武术、健身气功、太极拳等，这样既可以在小空间内实现体育技能学习，又可以起到强身健体的作用。高校体育院系也应当及时开发与创新具有不同锻炼效果的教学内容。

在教学计划的安排上，由于体育线上教学模式中，学生只能通过观察与听讲的方式学习各项体育技能，经验丰富的教师无法面对面地对学生进行肢体动作指导，这对学生自学能力是一个极大的考验。因此，教师应当结合实际情况制定学期教学计划，采取适当放缓教学节奏等措施。在随堂测验与学期检测上，学生可以采取视频录制打包发送至授课教师邮箱、教师观看后打分并指出存在问题的测试方式。

（二）居家、宿舍期间体育锻炼保障

大学生身处居家、宿舍状态下，无法像在学校时自由去各种体育场地完成体育锻炼，体育线上学习课程的目的多为学习技术动作，课程密度与强度难以在课堂上产生锻炼效果。因此，高校应当采取一定措施保障大学生居家、宿舍时主动参加体育锻炼行为。首先可以针对高校大学生的兴趣、预计通过体育锻炼达到的效果，即体育锻炼动机。例如，大学生一般比较关注外形条件，对比运动技能的学习，通过运动改变身材，更容易让大学生产生兴趣。因此，体育院系专业教师应当编制出几套适合本校学生学习能力与运动基础的减脂塑形操、男子徒手健身健美动作等。其次，可以从大学生的社交需求入手，居家、宿舍时一般都有舍友、父母及亲友的陪伴，高校可以通过校内媒体平台推广、课堂教授一些 2~3 人的体育互动小游戏，如原地传接球、踢毽子等。这样既保障了体育锻炼的效果，又能加深大学生对亲情、友情的密切体验。

(三)校内公共体育活动

当疫情形势较为严峻或高校所在地周边发生疫情时,高校内部采取封校等措施。经过多轮核酸检测与排查后确定无风险,高校内部教学工作能以正常形式运转时,高校应当积极举办针对大学生的校内公共体育活动。2021年由于新冠肺炎疫情境外输入的原因,不断出现反复情况,高校为了保护师生员工的生命健康安全,多采取封校隔离的防疫措施。在采取封校等措施并确保校内无疫情风险的前提下,大连、河北等地部分高校大学生自发组织了一系列公共体育活动①,例如,舞蹈专业学生带领师生每晚跳自编的广场舞,武汉某学院举办线上健身操云比赛等。这些公共体育活动的组织与开展,提高了高校师生抗击疫情的信心,增长了同学们的友情,愉悦了参与活动学生的心情。因此,高校应当组织专业教师积极开发和创新校内新的公共体育活动模式,为大学生在公共卫生突发事件期间的学习和生活增添色彩、增进趣味,进一步达到保障大学生体育锻炼的目的。

---

① 大连高校因疫情封闭管理博士硕士生集体跳广场舞[EB/OL]. 中国新闻网 https://www.chinanews.com.cn/sh/shipin/cns-d/2021/11-15/news907212.shtml.

附件一 高校公共卫生突发事件综合应对能力现状的调查问卷（A 卷）

亲爱的老师、同学：

您好！为深入了解高校公共卫生突发事件应急能力，掌握高校师生对于公共卫生突发事件的认知现状，推进高校卫生安全教育，促进高校应急管理体系建设，提高高校应急管理能力，维护校园的卫生安全，请您在百忙之中抽空填写此份问卷。问卷答案无所谓对错，结果仅供研究使用。希望您认真如实填写，感谢您的大力支持和参与！

1. 您的身份（   ）

   A. 教师   B. 学生

2. 您的性别（   ）

   A. 男   B. 女

3. 您的年级（   ）

   A. 大一   B. 大二   C. 大三   D. 大四

4. 您的专业_____

5. 您了解突发公共卫生事件（如传染病、食物中毒等）吗？

   A. 非常了解

   B. 比较了解

   C. 一般了解，听说过

   D. 完全不了解

6. 您认为自己具备应对公共卫生事件的能力吗？

   A. 完全具备，可以从容应对

   B. 一般具备，会有些紧张、但仍然可以应对

   C. 不怎么具备，会跟随他人共同面对

   D. 完全不具备，会非常恐慌、不知所措

7. 每年在校内接受公共卫生教育次数（如讲座、科普栏目、培训等）（　　）
   A. 三次以上
   B. 一次到三次
   C. 从未有过

8. 每年参加体检次数（　　）
   A. 一次及以上
   B. 没有参加

9. 您对自身疫苗接种情况的了解（　　）
   A. 清楚地知道自己打了什么疫苗
   B. 不清楚打过什么疫苗

10. 您认为突发公共卫生事件距离自己（　　）
    A. 很远、不可能发生在身边
    B. 很远、但有可能发生
    C. 很近、随时都有可能发生

11. 您获取公共卫生知识的途径（　　）（多选）
    A. 互联网（手机、电脑）　　B. 电视栏目　　C. 宣传栏　　D. 科普讲座
    E. 师生口述　　F. 其他

12. 您在新冠肺炎疫情前后自主查阅公共卫生相关信息的频率有变化吗？
    A. 频率明显增加
    B. 频率稍有增加
    C. 无明显变化

13. 您认为自主查阅公共卫生相关信息频率变化与新冠肺炎疫情有关吗？
    A. 有关系
    B. 没有关系
    C. 频率没有变化

14. 您参加过公共卫生事件模拟演练吗？
    A. 参加过
    B. 未参加过

15. 您在高校参加过自救互救（如心肺复苏）知识与技术的培训吗？
    A. 参加过、并能熟练掌握
    B. 参加过、但都忘记了

　　C. 未参加过、但从其他途径自学过

　　D. 未参加过、也不会

16. 您了解以下传染病的传播知识吗？（多选）

　　A. 传染性肝炎

　　B. 消化道传染病

　　C. 肺炎

　　D. 禽流感

　　E. 艾滋病

17. 当学校里发生传染病时，您会怎么做？

　　A. 找机会逃离学校

　　B. 听从学校组织安排

　　C. 要求学校为自己做身体检查

　　D. 不知所措，听天由命

18. 您在生活中有储备一些传染病防护物资吗？（多选）

　　A. 口罩　　　　B. 酒精　　　　C. 消炎药　　　　D. 体温计

　　E. 消毒液　　　F. 护目镜　　　G. 其他

19. 您平时的主要就餐方式（　　　）

　　A. 点外卖为主

　　B. 在食堂吃为主

　　C. 自己在家做

20. 您在订外卖或校外就餐时，会关注店铺的卫生情况及相关资质吗？

　　A. 会关注卫生状况、但不会关注资质

　　B. 都不会关注

　　C. 更关注相关资质

21. 您认为学校及周边地区存在食品安全问题吗？

　　A. 时常发生

　　B. 偶尔发生

　　C. 不存在

　　D. 不清楚

22. 您在食堂就餐时遇到过什么样的卫生问题？

　　A. 碗筷消毒不到位

B. 在饭菜中吃出异物

C. 吃完出现腹泻等症状

D. 没遇到过

23. 如果发生食物中毒,您会采取什么措施?

　　A. 迅速就医

　　B. 催吐

　　C. 根据经验或查阅信息吃药

　　D. 保存食物样本

　　E. 什么都不做

24. 在新冠肺炎疫情后贵校采取了以下什么措施?

　　A. 并未采取措施对校内人员加强管理

　　B. 对进出的人员进行体温监测

　　C. 校门口设置关卡,登记出入车辆和人员的信息

　　D. 强制要求校内来自疫情发生区的人员居家隔离观察

　　E. 其他

25. 您认为贵校在新冠肺炎疫情期间防控成效如何?

　　A. 非常好

　　B. 比较好

　　C. 一般

　　D. 不好

附件二 高校公共卫生突发事件
综合应对能力现状的调查问卷（B卷）

尊敬的老师：

　　您好！为深入了解当前我国高校应对突发事件的能力，掌握高校管理人员卫生应急素质现状，收集相关数据并比较分析，提出促进高校应急管理能力提升的可行性策略，巩固校园的安全与稳定，请您在百忙之中抽空填写此份问卷。问卷答案无所谓对错，结果仅供研究使用。希望您认真如实填写，感谢您的大力支持和参与！

　　　　所属院校_____　　　部门_____　　　职位_____

1. 您所在的部门职工人数_____
2. 您所在的高校发生过哪些公共卫生突发事件？（多选）
   A. 乙肝　　　　　B. 甲型H1N1　　　C. 手足口病　　　　D. 肺炎
   E. 食物中毒　　　D. 化学中毒　　　F. 生物实验室泄露
   G. 禽流感　　　　F. 其他
3. 您认为贵校师生对公共卫生突发事件的应对能力如何？
   A. 很好　　　　　　　　　　　B. 一般
   C. 较差　　　　　　　　　　　D. 完全不能应对
4. 您认为应对公共卫生突发事件最重要的阶段是（　　　）
   A. 预防阶段　　　　　　　　　B. 应急管理阶段
   C. 恢复阶段
5. 您认为影响公共卫生突发事件在校园内扩散的因素主要有哪些？（多选）
   A. 师生意识　　　　　　　　　B. 监测系统灵敏度
   C. 日常卫生环境　　　　　　　D. 校领导的领导能力
   E. 校医院医疗能力　　　　　　F. 应急机制的合理性

G. 各部门的配合能力　　　　　　H. 管理人员的应急能力

I. 应急资金及物资　　　　　　　J. 信息沟通

6. 您认为您所在高校对于各类公共卫生突发事件预防工作做得如何?

　　A. 很好　　　　　B. 比较好　　　　C. 一般　　　　　D. 不好

　　E. 不了解

7. 您所在的高校是否有完善的应急体系与应急预案,您对其了解吗?

　　A. 有,且熟知　　B. 有,不太了解　　C. 没有　　　　　D. 不知道

8. 您所在的部门是否有完善的应急体系与应急预案?

　　A. 有,且熟知　　B. 有,不太了解　　C. 没有　　　　　D. 不知道

9. 你所在的高校是否常设应急机构?

　　A. 有　　　　　　B. 没有　　　　　C. 不知道

10. 您所在的高校及部门是否有固定的应急领导小组?

　　A. 有

　　B. 没有,但在突发事件时期会临时组建

　　C. 没有

11. 您所在高校或部门在公共卫生突发事件期间是否有明确的责任与奖惩制度?

　　A. 有　　　　　B. 没有　　　　　C. 不知道

12. 您所在高校或部门是否将应急预案下发至管理人员手中,您对其了解程度如何?

　　A. 是,学习得很深入　　　　　B. 是,简单了解过

　　C. 是,没有了解　　　　　　　D. 没有

13. 您的部门每年组织多少次公共卫生突发事件相关培训?

　　A. 每月定期组织　　　　　　　B. 每周定期组织

　　C. 三次以上　　　　　　　　　D. 一至三次

　　F. 没组织过

14. 您在学校或部门组织的突发公共卫生知识培训中学习情况如何?

　　A. 很认真,会时常复习

　　B. 当时很认真,后来遗忘了很多

　　C. 没认真学

15. 您是否在高校内参加过突发公共卫生事件应急演练? 效果如何?

A. 参加过,效果很好,学到很多知识与技能

B. 参加过,效果一般

C. 参加过,效果不好

D. 没参加过

16. 您认为部门同事的综合应急能力如何?

    A. 很好　　　　B. 较好　　　　C. 一般　　　　D. 较差

    E. 非常差

17. 您认为您所在部门的应急资金及物资配置情况如何?

    A. 很好,足以应对各类突发事件　　B. 比较好

    C. 一般,更新不及时　　　　　　　D. 较差

    E. 不了解

18. 您所在部门是否在明显位置张贴应急处置流程图?

    A. 是

    B. 否,但会下发至每个办公室或职员手中

    C. 没有

19. 您对其他部门的职能了解吗?

    A. 了解　　　　B. 一般　　　　C. 不了解

20. 您所在的部门与其他部门沟通情况如何?

    A. 平时没什么联系

    B. 一般

    C. 经常联系或配合完成工作

21. 您认为校内各部门之间信息沟通是否及时畅通?

    A. 非常及时　　B. 及时　　　　C. 不及时

22. 您认为在公共卫生突发事件应急期间,各部门协调配合是否会出现漏洞?

    A. 一定会　　　B. 可能会　　　C. 不会　　　　D. 不知道

23. 您所在部门与校外单位是否有沟通或配合工作的经验?

    A. 是　　　　　B. 否

24. 您认为当突发事件来临时,校内部门是否可以与校外各单位高效配合工作?

    A. 是　　　　　B. 否

25. 您所在高校对预防公共卫生突发事件采取哪些有效措施?

26. 您所在高校在以往的突发事件中做过哪些应急处置工作？（以新冠肺炎疫情为例）

27. 当校园公共卫生突发事件发生后，您所在的高校如何进行事后恢复？请举例说明。

28. 您认为贵校在公共卫生突发事件的应对上，存在哪些缺陷与不足？

附件三 高校学生对于应急工作配合及态度的调查问卷

亲爱的同学:您好!

为深入了解高校学生对于高校疫情防控规定的配合情况,分析高校疫情防控各项规章制度合理性,提出促进高校应急管理能力提升的可行性策略,巩固校园的安全与稳定,请您在百忙之中抽空填写此调查问卷。本调查问卷采用匿名的方式进行。问卷答案无所谓对错,结果仅供研究使用。希望您认真如实填写,感谢您的支持和参与!

您所在年级_____   性别_____

1. 您是否坚持完成每日体温打卡?

   A. 是   B. 否

2. 您是否有违反过学校封校措施、私自出校的行为?

   A. 有   B. 没有

3. 您在就餐时会因为与朋友一起而违反食堂一人一桌的防疫制度吗?

   A. 会   B. 不会

4. 您在校外公共场所是否会自觉佩戴口罩?

   A. 会   B. 不会

5. 您在校内时,除在食堂或宿舍外的其他场所,是否会自觉佩戴口罩?

   A. 会   B. 不会

6. 学校统计疫情相关个人信息时,您是否会瞒报个人行程等信息?

   A. 会   B. 不会

7. 当您身体出现不适却不知原因或处在敏感时期,是否会及时向老师、学院上报?

   A. 会   B. 不会

8. 在疫情期间,您的同学或好朋友出现不适情况,您是否会提醒他(她)或直接上报学院?

    A. 会　　　　　　　　　　　B. 不会

9. 您是否因为有以下事宜需经常出校?（多选）

    A. 兼职　　　　　　B. 补习班　　　　　　C. 兴趣培训班

    D. 探望父母及亲友　　　　　　　　E. 和朋友一起出校玩耍

    F. 需要外出购物/处理私事　　　　　G. 其他

10. 您在新冠肺炎疫情前每周因上述事宜出校的频率(　　　)

    A. 每周一次　　　　　　B. 每周两至三次

    C. 每周四至五次　　　　D. 每周六至七次

11. 您认为贵校对流动人员的严格管理会给您的生活造成影响吗?

    A. 会　　　　　　　　　　　B. 不会

12. 您怎么看待贵校采取严格管理出入校的措施?

    A. 极大影响自己,非常生气

    B. 影响到了自己,但能理解学校的良苦用心

    C. 形式主义,对疫情防控起不到多大作用

    D. 无所谓

13. 贵校的疫情防控措施是否对您的心理造成影响?

    A. 感到不自由,情绪压抑

    B. 偶尔会因不能出校感到不开心

    C. 没什么影响

14. 您如何看待贵校要求的全体师生每日进行体温打卡?

    A. 有力预防了传染病进入校园

    B. 可能有用

    C. 没什么用,很烦琐

15. 您认为贵校举办的卫生讲座、培训会是否有用?

    A. 非常有用,学到很多知识

    B. 还行,能学到一点知识

    C. 没什么用

16. 您在手机上看到贵校通过网络平台进行卫生防疫知识推广,您会怎么做?

A. 认真学习

B. 点开之后只看自己感兴趣的部分

C. 点开后匆匆扫两眼

D. 直接忽视

17. 您是否参加过学校组织的应急演练？您对应急演练的态度如何？

A. 是，能提升个人应急能力

B. 是，没什么用，流于形式

C. 没参加过，但认为会很有用

D. 没参加过，也不想参加

18. 您认为近两年不断反复地新冠肺炎疫情，会影响到贵校吗？

A. 可能会，疫情不可预测

B. 肯定不会

19. 您如何看到贵校制定的疫情防控规定？

A. 合理，保护了全体师生

B. 部分合理，但有些过度紧张了

C. 没有用，是形式主义

20. 您对贵校疫情防控规定有什么其他建议？（请列出几条）

参考文献

[1] 谭晓东. 突发性公共卫生事件预防与控制[M]. 1 版. 武汉：湖北科技出版社，2003：1-15.

[2] 王巍. 中国地方政府突发性公共卫生事件管理机制研究——以山西疫苗事件为例[D]. 东北财经大学，2010.

[3] 盛方富，李志萌. 重大突发公共卫生事件对经济的冲击、传导及其应对——以新冠肺炎疫情为例[J]. 企业经济，2020，475(3)：12-20.

[4] 郭兰峰. 应对非典影响 保持工业经济稳定增长[J]. 宏观经济管理，2003(7)：4-5.

[5] 王凤娇，王美露，王宝振. 重大突发公共卫生事件对居民消费行为的影响测度——基于分层线性模型(HLM)的实证分析. 2020 年(第七届)全国大学生统计建模大赛，2020：608-635.

[6] 骆晨，董青，姚擎，等. 突发公共卫生事件持续期居民中长距离出行方式选择行为研究[J]. 交通运输系统工程与信息，2020，20(6)：57-62.

[7] 黄纯辉，黎继子，周兴建. 游客出游意愿影响因素研究——基于突发公共卫生事件的实证[J]. 人文地理，2015，143(3)：145-150.

[8] 习近平在北京考察新冠肺炎防控科研攻关工作：协同推进新冠肺炎防控科研攻关 为打赢疫情防控阻击战提供科技支撑[EB/OL]. http://www.gov.cn/xinwen/2020-03/02/content_5486004.htm.

[9] 关于印发新型冠状病毒感染的肺炎疫情紧急心理危机干预指导原则的通知[EB/OL]. http://www.gov.cn/xinwen/2020-01/27/content_5472433.htm.

[10] 张迪，田雨馨，伍新春. 突发公共卫生事件中的隔离：心理反应与影响因素. 华南师范大学学报(社会科学版)[J]，2020(4)：33-41，189.

[11] 邓蓉，陈芳，刘珊珊，等. 新型冠状病毒肺炎隔离病房医护人员心理压力

的影响因素[J]. 中国感染控制杂志,2020,19(3):256-261.

[12] 曾婷,谌冬娣,李朝波,等. 新冠肺炎医学观察场所一线医护人员心理健康状况调查[J]. 河南预防医学杂志,2020,31(5):325-327.

[13] 邹辉煌,葛高琪,秦国顺,等. 107例方舱医院新型冠状病毒肺炎患者创伤后成长现状及影响因素分析[J]. 护理学报,2020,27(20):54-58.

[14] 程家国,谭晓东,张玲,等. 新型冠状病毒肺炎确诊患者及隔离留观者心理状况的影响因素研究[J]. 护理管理杂志,2020,20(4):247-251.

[15] 岳慧慧,张凤芹,王从义,等. 新型冠状病毒肺炎患者心理健康状况调查:武汉单一中心问卷报告[J]. 内科急危重症杂志,2020,26(5):358-363.

[16] 安媛媛,伍新春,陈杰灵,等. 美国"9·11事件"对个体心理与群体行为的影响——灾难心理学视角的回顾与展望[J]. 北京师范大学学报(社会科学版),2014,246(6):5-13.

[17] 突发公共卫生事件与传染病疫情监测信息报告管理办法[EB/OL]. 2006-09-09. http://www.nhc.gov.cn/fzs/s3576/200901/5427856511894d57 9d993f9b5b5dc47a.shtml.

[18] 胡培,赵世文,郑克勤,等. 突发公共卫生事件监测与预警系统理论概念及应用[J]. 职业与健康,2004,20(8):5-7.

[19] 郝晓宁,刘建春,薄涛,等. 我国突发公共卫生事件监测预警现状的横断面研究[J]. 中国卫生政策研究,2013,6(12):53-57.

[20] 刘志,郝晓宁,薄涛,等. 突发公共卫生事件监测预警制度框架体系核心要素研究[J]. 中国卫生政策研究,2013,6(12):46-52.

[21] 曹广文. 大力加强我国公共卫生突发事件主动监测系统的研究[J]. 第二军医大学学报,2004,25(3):233-235.

[22] 郝艳华,吴群红,李斌,等. 医疗机构突发公共卫生事件监测能力现状分析及改善对策[J]. 中国卫生事业管理,2008,235(1):55-59.

[23] 罗乐宣,冯占春,张剑. 医疗机构在突发公共卫生事件应急反应体系中的地位[J]. 中国医院管理,2004,272(3):3-5.

[24] 舒彬,廖巧红,聂绍发. 我国突发公共卫生事件预警机制建设现状[J]. 疾病控制杂志,2005,9(6):107-110.

［25］杨宏山. 构建高效的突发公共卫生事件预警机制［J］. 人民论坛,2020
(5)(S1):110-112.

［26］陈博. 突发公共卫生事件预警制度研究［D］. 福州大学,2018.

［27］王芳,安璐,黄如花,等. 突发公共卫生事件中的科学应对与思考:图情
专家谈新冠疫情［J］. 图书情报知识,2020,194(2):4-14.

［28］杨维中,兰亚佳,李中杰,等. 国家传染病自动预警系统的设计与应用
［J］. 中华流行病学杂志,2010,31(11):1 240-1 244.

［29］张洪龙,赖圣杰,张子科,等. 2014 年国家传染病自动预警系统运行结
果分析［J］. 疾病监测,2016,31(11):896-902.

［30］黄伟灿,吕世伟,李堂林. 试论我国公共卫生应急体系的构建［J］. 中华
医院管理杂志,2003,19(10):577-579.

［31］淳于森泠,程永明,骆兰. 日本政府应对突发公共卫生事件的组织创新
［J］. 现代预防医学,2007,34(13):2 405-2 406,2 409.

［32］金水高. 突发公共卫生事件信息的收集与分析［J］. 中华预防医学杂志,
2004,38(4):66-68.

［33］张慧. 论我国突发公共卫生事件信息沟通机制的建设和完善［D］. 厦门
大学,2009.

［34］赵先星,陆婕. 高校应对公共卫生突发事件的法律思考［J］. 齐鲁学刊,
2003,176(5):139-141.

［35］佘廉,程聪慧. 基于事件生命周期的应急指挥信息沟通过程分析［J］. 电
子科技大学学报(社科版),2014,16(2):18-23.

［36］王丽萍,郭岩,郭青,等. 2005—2008 年中国法定传染病网络直报质量
评价［J］. 疾病监测,2010,25(11):912-914.

［37］许祖华. 上海社会公共卫生突发事件及其应急对策［J］. 中国公共卫生,
1997,13(1):63-64.

［38］孙梅,吴丹,施建华,等. 我国突发公共卫生事件应急处置政策变迁:
2003—2013 年［J］. 中国卫生政策研究,2014,7(7):24-29.

［39］马华. 县级医疗卫生机构突发公共卫生事件应急处理政策执行研究
［D］. 云南大学,2013.

［40］黄伟灿,吕世伟,李堂林. 试论我国公共卫生应急体系的构建［J］. 中华

医院管理杂志,2003,19(10):577-579.

[41] 闪淳昌,周玲,方曼. 美国应急管理机制建设的发展过程及对我国的启示[J]. 中国行政管理,2010,302(8):100-105.

[42] 姚国章. 日本突发公共事件应急管理体系解析[J]. 电子政务,2007(7):58-67.

[43] 赵菊. 英国政府应急管理体制及其启示[J]. 军事经济研究,2006(10):77-78.

[44] 吴丹,胡东达,孙梅,等. 我国CDC突发公共卫生事件应急处置能力与现状分析[J]. 中国卫生政策研究,2014,7(7):30-37.

[45] 仇蕾洁,郑文贵,马安宁. 农村基层公共卫生应急人力系统的脆弱性及评价方法[J]. 中国卫生事业管理,2015,32(10):724-725,736.

[46] 曹舒,米乐平. 农村应对突发公共卫生事件的多重困境与优化治理——基于典型案例的分析[J]. 中国农村观察,2020(3):2-15.

[47] 黄晓燕,陈颖,何智纯. 城市突发公共卫生事件应急处置核心能力快速评估方法的研究和应用[J]. 中国卫生资源,2019,22(3):236-241.

[48] 吴雪菲. 我国政府在城市突发公共卫生事件中的应急管理研究[D]. 电子科技大学,2012.

[49] 范斌,樊毫军,侯世科,等. 国内外野战医院的研究进展[J]. 医疗卫生装备,2010,31(5):28-30.

[50] 王志敏. 从抗震救灾和军事演习谈方舱医院及其功能改进[J]. 中华灾害救援医学,2016,4(9):511-513.

[51] 喻姣花,孙晖,詹昱新,等. 新型冠状病毒肺炎疫情防控中方舱医院的护理应急综合管理[J]. 护理学杂志,2020,35(9):1-3.

[52] 许丽君,朱京海,刘东方. 我国医疗资源供给模式及策略研究——以重大突发公共卫生事件为背景[J]. 城市规划,2020,44(11):15-22.

[53] 陈晓春,苏美权. 新发展理念下的应急管理发展战略研究[J]. 治理研究,2018,34(4):74-84.

[54] 薛澜,王郅强,彭宗超,等. 我国应急管理人才培训体系的现状与发展[J]. 社会科学家,2011,173(9):101-105.

[55] 刘鹏程,徐鹏,孙梅,等. 我国突发公共卫生事件应急处置关键问题确认

[J]. 中国卫生政策研究,2014,7(7):38-43.

[56] 孙秉兴. 关于传染病突发公共卫生事件预防控制的思索[J]. 医学食疗与健康,2020,18(24):168-169.

[57] 钟南山. SARS 诊治新进展[J]. 临床肺科杂志,2005,10(1):1.

[58] 金丽萍. 传染病突发公共卫生事件预防控制策略探讨[J]. 心理月刊,2019,14(1):183-184.

[59] 孟凤霞,王义冠,冯磊,等. 我国登革热疫情防控与媒介伊蚊的综合治理[J]. 中国媒介生物学及控制杂志,2015,26(1):4-10.

[60] 申洋,赵芳红,常春,等. 北京市 2886 名服务业从业人员传染病预防素养水平及其影响因素分析[J]. 中国健康教育,2016,32(1):32-35.

[61] 史少博. 明治时代的传染病预防与废弃物规则及对我国启迪[J]. 自然辩证法研究,2020,36(9):96-101.

[62] 黄思成. 传染病暴发类突发公共卫生事件双盲应急演练模式构建与实践[D]. 广东药科大学,2018.

[63] 王有为. 广州市越秀区突发公共卫生事件防控研究[D]. 兰州大学,2017.

[64] 胡莲翠. 突发公共卫生事件中应急科普作用研究[D]. 安徽医科大学,2016.

[65] 谷少华,贾红英,李萌萌,等. 济南市空气污染对呼吸系统疾病门诊量的影响[J]. 环境与健康杂志,2015,32(2):95-98.

[66] 赵路. 加强我国公共卫生管理的若干建议[J]. 中国科学院院刊,2020,35(2):190-194.

[67] 邵蓉. 突发公共卫生事件应急系统中的药品保证制度[J]. 南京中医药大学学报(社会科学版),2003,4(2):67-70.

[68] 张婷婷. 我国药品应急监管体制的法律问题研究[D]. 中国政法大学,2009.

[69] 邓莘. 突发公共卫生事件应急物资储备初探[J]. 甘肃医药,2008,27(6):39-40.

[70] 段琼红,张金荣,聂绍发,等. 湖北省基层疾病预防控制机构应对突发公共卫生事件能力评价[J]. 中华流行病学杂志,2003,24(12):1 077.

[71] 王子军. 建立突发公共卫生事件应急处理物资储备机制的探讨[J]. 中国公共卫生管理,2004,20(6):502-503.

[72] 薄涛. 疾病预防控制机构突发公共卫生事件应急能力理论与评价研究[D]. 山东大学,2009.

[73] 雷秀. 应急物资储备方式选择与储存成本控制问题的研究[D]. 中国科学技术大学,2011.

[74] 欧忠文,王会云,姜大立,等. 应急物流[J]. 重庆大学学报(自然科学版),2004,27(3):164-167.

[75] 姜玉宏,颜华,欧忠文,等. 应急物流中应急物资的管理研究[J]. 物流技术,2007,26(6):17-19.

[76] 王慧,姜宝法. 突发公共卫生事件中的社会动员内容[J]. 中国卫生事业管理,2008,25(11):724-725,749.

[77] 马金华,张继云. 重大突发公共卫生事件冲击下我国口罩资源应急配置问题研究——以"新冠肺炎"疫情防控为例[J]. 山东财经大学学报,2020,32(3):67-80.

[78] 欧忠敏. 提高医院应对突发公共卫生事件的能力,建设一支高素质的医疗救援应急队伍[J]. 中国医药指南,2009,6(1):150-152.

[79] 刘建忠. 卫生监督机构突发公共卫生事件应急队伍的构建[J]. 医学动物防制,2008,24(4):308-309.

[80] 张波涛. 疾病控制领域卫生应急队伍建设的模式探讨[J]. 临床合理用药杂志,2013,6(4):135.

[81] 何继波,赵世文,彭霞,等. 云南省国家卫生应急队先遣队建设与探讨[J]. 中华灾害救援医学,2020,8(12):700-702,675.

[82] 张抒扬. 加强公立综合性医院突发公共卫生事件应急能力建设[J]. 协和医学杂志,2020,11(6):7-10.

[83] 李云宏,吕洪兵. 浅析危机管理[J]. 冶金经济与管理,2000(5):32-33.

[84] 魏加宁. 危机与危机管理[J]. 管理世界,1994(6):53-59.

[85] 薛澜,张强,钟开斌. 危机管理:转型期中国面临的挑战[J]. 中国软科学,2003(4):6-12.

[86] 徐小乐. 高校突发公共卫生事件危机管理[D]. 苏州大学,2005.

[87] 陶应勇. 高校学生群体性突发事件成因分析及应对策略[J]. 河南师范大学学报(哲学社会科学版),2008,35(4):215-217.

[88] 万同己,李萍. 高校突发公共卫生事件常见类型及其应对策略[J]. 中国校医,2015,29(8):592,594.

[89] 李桂霞. 高校突发公共卫生事件的原因分析、预防和应急处理[J]. 齐齐哈尔医学院学报,2008,29(14):1 742-1 743.

[90] 黄淑琼,张鹏,洪希成,等. 湖北省 2004—2013 年学校突发公共卫生事件流行病学分析[J]. 中国学校卫生,2015,36(1):113-115,118.

[91] 章洋. 高校突发公共事件的表征和管理问题[D]. 北京邮电大学,2018.

[92] 张倩. 高校突发公共卫生事件的预防与处理工作探析[J]. 齐鲁师范学院学报,2012,27(2):139-142.

[93] 杨晓忠. 高校突发公共卫生事件防控机制建设探析[J]. 卫生职业教育,2020,38(24):41-42.

[94] 宋雪琪. 高校突发公共卫生事件的应急防控管理策略探析——以新冠肺炎疫情为例[J]. 决策探索(下),2020(5):13-14.

[95] 毛文娟,纪巍. 返校开学后学校疫情防控的对策研究[J]. 河北师范大学学报(教育科学版),2020,22(2):25-28.

[96] 丁晓梅. 学校传染病突发公共卫生事件的预防及对策分析[A]. 全国科研理论学术研究成果汇编(三)[C]. 中国环球文化出版社、华教创新(北京)文化传媒有限公司,2020:5.

[97] 陈琼秋,郑天翔. 高校突发公共卫生事件应急管理机制研究——以杭州师范大学为例[J]. 开封教育学院学报,2016,36(4):277-278.

[98] 文美荣. 高校突发公共卫生事件防控长效机制的构建[J]. 当代教育理论与实践,2010,2(1):53-55.

[99] 叶云霞. 高校突发公共卫生事件管理探析[D]. 华东理工大学,2014.

[100] 张持晨,燕燕,童玲,樊清华. 健康管理在应对高校突发公共卫生事件中的作用[J]. 中国学校卫生,2012,33(3):376-377.

[101] 魏大威,廖永霞,柯平,等. 重大公共安全突发事件中图书馆应急服务专家笔谈[J]. 图书馆杂志,2020,39(3):4-18.

[102] 蔡迎春,穆卫国,段晓林,等. 高校图书馆应急服务的实践与思考——

以上海师范大学图书馆为例[J]. 高校图书馆工作，2020，40（3）：62-
66.

[103] 刘丽娟，陈丽洁."双一流"高校图书馆突发公共卫生事件应急管理与
服务研究[J]. 图书馆工作与研究，2020（12）：110-115.

[104] 张玉超，王玉侠. 后疫情期我国高校在线体育教学实践反思[J]. 南京
体育学院学报，2020，19（5）：1-6，80.

[105] 张勍，葛庆焕，陈淑婷. 新冠肺炎疫情下普通高校线上体育课程分析研
究[J]. 泰山学院学报，2020，42（4）：141-144.

[106] 陈建宏，杨立兵. 现代应急管理理论与技术[M]. 长沙：中南大学出版
社，2013：50-82.

后　记

　　高等院校是培养高质量、高层次人才的教育场所,是为国家社会经济发展以及国际地位提升培养主力军的地方,是高校大学生学习专业知识、树立正确的世界观、人生观和价值观及激发自身潜能的重要场所。高校正常运转的前提首先要确保师生员工的生命安全和身心健康,以及教学和科研能否顺利进行。只有在此基础上,才能为国家和社会培养出栋梁之材。

　　随着科技进步和社会迅速发展及人民生活水平的不断提高,二氧化碳等有害气体大量排放导致温室效应等环境问题,冰川融化及捕杀野生动物等导致自然灾害,未知病毒的出现等引发公共卫生突发事件。这些都给人类带来巨大破坏和伤害,尤以这次新冠肺炎疫情更甚。如何预防和控制公共卫生突发事件是实现全民健康所要面对的重要课题。当公共卫生突发事件发生时,高校如何避免或减少其对师生的危害,确保教学科研工作的正常进行,就显得尤为重要和紧迫。

　　实现中华民族的伟大复兴,将我国建设成为富强、民主、和谐、文明的社会主义现代化强国,是新时代中国特色社会主义高校青年们的责任和义务。通过构建精细且行之有效及可操作性强的高校公共卫生突发事件联防联控机制,并且为该机制的顺利运行制定相应的保障制度,即为高校师生员工的生命安全筑起了坚实的护盾。只有充分保障高校师生员工的健康安全及教学工作的顺利进行,才能为国家富强、民族振兴培养出优秀的青年后备人才,让他们在未来建设国家和振兴民族的征途中展现自己的风采。这正是本书出版的意义所在。

　　本书在进行大量现状调查和对已有理论成果分析总结的基础上,通过分析新冠肺炎疫情背景下各高校应对公共卫生突发事件的现状,结合其中存在的不足及高校与各部门间信息交流存在的障碍,构建了高校公共卫生突发事件联防联控机制并制定了相应的保障制度,从高校公共卫生突发事件发生前、发生时及常态下三个时段,对校内各部门以及高校与校外组织间对公共卫生突发事件的联防联控进行阐述，旨在构建出公共卫生突发事件发生时具有可操作性的防控机制，以便能够有效防控公共卫生突发事件，减少其对高校师生员工的危害。本书研究成果弥补了目前学界对高校公共卫生突发事件研究相对不足的缺憾，完善了我国高校公共卫生突发事件联防联控的理论体系，以期更好地保障校园的健康安全，为师生员工提供良好的教学生活环境。

本书得到部分高校师生及相关工作人员的大力帮助，在此表示衷心的感谢。同时，我们也对本书研究过程中所参考引用文献的作者表示诚挚的敬意，感谢他们为本书提供的大力支持！

随着社会文明的不断进步，人们生活中也会面临种种难题。公共卫生突发事件乃是其中之一。如何更好地预防和控制公共卫生突发事件发生，仍然是人类未来社会经济发展中所要面临的重要课题。

崔学军

2022 年 3 月 26 日